思考力・表現力・協同学習力を育てる

―主体的な学びをつくる国語科総合単元学習―

遠藤瑛子

溪水社

序

本書は、遠藤瑛子教諭の「国語科総合単元学習」実践の頂点をなす書である。四十余年をかけて「ことばをそだて、人を育てる国語教育」を探求してきた営みが語られている。中では、「みること」を国語科教育の一領域として位置づけた試行がとりわけ大きく輝いている。

「みること」を国語教育に位置づける探索は、一九七五年ころからの先導的試論に続いて理論化と実践が試行されてきた。ようやくその努力が実り、書物にまとめられるようになってきた。

倉澤栄吉『国語教育講義――新時代の読書指導を中心に――』新光閣書店　一九七九年十一月

鹿内信善『看図作文指導要領――「みる」ことを「書く」ことにつなげるレッスン――』溪水社　二〇一〇年五月

町田守弘『「サブカル×国語」で読解力を育む』岩波書店　二〇一五年十月

三氏は、道筋は異なっているがそれぞれに同じ山を登っていた、と私は受け止めている。遠藤瑛子教諭は、その山行の確かな一翼をになってきたのである。本書は、永く読み継ぎたい書である。

ところで、遠藤瑛子実践の特色は何であろうか。ここでは、四点に焦点化して述べてみたい。

一、生き方の探求

人はどのように生きるか。遠藤教諭は、生徒とともに「人の生き方」を考えてきた。

「生き方」への考えを深め確かにすることは、学校全体で、言い換えると全教科で取り組む教育目標である。当然のことながら、多くの国語科教師は生徒の人間形成に培う実践をしている。遠藤教諭は、とりわけ強い志を持ってそのことに取り組んできたのである。遠藤教室で「人間の生き方」について考えることは、同時に生徒一人一人が「自分の生き方」を考えることであった。

一年一学期の単元「自然の不思議――クジラから考える――」は、「責任を果たす」という仲間意識を育てることをめざしている。三年二学期の単元「人　あり」では、聞き書き活動を取り入れている。「人生の先輩である大人の生き方や職業選択の話に耳を傾けることを通して」自分の職業選択に向き合わせている。遠藤さんは、「人の生き方」をともに考えることによって、学校全体の教育課題を探求してきた。話し合い、コンセプトマップを作る、意見を出し合う。それは、協同学習力の探究と実践でもあった。

二、総合単元学習の探求である

国語科総合単元学習は、説明文・古典・議論文・文学などの各ジャンルの教材を組み合わせ、ルポルタージュ・シンポジウム・報告・発表・パンフレット作り、動画を読み解くなどの、「話す聞く・書く・読む」国語科の各領域活動を総合しておこなう学習指導である。

三、創造的な単元作りである

単元テーマの創造　教科書は、編集者たちが生徒の言語生活の状況を「……であろう」と仮定して「単元」を作っている。遠藤単元は、神戸の生徒が今直面している「……である」状況に対峙させるテーマを「単元」にしている。第二章「単元　『千と千尋の神隠し』の扉を開く」は、「死ね」「あっち行け」のような人を傷つける言葉が飛び交う教室の「言葉遣い」を主題にしている。第三章「単元　ことばの力」が作られたのは、神戸連続殺傷事件が起きた年であった。不安におののき、気に入らないことに反発しがちな生徒の言語感覚に揺さぶりをかけようとして生まれた。「ことばと心」はつながっていることに気づかせようとしたのである。各報告の「単元が出来るまで」の記述を、自分の実践に引きつけて読みたい。

国語学力を育てる　総合単元学習は「生活に生きて働く学力」を育てるために生まれた。だが、その「生活に生きて働く学力」とはどのような学力か、未だによく分かっていない。わたしたちは今、それを学習指導を続けながら解明して行くステージに立っている。一般に全教科の学習を支える学力として「思考力・判断力・表現力」を掲げている。しかし、実際の学習指導に当たっては、それだけでは大まかすぎて思考力も判断力も育たない。例えば自分の中学校の十一月に「どのような判断力を、どのように育てるか」という、掘り下げた下位項目の「学力」を単元ごとに掲げる必要がある。

遠藤実践には、単元ごとに、掘り下げた具体的な「育てたい言語能力」が掲げられている。そして、それをどのように育てたか、が報告されている。本書に収められた各単元の「育てたい言語能力」をまとめてマトリックスを作成すると、具体的な「育てたい言語能力」を俯瞰することができる。それは、普遍的な下位目標をみちびく有力な手がかりとなるであろう。

「学習の手引き」作り　単元学習は、自立した学び手を育てるためにグループ学習の場を多く取り入れ、「一人学びの機会」を多くする。遠藤教諭は、教室での一斉学習・グループ学習・個別学習の折々に「何を、どのように学ぶか」という「学習の手引き」を与えている。それは「学びの補助線を引く」と言っても良い。

例えば、第二章「単元『千と千尋の神隠し』の扉を開く」において「私の選んだ一シーン」のプレゼンテーションをさせる場合、つぎのような「手引き」を与えている。

1. 四人が前に出ます。役割を決めて、四人が活躍しなさい。
2. 時間は五分間。
3. 絵コンテの並べ方は学習グループにまかせます。
4. プレゼンテーションの仕方は自由ですが、「40人の目」の一人学びの文章は活用して下さい。４人とも読むと時間オー

バー！　気づいたことの中からポイントを。（八六頁）

教師が知っていることを伝達するだけでは生徒の身につかない。こまやかな「手引き」を示して言語活動をさせている。生徒全員に「できた経験」をさせる配慮をしているのである。

何度も見ている映画なのに見ることに夢中になって、「何をすべきか」忘れてしまう生徒に対しては、見方を「手引き」している。さらに「絵コンテ」を書くことの意義に気づかせている。「今まで、メモを取って発見もしてきたはずなのに、もっと新しいことが見つかるのです」。「……光が射しているのだね。でも、光はどこから。この絵の意味は何かしら。見えなかったものが見えてくる。今まで考えもしなかったこと、考えがもっと深くなり、しりたくなる、そんな魅力が絵コンテを描くこと。」（八五頁）と、発見（創造）へと導いている。生徒を発見へと導き、発見の仕方を身につけさせる「学習の手引き」を作っている。

四、国語科に「見ること」領域を位置づけている

二十世紀は、「聞く話す・かく・よむ」を国語科の領域としてきた。二十一世紀の国語科教育には、「みること」を新領域として加えたい。

遠藤実践の新しさは、「見ること」を国語教育の一領域として位置づけていることにある。「見ること」領域の具体的な実践を細叙し・構造化している。第六章では、自身の「見ること単元開発の変遷」を語り、「見ること」の教育は「観ること」へと深まっていかなければならないという新しい「知見」を述べている。「もの・こと・映像」を見つめて、その情景や雰囲気の「空間を読み取り」、背景や生成してきた「時間を読み取る」には、「観る」でなければならない、と強調している（三三七頁）。「みること」の奥深さを見通しているのである。

あらためて、私たちの言語環境を見直してみると「もの・こと・映像」と「ことば」とは切っても切れない密接な関係にあることに気づく。花を見ると「美しい」ということばで感じとり、転んで傷つくと「痛いっ！」という

ことばで痛さを感じる。見知らぬ映像を見て「これは何だ?」ということばで不思議な思いをする。環境を受け止めるに際して、ことばが皮膚のような役割を果たしている。これからは、国語科を、ことばで「もの・こと・映像」に働きかける力を育てる教科としていきたい。そのために、まずは遠藤教諭の「見ること単元開発の変遷」に学ぶことを始めたい。

おわりに「コラム」について触れる。本書の「参考1~6」は、教師・遠藤瑛子のライフヒストリー(個体史)である。「総合単元学習生成」と絡めて「生い立ち」を、芭蕉の言う「軽み」を感じさせる文体で軽妙に語っている。学生時代のワンダーフォーゲル部員としての山登り体験や教師になって以来の演劇部指導が、遠藤という「人」と「心」を形成している重要な要因であることを知ることができる。

二〇一五年十月二十日

浜本純逸

目次

第二章　単元「もうひとつの世界――『千と千尋の神隠し』の扉を開く」（第一学年・十六時間）
中学校における動画リテラシー教育……59

思考力・表現力・協同学習力を育てる

――主体的な学びをつくる国語科総合単元学習――

第一章　単元「自然の不思議――クジラから考える――」（第一学年・十六時間）

協同学習を通して、考える力・伝え合う力を育てる

はじめに――協同学習をとり入れる

この単元は、神戸大学発達科学部附属住吉中学校56回生の一年生が対象で、平成十四年（二〇〇二年）一学期の実践である。本単元では八人からなる生活グループの班としての協同学習（参考4を参照）を立ち上げた形をとっている。

この協同学習は、単元「夢を支える人々」[1]（平成十二年53回生第二学年二学期の実践）において、協同的な学びが自然な形（いわゆる意図したものではなかった）で成立して以来、この学習の「責任を果たす」という取り組みは、充実感を味わわせるだけでなく、人間関係の向上も図れることがわかってきた。

それで、53回生では三年生のときに単元「おくのほそ道を歩く」で小集団を使った協同学習を意図的に仕組んだ。この単元の始まった直後、「古典なんか勉強して何の役に立つんですか」と迫った男子生徒がいた。何とか、「勉強してみたら面白かった。奥の細道を歩いてみたい」と思わせたい。彼は説明だけでは納得しない一面があるので、実感させる必要があった。そのために、小集団で『おくのほそ道』の一句とその場所を調べさせる。学級には小集

団は十あるので、十句調べてみんなで「おくのほそ道を歩こう」と提案した。そして、三分間のプレゼンテーションで伝えることを行った。実況放送や蕪村、一茶、芭蕉へのインタビュー、クイズ形式、プリントでの説明等様々な方法が示された。このプレゼンテーションの条件の一つは小集団の四人が必ず「声を出す」ということだった。結果、芭蕉に会ってみたいとか、ほんとうにいつか歩いてみたい、調べた俳句のところに行ってみたいなど予想以上の感想が返ってきた。もちろん、先の男子生徒も「思っていたより面白かった」という答えがあった。

このように、人にまかせるのでなく、少しでも自分の責任を果たす学習が、意欲を高めることを教師として実感できたのである。そこで、この学年では、さらに一人ひとりが責任をもって何らかの役割を果たす方策を考え、もう一つの単元として、「現代を読む」(2)を実践した。

このように大きな三つの単元で、徐々に協同学習を構成する要素を認識し、実践することで教師の学びができ上がってきた。

一人ひとりが力を合わせてこそ到達できる目標（課題）を設定し、学習成果を上げることで仲間意識も育つことがわかってきたので、新一年生にはもっと組織化して取り組ませることを考えた。

単元ができるまで

学習材は教科書（光村図書）から出発することにした。最初の方に「自然の不思議」としてイルカやクジラを扱った説明的文章が二編載っている。他の教科書はどうだろうか。調べてみると、三省堂にもクジラが題材として取り上げられているではないか。「クジラの飲み水」である。面白い作品名だった。クジラを中心にすると、子どもたちが興味をもつのではないかしらという漠然とした思いがわき上がってきた。

私自身とクジラの関係はどうだろう。小学校時代、昭和二十四、五年以降であるが、給食のおかずに鯨肉のあまから煮があった。神戸市の垂水区に住んでいたが、市場が二つあって廉売市場という大きい方には、奥まった真ん中あたりに鯨肉を専門に売る店があった。牛肉や豚肉が高級肉だった時代、鯨の網焼きが御馳走の一つでもあったように思う。尾の身は上等だった。コロはおでんの食材の一つだった。冬にはハリハリ鍋があった。

三十歳代前半、帰国子女を教えていた関係で文部省の巡回指導でアラスカ、カナダに出かけた。アンカレッジに一週間滞在したが、骨で作った置き物の中に小さな鯨があって買い求めた。イヌイットの人たちの細工物や絵と一緒に、ロシアのマトリョーシカ、ゴールドラッシュの名残だろうか翡翠とゴールドのネックレスやブレスレットが混在した不思議な町だった。

それからずっと鯨肉とは縁がなくなった。目に入らなくなった。高いコロをたまに目にするくらいだった。

『勇魚《いさな》』（C・W・ニコル　文藝春秋　一九八七）を読んだのはいつだったろうか。出版されてすぐに一気に読み終えた。和歌山県の太地《たいじ》で取材をしたニコル氏が鯨で生活をしていた江戸時代の人々を主人公にした小説だった。太地なら、神戸から近い。一度行ってみたいと思うようになった。命がけの鯨との生活が表現されており、勇猛果敢という言葉だけでなく、鯨を追う勢子舟の美しさも知りたいと思ったからである。

この勢子舟については、勝浦で今はたった一人で玩具のそれを作っていると雑誌に載っていたことがあり、鯨捕りがなくなった今、ぜひ見てみたいものだと思った。

そんなことで、初めて太地を訪れ、「白鯨」という国民宿舎に泊まった。そういえば、昔、グレゴリー・ペック主演の映画「白鯨」があった。空中を泳ぐような鯨のモニュメントが太地町の入り口である。捕鯨船が資料館になっており、日本の捕鯨の様子がよくわかった。「平頭モリ」を開発した説明文が教師になった頃の教科書にあったことを思い出した。勢子舟の玩具を作っている人を捜し当て、二艘手に入れた。

鯨はホエールウォッチングの対象となり、生態が研究され、テレビで紹介されるようになり、巨体でありなが親しみを感じる、別の意味で身近なものになった。オーストラリアの研究者は定住する家をもたず、特製のヨットで鯨を追いかけながら生活する「走れ！くじらの歌号」（二〇〇〇・五　NHK）として紹介された。

一度、太地に行ったときは観光だった。このたびは目的が違う。倉澤栄吉先生の教えのように、今度は単元を作るのであるから、クジラと関連のある場所に行くと、きっと得るものがあるに違いない。取材と言ってはおおげさであるが、もう一度、太地に足を運ぶことにした。フィールドワークである。夫も同行してくれることになった。一週間前から天気予報をていねいに見てくれているが、予定の五月十五日（開学記念日で休校）はまちがいなく雨である。その日その通りの雨と風で、海は大シケである。捕鯨資料館とくじら博物館に行く。今度は授業をするという目的があるので、目のつけどころも違うし、同行者の夫が「これは買わなくてもよいのか」とアドバイスもしてくれる。くじら博物館では、パンフレットをもらい、鯨捕りの古絵図の複写や世界のクジラの種類図などを買う。古式捕鯨の方法やクジラのヒゲにも、また、クジラがなぜ浜に打ち上げられるのかといった説明にも目がいく。クジラの生態のビデオも見る。クジラのひげ（二四〇枚）の大きさにも驚いたし、合図の旗の種類にも関心がいく。生徒の学習の参考になるものを考えると見方が違って面白いものである。

今度も国民宿舎「白鯨」に泊まる。ロビーには大きなポスターが貼ってあった。下関で開催される国際捕鯨委員会（IWC）のための日本のポスターである。

翌日、町役場と古式捕鯨ゆかりの場所をまわることにした。町役場では課長補佐の海野さんに趣旨を話すと、何種類もの役立つ資料を下さり、単元が作れる自信が生まれてきた。これなら、いろいろな課題を子どもたちが作っても調べる材料がそろうだろう。しかも、きっと興味をもって学習するに違いないという確信が生まれ、調べ学習を取り入れるということをこの時点で決めた。奥が深く、いくらでも学べ、興味が尽きないことがわかってきたからである。

次に、古式捕鯨の史跡が残っている梶取岬《かじとり》、灯台岬、継子投《ままこなげ》に車を走らせる。沖から波が押し寄せ、断崖に荒々しく砕け散る。ひどい風で、雨は小雨であるが、横から降っているようだ。灯台岬の管理人と言葉を交わす。「あわびが解禁になったけれど、出た船が一隻壊れた」と言う。太地の古式捕鯨が衰退した原因となった「セミ流れ」(明治十一年、一八七八年、長い不漁で困窮していたため、子連れのセミクジラを捕獲し、百十数人が嵐によって命を落とした。碑も建立されている)もこんな日ではなかったかと思った。今は道路もでき勝浦は近くになった。しかし、明治まては山越えだったとある。

太地町の駅のホームの壁は何種類ものクジラの泳ぐ姿が描かれ、「古式捕鯨発祥の地」とある。

今回は、「初めに学習材ありき」だった。学習材を読み解き、ビデオで検証しつつ、最も関心のある事柄について協力して調べさせる。その調べた内容をまとめるための「話し合い」を大切にして、聞き合い、意見を述べ合う中で自分の考えを正確に伝えるという言語能力を育てようと考えたのである。そうすると、様々な言語活動を通して、言葉を意識していく生徒に育つだろう。

一、単元の構成

1　用意した学習材

①　教科書

・「海の中の声」(水口博也　光村図書)

・「クジラたちの音の世界」(中島将行　光村図書)

・「クジラの飲み水」（大隈清治　三省堂）
② 読書用図書
『イルカと海の旅』（水口博也　講談社）
③ ＶＴＲ
「走れ！くじらの歌号」（二〇〇〇・五　ＮＨＫ）
④ 新聞記事
教科書掲載の三編の説明的文章を中心学習材として、いくつかの補助学習材を使用しながら単元学習を行う。

2　単元の意義とねらい

この単元は中学校に入っての最初の本格的な総合単元である。五月に下関で国際捕鯨会議が開かれたことや十数頭のクジラが日本の海岸に打ち上げられた出来事を契機に、「クジラから」様々なことを学び、考えようという単元にする。

一つには中学校における単元学習の方法を身につけさせること、二つめに協同学習の方法で生活グループとして人間関係を緊密なものに育てること、三つめには、学習材を深く知ることによってその面白さに気づき、主体的に学んでいく調べ学習ができることなどを目的とした。

さて、中心学習材の「海の中の声」「クジラたちの音の世界」は海の世界の不思議さが解明できる上に、知的好奇心を高め、学ぶ喜びをもたせることのできる内容である。「海の中の声」はイルカにまつわるエピソードが描かれ、筆者のイルカやクジラに寄せる愛情が伝わってきて、読み手の想像しやすい表現になっている。「クジラたちの音の世界」「クジラの飲み水」はより科学的な文章で、問題提起から解明の過程の構成が明解である。自然の不思議さを探る面白さを味わいながら、一方では、学習者が疑問に思ったことや驚きを筋道だてて説明するのに参考にできる学習材である。なお、興味・関心をもたせる補助学習材として『イルカと海の旅』を読書用に活用する。また、「走れ！くじらの歌号」（VTR）でクジラを追って生活する家族がいることを知らせ、クジラの生態を学ばせる。日本人は過去に深くクジラと関わってきた。学習の中で、日本人としての食文化や諸外国との関わりを子どもたちは「はじめて知ったこと」として、驚きをもって伝えたいと思うに違いない。単に学習材を読むだけでなく、広く考えることができる単元を設定することで、本単元は「社会的な学び」として意義がある。

また、この単元では、調べたり考えたり創作したりして、「はじめて知ったこと」を伝え合う意見交換会（パネルディスカッション）を行い、協同的な学びを作り上げる。そこに到達するまで、自分の意見が明確になるよう十分な話し合い、書く活動を行い、言語活動面で偏りなく伸ばすように配慮する。

単元のねらい

① 筆者の考えを理解し、自分の考えと比較したり共感したりできる。
② 自分の考えを述べたり、他の人の考えを聞いたりして意見交換ができる。（パネルディスカッション）
③ 科学的な文章に読み慣れ、クジラやイルカに寄せる筆者の考えに感想が書ける。
④ 接続詞を使って、問題提起の文章構成ができる。

3　生徒の実態

この単元の事前調査の結果は次の通りである。（平成十四年四月三十日実施　対象一年三組四十名）

① 単元名からどんなことを想像しますか。　　（数字は人数）
・クジラの危機　・打ち上げられたクジラ　・クジラの生活状況　・日本とクジラの関係　・地球の未来
・クジラの生態　・クジラの主張　・海の汚染　・自然の大切さ

② クジラについて知っていることは
・哺乳類　・捕鯨が禁止された　・クジラの種類　・食料や生活用具として利用
・クジラの種類と生態（超音波を出す、鼻の頭の上、ホイッスルということばのようなものがある）
・浜に大量に打ち上げられた　・何も知らない

③ 調べ学習は（数字は人数を表す）
ア　大好き（1）　イ　好き（16）　ウ　あまり好きではない（11）　エ　嫌い（5）　オ　どちらでもない（7）

④ この単元に対する今の興味・関心は
（高い）　　（低い）

10	9	8	7	6	5	4	3	2	1	0	
2	1	13	5	11	2	3	2	1	0	0	（人）

単元名からの想像だけであるが、この単元に対する興味・関心はかなり高いと考えられる。それは、③の「好き」という回答の理由の一つに、「知識が増え新しい発見にワクワクする」という情報獲得の喜びを書いている生徒（十三人）がいることからもわかる。一方、「情報がうまく手に入らない、調べていない人が調べた人に迷惑をかける」という理由もあり、協同学習を成功させ、学習に充実感をもたせられるカリキュラムと学習方法を工夫する必要があると考える。

この単元でしてみたいことに「クジラ博士になる、鯨肉を食べた経験のある祖父母へのインタビュー、意見交換、パネルディスカッション」などがあるので、学習者の意向をいれ、主体的に取り組めるようにする。クジラについての知識は8ページの通りである。

4　協同学習力、伝え合う力、考える力を育てるための手だて

①　筆者の考え方を理解し、新しい発見を伝える文章を書かせる。
教科書の説明的文章三編を読んで率直な感想を書かせ、それを学習材としてシリーズ「友だちから学ぶ」に活用する。仲間との相互交流による協同的な学びへのステップである。なお、ここで筋道の通る伝え方を学ばせておく。

②　情報収集のための資料、想像を確かめるためのVTRを用意する。
学習者が主体的な学びを作っていくために、夢中になって読む本（『イルカと海の旅』）を読書用に準備し、読書日記や小集団による読書会を開いて情報交換を行う。また、クジラの生態を知らせるためにVTRや写真百科などを用意するとともに、日本鯨類研究所などのホームページから、日本人とクジラの関係や捕鯨・文化を学べるようにする。

③　協同学習力を育てるために、八人の生活グループで課題を決め、それを解決するために二人一組で課題解決のための小課題に取り組ませる。

④　今までに調べたことや感じたこと、考えたことに基づき、それぞれの立場を明確にして主張する意見交換会を開く。クジラの保護、沿岸捕鯨、食文化など今回の国際捕鯨委員会の結果を参考に、意見を社会的な視野に広げることを期待したい。

⑤　毎時のふり返りや単元終了時のふり返りによって、学習者の考えの変容を評価する。毎時のふり返りは次時の意欲の向上の手引きとして扱う。発表時の評価はグループへ渡し、次回の向上のための参考とさせる。

5 単元の計画カリキュラム

時	想定する単元の流れ	予想される生徒の主な学習活動	教師の役割	評価の手立て
1	「海の中の声」の音読・感想	○「海の中の声」と筆者の関係について知る。 ○「海の中の声」を音読し、感想を書く。 ○『イルカと海の旅』を読書する。（単元中の継続読書）	○水口博也の仕事と生き方の説明をする。 ○「すごい」という表現を使わないで、自分の驚きを書くように指導する。	ノートまとめ【観点①③】 読書日記【観点①】
2 〜 3	クジラの生態 「クジラたちの音の世界」「クジラの飲み水」	○それぞれの作品のクジラの特性を挙げて、発見や驚きをもって感想を書く。 ○「友だちから学ぶ」の学習プリントを音読し、友だちのものの見方や表現を学び、意見を発表する。	○接続詞、書き出しのことばに注目することを説明する。 ○伝えたい相手を想定して、意識をもつよう助言する。	200 字作文【観点①③】 意見発表【観点④⑤】
4 〜 5	「走れ！くじらの歌号」の観賞	○VTRを視聴して、新たに発見したり感動したことを200字原稿用紙にまとめる。 ○「友だちから学ぶ」の学習プリントを音読し、友だちのものの見方や表現のよさに傍線を引いていく。	○どこにポイントを当てて視聴するか説明する。 ○語彙や表現の指導を行うとともに、ものの見方の鋭さを指摘して学びを広げる。	200 字作文【観点①③】 プリント【観点①④】
6 〜 7	小集団による読書会	○司会を決めて、『イルカと海の旅』の印象に残ったことや筆者について話し合う。　※	○一人ひとりが発言し、偏らないで進めているか机間指導をする。	発表の内容 司会の仕方 【観点②】
8 〜 11	生活グループによる課題決定、分担による調べ学習・創作	○創作か調べ学習かを選択して課題を決定する。　※ ○分担を明らかにして、資料を探しノートに記録する。　※	○調べ学習に抵抗がある学習者には、楽しくイルカやクジラの詩を連作で作るように提案する。	課題設定【観点①②】
12	意見交換会の準備	○立場を明確にした意見が発表できるように、学習グループ内で推敲・点検をする。　※	○根拠を明らかにした説明や初めて内容を知る人に興味をもたせる工夫を考えさせる。	話し合い【観点①②】
13	意見交換会	○クジラの主張、クジラ博士、レポーターなどの役割と立場を明確にして意見を述べる。	○立場が違う発言・発表の面白さを認識させるとともに、聞き手を意識した話し方の指導をする	発表内容【観点②】
14 〜 16	まとめとふり返り	○学習をふり返り、ポートフォリオとしてまとめる。	○まとめの手引きを用意する。	ひとり学びノート【観点①③】

【評価の観点】①興味・関心・態度　②話す・聞く　③書く　④読む　⑤言語事項
※協同学習

6　この単元で育てたい言語能力や見る力など

1)　見ること
①　ＶＴＲに出てくる音、クジラの姿・動きに注目し、必要な説明をすばやくメモする。
②　太地（和歌山県、古式捕鯨発祥の地）とクジラの関係をポスターや図録から読み取り、言葉化する。
③　ＩＷＣのポスターから日本の立場が読み取れる。

2)　話す・聞くこと
①　他の意見の良い点を取り入れ、自分の考えを修正しながら、一つの方向にまとめる。
②　調べた内容をもち寄り、相手にわかるように伝え、考えたり思いついたりしたことが話し合える。
③　聞き手にわかるように立場を明確に示し、要点をおさえた筋の通った話し方をする。
④　話し手（パネリスト）の立場や内容を吟味しつつ、自分たちの立場を比較しながら聞く。
⑤　聞きとった内容について、質問をする。

3)　書くこと
①　五～十分読書のあと、読んだ内容について焦点をしぼった感想（驚き、発見、感動など）を書く。
②　自分が興味・関心をもった事柄を中心に、立場を明らかにして書く。
③　発表する意見の裏付けとなるような具体的な事例を入れて書く。

4)　読むこと
①　内容を理解するとともに、興味ある事柄や問題になる事柄を見つけ出す。

② 課題解決に合う資料（文章）を見つけ出し、グラフや写真を読み取る。

5) 言語事項

① 聞き手を納得させられるような文の組み立てを考える。

二、指導の実際

1 感想が書けない

「海の中の声」は筆者の体験に基づいた海の中のザトウクジラやハンドウイルカの声が書かれている。これを音読した後の感想が感想でなく本文の要約になっている文章が多く、驚きを率直に表現するところから研究テーマが生まれてくるのには程遠い出発だった。感想と要約とは違うことを説明し、再度感想を書かせるという今までにない経験をした。

卒業させた学年（53回生）がとりわけ表現することの好きな学年で、感性が豊かな生徒が多かったことに慣れてしまっていて、指示が十分でなかったのかと反省した。

それで、できるだけ素直に発見や驚き、考えを書いている文章を学習の手引き兼学習材として提供することにしたのである。また、子どもが意欲的に用意した学習材は、大いにそれを活用することにした。イルカやシャチを見たことがある生徒は多く、中には、ホエールウォッチングでクジラを見たという生徒もいたが、クジラを実際に見た生徒が少ない状況であるから、興味・関心を優先することにした。このことは学習者中心の進め方として有効に働いていった。

ところで、なぜ感想にならないのだろうか。いろいろ考えたが、小学校の総合学習で調べ学習をよくしてきた学年らしい。調べたりまとめたりすることが得意で、自然とまとめになったのではないかという同僚教師とのやりとりがあった。さらに中学一年生らしい自己表現が少ない学年らしく、友人との結びつきも難しそうだ。どうも人間関係がまずい学年ではないかという話も出た。それなら、なおさら、生活グループを活用した協同学習をする必要があると考えた。附属住吉中学校では、学校生活の母体が生活グループであるからだ。そこで、教科間で密なる情報交換をすることにした。

2　「クジラたちの音の世界」を読み解く

この学習材のときは、教育実習が始まり実習生が一年生にも配当された。一組を大阪大学文学部4回生のKがもつことになった。内容理解度を見るためのワークシートを作成させた。指導した上での完成プリントが次ページのものである。彼女には、後で役立つように文章構成に留意し、学習者がそれを活用できるものと条件をつけたが、よく飲み込み、取り組みやすいものになっている。このプリントは一年生のどのクラスにも配布し、読み取りとして活用した。

3　文字情報と映像情報がひとつに

子どもの様子から、「クジラの音の世界」にはずいぶん興味をもっていることがわかり、「クジラの飲み水」は音読して内容を理解するのにとどめた。

国語総合単元「自然の不思議～クジラから考える～」

「クジラたちの音の世界」を読む

一年 3組 17番 氏名（ M男 ）

「クジラたちの音の世界」は説明文です。説明文は、筆者が提示している問題（話題になっている事柄）と、その問題にどう答えているかに着目しながら読みます。

○まず問題提起（筆者は何について説明すると述べていますか?）

クジラはどのようにして情報を得たり、伝え合ったりしているのだろう。

○具体的に説明する

クジラは高い音から低い音まで、さまざまな種類の音を出すことができる。しかも、非常に短い音と、比較的低い、長く続く音の二種類を、目的に応じて使い分けているのである。

⇐

クジラが発する音Ⅰ「クリック」

・（周りの様子を知る ）ための音である。

・自分が発したクリックが周りの物に当たり、はね返ってくるのを聞くだけで

① どれくらいの大きさか

② 何でできているのか

③ 止まっているのか、動いているのか

④ えさがどの方向へ、どのくらいの速さで進んでいるのか

がわかる。

クジラが発する音Ⅱ「ホイッスル」 ⇐

・（仲間どうしのコミュニケーション ）に用いられる。

・（群れによって使われるホイッスル音は違う ）という特色がある。

・ザトウクジラはこのホイッスル音で「歌」を歌うことが知られている。

○もう一つの問題提起

クジラたちは、なぜこのように巧みに音を使って、周りの状況をとらえたり、情報を互いに伝え合ったりするようになったのか。

○理由を説明する

・彼らは、二十メートルほど先を見わたすのがやっとという光の届きにくい海の中で生活している。こうした海の中では（目で見る情報はとても頼りない）。しかし、音は（暗やみでも響きわたる ）。

・さらに、水中では、音は（陸上の五倍の速さで伝わるため情報の発信や受信にうってつけの手段なのだ。

○結論

クジラたちは、音という、自分たちが暮らす海の中での情報の受信や発信にいちばん適した手段を活用しながら、生活を送っている。その音には、「クリック」と「ホイッスル」があり、目的に応じて使い分ける。

単元に入って一週間がたっただろうか、クジラの、しかも表題に、「音」が入っている番組をテレビ欄に見つけ録画した。いつも不思議なことに単元を始めるとよい学習材が現れるのである。このときもそうである。翌日、教室に行くと、すかさず「先生クジラのテレビ見ましたよ」「私も見ましたよ」「僕、録画して持ってきました」というわけで、彼のＶＴＲをみんなで見ることにした。「走れ！くじらの歌号」の代わりである。それが、次のものである。

○ＮＨＫ地球のふしぎ大自然（二〇〇二・五・二十七）
『マッコウクジラ大集結――カリブ海に響く謎の音――』

「走れ！くじらの歌号」よりも、ずっとクジラの生態がわかる上に、クジラの音の研究者も出てきて、子どもには興味深い内容である。これなら感想も書けるだろうし、調べ学習の課題につながる驚きや発見、疑問を素直に出せるだろうと思った。それで、前半と後半に分けて視聴させた。

予想どおり、ここから学習者の感想が変わり始めた。次に示すのは前半の感想である。「今日の感想」欄（三行）に書かせたが、なかには、二百字作文に書いたのもいる。

> ①　人間は、様々な声を使い分けることができます。笑い声、泣き声、叫び声。しかし、声を使い分けるのは人間だけでなく、クジラもいろいろの声を使い分けると初めて知りました。
> 今まで、クジラが鳴くことすら知らなかったので、しゃべる（鳴く）上に使い分けるなんてびっくりしました。しかも、コミュニケーションの時や周りの様子を知るため等、具体的な時に使うので便利だなと思いました。
> （Ｙ男）

② ザトウクジラとマッコウクジラは声を出すけれど、出すときの仕組みがちがうと聞いて驚きました。子供のマッコウクジラは、親と連らくをとって戻ってくるのを待っているのだと思います。（T女）

③ 音を出す目的がいっしょな部分もあるのに、声の出し方が脳油というのを使うのと、のどをふるわせてならすのとがぜんぜんちがうナァと思いました。また、マッコウクジラの体の形が独特で愛らしさを感じました。このビデオの続きが楽しみです。（U女）

④ 今日、ビデオを見て初めてクジラの声を聴きました。最初はイルカのようなキューキューという音かなと思っていたので、全々ちがうカチカチというような音だったので、びっくりしました。後半がどうなるのか楽しみです。（H女）

⑤ クジラの音は「ボエー～」とか「ゴエ～」などみたいな音だろうと思っていたけど、実際は「キン、キン」や「カチ、カチ」などだったので、ビックリしました。今度、ビデオを見た時も新しい発見をしたいです。（I男）

「海の中の声」で「～と言っていた」「～と書いてあった」と記していたことを思うと、④、⑤のように予想を立てて見るようになり驚きが表現され、希望が持てるようになった。また、②、③のように音だけでなく、音を出す仕組みにも関心をもっていることがわかる。このプリントには、次の二点について注意を促した。

○ Y男くんは「何に」びっくりしたかよくわかります。人間とクジラを比較し、人間に近いことを述べています。接続詞の使い方もいいですョ。

○ 「画像をよく見て、説明は聞き取る」メモをしすぎると考えたり、感じたりすることが少しおろそかになります。注意！

発表原稿をまとめるときの文章構成への注意を喚起するものである。また、「メモをしすぎる」とは、うつむいて必死にメモを取ろうとする生徒が何人もいたからだ。注意したのにもかかわらず、なお、それをし続ける生徒がいて、「見る」学習ができないよという警告である。

さて、後半を見終わって生徒はどのような感想をもっただろうか。今度は二百字原稿用紙に書かせた。H女は、

◇後半を見て、クジラはなんだかとても神秘的だなと感じました。とてつもなく大きな体、小さくておだやかな目、そして、だだっぴろい海をゆうゆうと進む姿、何もかもが神秘的でした。
何よりも神秘的だったのは三十頭以上のクジラが大集結し、二時間踊りまわり独特の音を発していたところです。どのクジラもメスもオスも大人も子どももすごく幸せそうで、やっぱり人間と似ているな、と思いました。
―神秘的なクジラたち―

と書いている。彼女は授業中は進んで発表するほうではないが、教師や友人の話にはよく耳を傾ける生徒である。だから、先のY男の人間とクジラを比較した点に注目したようだ。彼女は、結局、研究よりもこの神秘的だと感じたクジラの姿を表現する、詩の創作を選んだ数少ない生徒になった。

このクジラの家族的な姿に感動した生徒は何人もいた。その表現の仕方がそれぞれ違うので面白い。

◇とても感動したのは、クジラの親子の再会で、クジラの親は、最初、人間に例えると「あなたお帰りなさい」「ただいま」「パパお帰りー」という感じで、子どもはそこで終わりだけど、妻は、二時間くらい今までのことを話し合って、また、旅に出るという感じでちょっと感動しました。
(U男)

文章的には問題があるものの、まさにこの通りの海の中の光景で、不思議さに満ちあふれている。「音」一つにしても想像力がかき立てられる上に、わからないことがVTRの画像によって一目瞭然となり、学習者はクジラを

追究したいという気持ちに駆り立てられていった。

◇私はクジラは、みんないっしょにいると思っていました。しかし、年れいや性別によって住む場所がちがうというところにビックリしました。

私は、とくにオスがすごいと思いました。なぜかというと、北極に行っていたのに、はん殖の季節にもといた海に戻ってくるのにはとても驚きました。どうやったら、もといた海にもどれるのか。どうしたら、はん殖の季節が分かるのかが、とても不思議です。（波線は筆者）（O女）

◇マッコウクジラはずっと単独でくらし、おっとりとしてずっと笑っているようなイメージでした。オスどうしのケンカなどするなんて思ってもみませんでした。

ぼくの思っていたことと全然反対で意外でした。ぼくら人間のように、感情を表現しているのはおもしろいと思います。親と子供の話しているのはなんとなくやさしい感じで、いかくしている時は少しこわい感じでした。いろいろと使いわけてるのはおもしろいです。（M男）

教科書にはクジラの聴覚が大変発達していることや周りの状況を的確に察知できることが書かれている。特に、「クリック」「ホイッスル」と名づけられている音、ザトウクジラの「歌」のことが学習者の心を引きつけたのである。O女やM男のように「驚き」「不思議」「意外性」がどのような課題になっていくか興味深いものがあった。

教科書の簡単な説明文としての文字情報はVTRという関連映像情報によって、理解だけでなく、「知りたい」という意欲につながっていったと考える。（座席表プロフィールP.32〜33参照）

4　協同学習とテーマ設定

①　コンセプトマップ

いよいよ生活グループが一つになって課題を決める段階に入った。今までの学習だけではテーマを決めるのはまだ容易ではないことはわかっていた。先に述べたように、学年生徒の実態については情報交換（これは前の53回生の担当教師がほとんどそのまま一年生の担当となり、教師のよい体制の一部分が受けつがれた）がなされていたので、理科で使うコンセプトマップを流用させてもらうことにした。下のがそれでM男のものである。全員がこれを書いて重要なものをしぼり、生活グループ八人で意見を出し合い、まとめるという方法をとった。

②　協同学習を進めるための学習の手引き

六月に入った。ＩＷＣの会議は終わったが、やはり日本の主張は通らなかった。海洋国とそうでない国の差異のあることもわかってきた。新聞では、毎日、関連記事を見つけることができた。朝日新聞はかなりのスペースをさいて、鯨研究の第一人者である日本鯨類研究所理事長の大隈清治氏（推進派）、捕鯨再開に反対する漫画家の岩本久則氏（反対派）、捕鯨に強い関心を持つ作家のＣ・Ｗ・ニコル氏（条

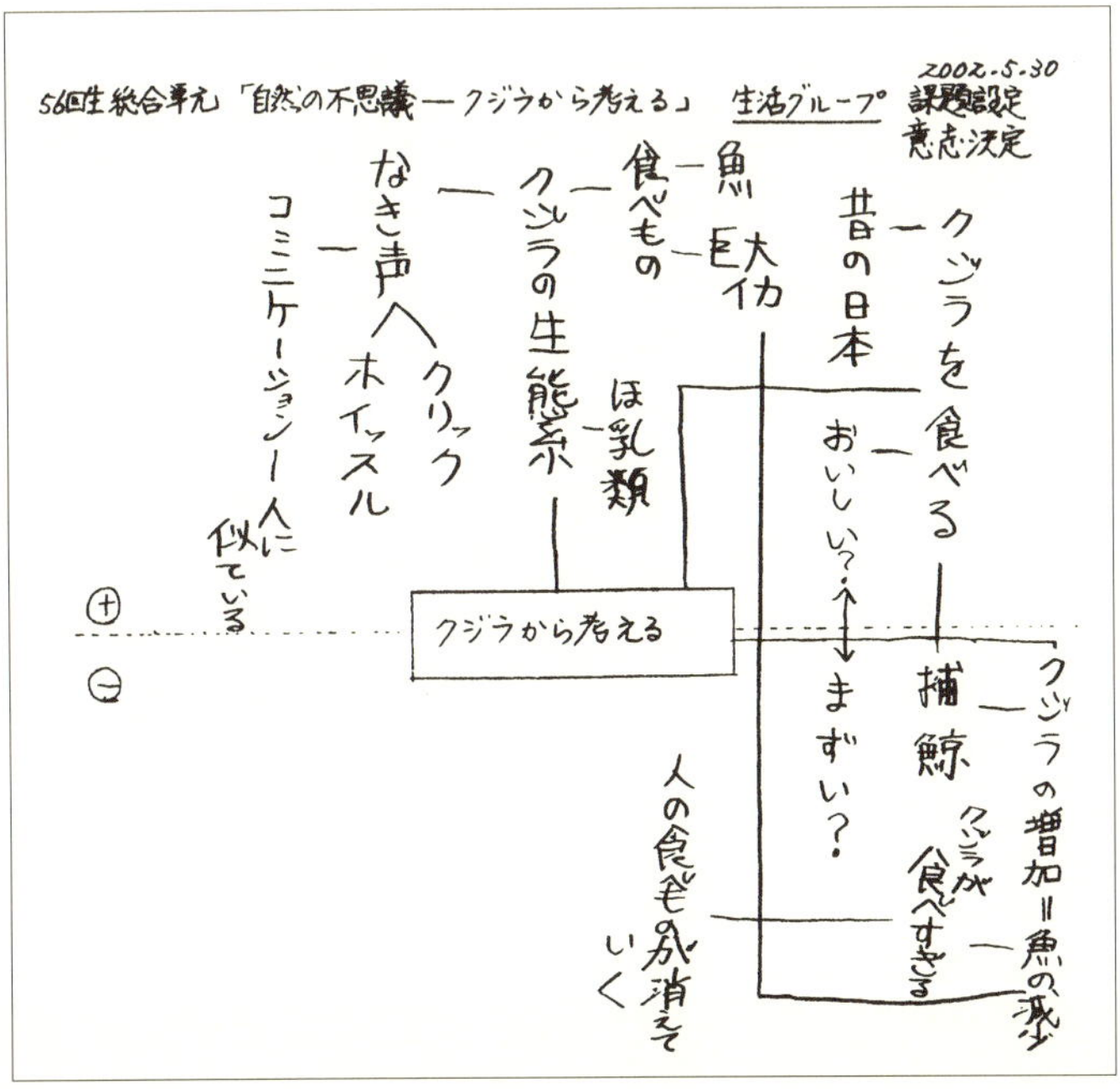

件つき賛成派）の紙上討論を組んだ。生徒のファイルにも切り抜き記事が増えていった。

生活グループの班として取り組む数少ない学習なので、次のような学習の手引きを作った。

クジラのことを読んだり、ビデオを見たりすると不思議なことがいっぱいで、奥が深いとだれかが書いていました。私も今、そう思っています。

ＩＷＣの会議が終わりました。思ってもみなかったこともわかってしまったというのが実感です。

「いろいろなことがわかる」

調べて、考えたことを意見として伝え合い、また、考えるという学習に取り組んでみたいと思います。

1．一人で学習する（調べる）より、力を合わせてより多くの情報を得る。
2．話し合って、一つの考えを提示する。
3．仮に、立場を決める。
4．班を一つの研究チームとする。
5．二人一組でチームの課題の分担を受け持つ。
6．意見交換会のプレゼンテーションには、代表一人を送る。残りは応援。

この二人一組で一つのテーマを設定し研究するという方式は、附属住吉中学校の平成十三年度の総合学習の学際的総合学習（附属住吉中学校では複数の教科にまたがる学習内容を、いくつかの隣接する教科が協力して実施する総合学習として定義づけている。）を教師自身が経験している。以下、簡単に説明する。

学校全体のテーマは「生命」であるが、身体・社会・環境の三領域に分かれ社会のテーマは「生きる喜び」になった。

その領域に所属した六名の教師が二人一組でさらにテーマを決めた。美術の教師とともに「国境を越えて」のテーマのもと、「ＨＡＩＫＵ」（二〇〇〇・十二・三十一　ＮＨＫ）と「ｗｉｔｈ」（監督榛葉《しば》健）を学習材に受講生を指導したことがあった。他教科の教師と話し合いをし、テーマや指導法を練り上げることが非常に面白く楽しく、視野も広がった。美術と国語と離れていても、接点を見つけ子どもに感動を与えることができた経験は貴重なものとなった。

その経験から、５の「二人一組でチームの課題の分担を受け持つ」ことによって、学習者の考える力を伸ばしていけると確信していた。

③　課題設定（テーマ設定）

すぐに相談が始まっても、少し複雑なことを要求した上に、生活グループの人間関係や自分の興味・関心も入り組んで、課題やペアを決めるのに一時間を要した。立場は事前調査の希望を反映して、次のように提示した。下表はそのときに使用したもので、次ページが三組のテーマ一覧である。

立場

・クジラ博士　・クジラの主張　・自然保護団体
・レポーター（インタビューからの見解）
・条件づき捕鯨再開派

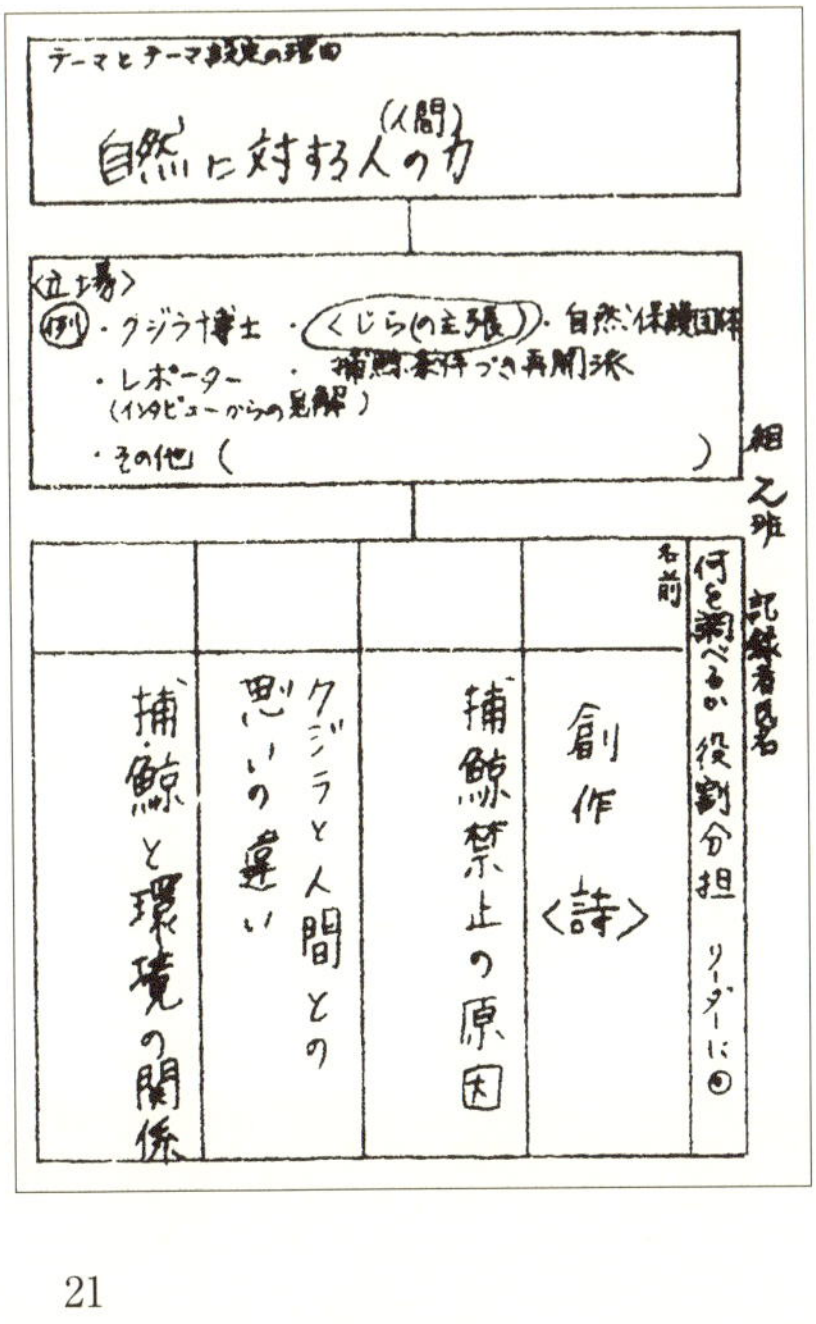

各班の課題（テーマ）一覧と小テーマ（分担内容）

一班　人間から見たクジラ　クジラから見た人間
・捕鯨　・クジラの食糧、分布
二班　自然に対する人の力（クジラの主張）
・創作詩「クジラの舞踏会」　・クジラと人間の思いの違い　・捕鯨と環境の関係　・捕鯨禁止の関係
三班　捕鯨と自然破壊の関係
・クジラの生態　・クジラの過保護――捕鯨の必要　・自然破壊――海の汚染　・本物の保護団体
四班　知らないクジラの世界（クジラ博士）
・クジラの種類と特徴　・クジラの鳴き声と意味　・クジラの食べ物　・クジラに関するアンケート
五班　クジラか人か
・鯨料理について　・ＩＷＣと世界の考え　・これからクジラが増えたらどうなるか、減ったらどうなるか

④　テーマを解決する

テーマを解決するのに必要な資料一覧を配布し、ＶＴＲや書籍を用意した。子ども達も新聞を切り抜き、インターネットから資料を取り出していたが、一番活用したのは『漁業者と生産者を結ぶおさかな通信「Ｇｙｏ！」』だった。できる限り主体的に学習を進めていくために「班学習の進め方と方法、順序」の学習の手引きを用意した。

班学習の進め方と方法、順序（ひとり学びノートをレポート用紙のつもりで）

1. 推進リーダー（次からはリーダー）は、前の時間の班の学習状況をふり返り、本日の進め方を伝える。
2. 班の今日の主題とねらいを確認し、ノートの主題とねらい欄に記入する。
3. ペア学習に移り、二人で本日の進め方と方法を確認し「今後の予定」欄に記録する。

4. 資料を活用し、抜粋《すい》（記録）して自分たちの考えをかためていく。
5. 今日の学びの記録（自分の考え・感じたこと）をどのように残すか。
ア　二百字原稿用紙　イ　ひとり学び欄　――その日の仕事は、その日のうちに――
6. 今日の学習のふり返りと次時までと次時の学習を確認。

右のように、班全体の進み具合の確認やペア学習の本日の進め方や方法を確認させるとともに、必ず記録に残すことを指導した。

さて、決定したテーマとペアによる小テーマ（・印）を眺めてみると、多方面にわたっていることがわかる。（「各班の課題（テーマ）と分担内容」参照）しかし、いずれの生徒もよく話し合った末のことだったので、どこかで修正する場合があっても、いずれ大テーマのもとに集約され、調べたことがいかされるだろうという判断をした。

⑤　ペアの学習成果

ペアでの学習も三回になると、スムーズになってきた。二人でよく話し合っている、真剣でなごやかな様子やもう一度資料を読み返している姿が大半を占めるようになった。二人の関係を「今日の感想」から眺めてみよう。

A　今日はペアのH君と資料を分担してもう一度資料を読み返していました。お互いにいろいろな発見がありいい意見をつくることができそうです。残り少ない時間の中、二人で力を合わせてがんばりたいです。
B　私の予想以上にアンケートに協力してもらったこと（保護者）が何よりも嬉しいことでした。二十四人という半数を越す数でした。今日はほとんどグラフ作りで終わりました。二人で数を数えたり書いたりと協力できました。
C　しっかりと資料をまとめることができました。次はUさんと意見をまとめるので、自分の意見を次の時間までにまとめておくことが必要です。

13. 第2期 北西太平洋鯨類捕獲調査 （水産庁）

14. 『太 地』 （太地町役場企画振興課）

15. 『クジラと日本人』（小松正之 青春出版社 2002）

16. 『クジラは食べていい』（小松正之 宝島社新書 2000）

17. 『美《み》味《い》しんぼ』 NO.13

以下略

'02, 5. 24

56回生 総合単元「自然の不思議 ―クジラから考える―」

調べ学習，考える資料，創作資料　その1

新聞やテレビ，インターネット，図書館の本など少しずつ学習材料を集め始めている人が増えてきました。

私も現地に出かけて見たり，集めたり，電話をかけたりしています。また，今村先生や川本先生（実習生）と一緒にホームページで資料を取り出しています。

さて，みんなはどんな考えで集めることができるでしょうか。

☆ 1．日本鯨類研究所　http://www.icrwhale.org

2．日本捕鯨協会　http://www.jp-whaling-assn.com

3．鯨ポータルサイト　http://www.e-kujira.or.jp/

4．水産庁ホームページ　http://www.jfa.maff.go.jp/

5．外務省経済局漁業室

http://www.mofa.go.jp/mofaj/gaiko/whale

★ 6．漁業者と生活者を結ぶおさかな通信　「ぎょ！」

海の幸に感謝する会

ウーマンズフォーラム魚（WFF）事務局

〒104-0061　東京都中央区銀座3-12-15

tel 03-3546-1291　fax 03-3546-1164

E-mail:gyo@ebony.plala.or.jp

http://www.seaworld.co.jp/~gyo/

★ 7．太地町立くじらの博物館　「鯨」

8．『クジラの海』（Ocean of Whales）（葉祥明 絵・文．2000．6）

（佼成出版　2000）

9．『マッコウの歌』（しろいおおきなともだち）（水口博也　1999．12）

（小学館　1500）

10．『ラマレラ生命の物語　クジラがとれた日』（小島曠太郎　えがみともこ）2001．6

（ポプラ社　1300）

11．『クジラ・イルカ大百科』（水口博也　TBSブリタニカ　1999）

12．『イルカと海の旅』（水口博也　講談社　青い鳥文庫　1995）

56回生　総合単元「自然の不思議　クジラから考える」

調べ学習，考える資料，創作資料　その3　インターネット資料

1. ※FAQ（クジラの生物学，生態，鯨類捕獲調査など）(財)日本鯨類研究所　5p
2. ※日本鯨類研究所と沿革と設立目的
   最新鯨研通信（目次のみ）
   日鯨研が推薦するリンク（目次のみ）
   太地町立くじらの博物館（案内）　くじらの博物館
3. くじらQ＆A　（くじらQ＆A）9p
   ① 目次 ② 鯨の資源 ③ 捕鯨の現状 ④ 捕鯨の是非
   ⑤ IWCの現状
4. 捕鯨問題を議論するまえに知っておきたい基礎知識 4　グリーンピース ジャパン 3p　Greenpeace Japan
   日本人は鯨肉を食べたがっているか
   サカナがとれなくなったのはクジラのせいだ
   グリーンピースはクジラを食べるなといっている
   グリーンピースの捕鯨問題に関する主張（基礎知識 6）
5. 鯨と海の物語　鯨と海の物語 13p
   鯨とは
   鯨と海の汚染
   鯨とまぼろしの海底
   鯨と黒潮
   森と海の共存共栄を
   森は海の魚や貝を育てる

56回生　総合単元「自然の不思議 ―クジラから考える ―」

調べ学習，考える資料，創作資料　その2　VTR資料

順不同

1. NHK　地球に乾杯！「走れ！クジラの歌号 ‐ 西オーストラリア海原一家 ‐」2000.5
2. NHK　地球・ふしぎ大自然「マッコウクジラ大集結　カリブ海に響く音の謎」
（2002.5.27　45′）
3. 中学校国語資料ビデオ「海の中の声」光村教育図書　26′11
（クジラの声，声の果たす役割，回遊，等）
4. YAMA-KEI SCIENCE VIDEO SERIES「巨鯨！」
5. 下関IWCの結果　NHKニュース　2002.5.24
6. 「あなたはクジラのことをどれだけ知っていますか」
日本の捕鯨と食文化　総務庁　2002.5～6.15まで
7. 毎日テレビ　報道特集　反捕鯨裏工作の実態　2002.5.26
(8. クジラのあとを訪ねて　太地町クジラ博物館　灯台岬　7′20″ 2002.5.15)
9. 一財団法人　日本鯨類研究所　「クジラにかける男たちの想い」
（調査捕鯨について）
10. くじら料理「徳家」の女主人の話

D　今日はOさんがたくさん調べてきてくれたことと、私が少ししか調べられなかったことをまとめました。次回もその続きをします。

E　自分の課題である海の汚染のことがきちんと調べられました。書いているうちに、人間はとても身勝手で海のこと、海に住んでいる動物たちのことをもっと真剣に考えたいと思います。

ここからA、Bのように分担したり協力して作業をしたりする姿が窺える。また、C、D、Eからは自分の責任分担の意識がはっきりと出ている。

次ページは、ペアでの調べ学習から班で一つにまとめ、意見交換会に臨むための手引きである。

5　意見交換会「クジラから考える」（パネルディスカッション・私たちはこう考える）

ここにくるまで楽しくもあり、苦労もした子ども達であった。研究協議会当日の授業を意見交換会（パネルディスカッション）にしていたので、各班の代表者の緊張もさることながら、メンバーも心地よい興奮状態だった。それは、質問が出たときはフロアのメンバーが助けを出すことにしていたからだ。

次ページのようにパネルディスカッションのような形で、立候補した生徒が司会をした。四月に入学してまだやっと二ヵ月、しかし、それぞれの立場を明確にして、テーマに合ったペアの調べた内容が集約できた発表になっていたのには驚いた。

まとめる段階になったとき、代表者のリーダーが作文にまとめて提出することを要求し、それを整理してこれでよいかと読みながら確認をとっている班がある。こういう班にはあまり口出しをしないほうがよい。「クジラの舞

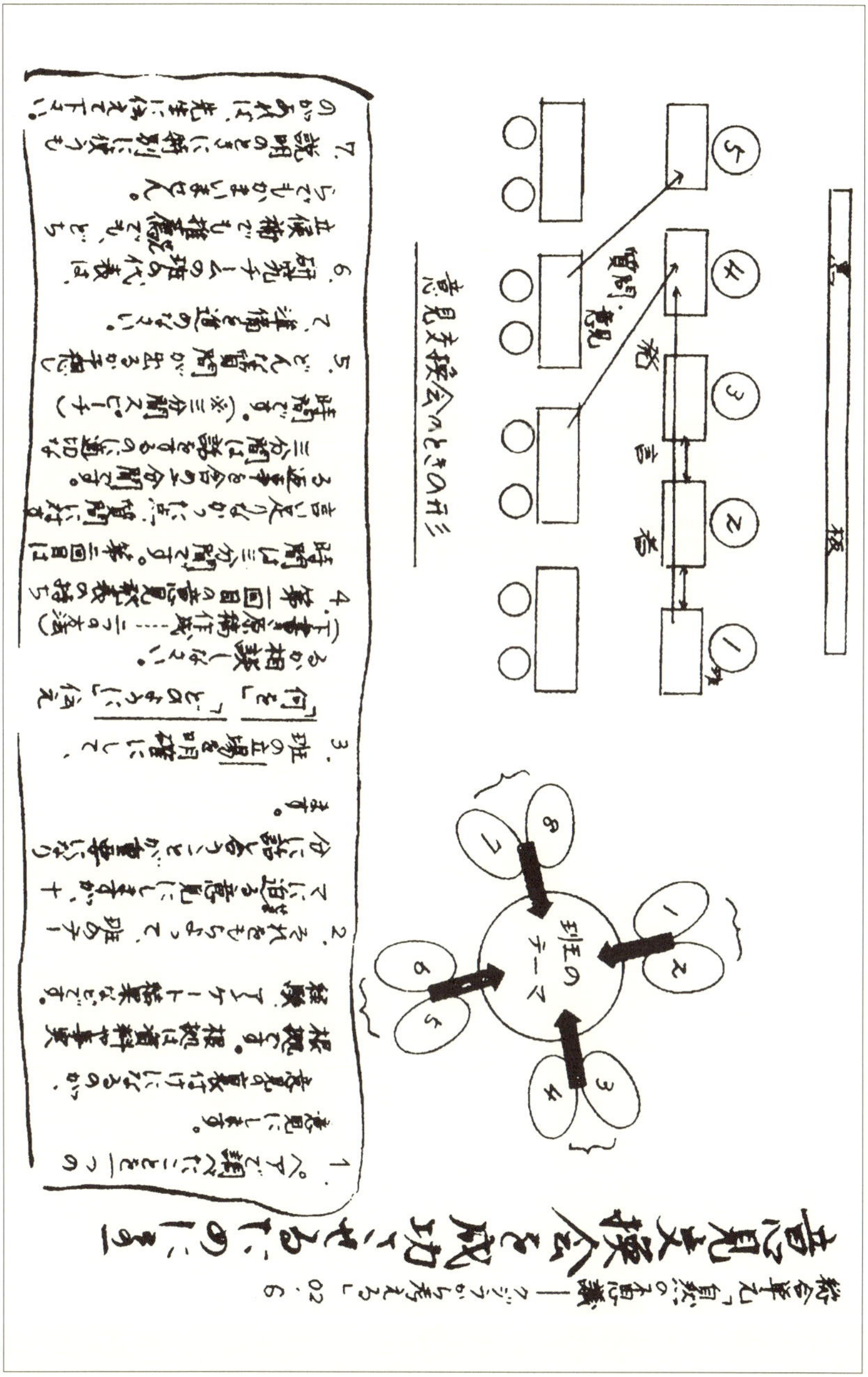
総合単元「自然の不思議―クジラから考える」 02・6
意見交換会を成功させるために
1. ペアで調べたことを一つの意見にします。意見の裏付けになるのが、根拠です。根拠は資料や事実経験、アンケート結果などです。
2. それをもちよって、班のテーマに迫《せま》る意見にしますが、十分に話し合うことが重要になります。
3. 班の立場を明確にして、「何を」「どのように」伝えるか相談しなさい。
4. （下書き原稿作成……二つの方法）第一回目の意見発表の持ち時間は三分間です。第二回目は言い足りなかった点、質問に対する返事を含め二分間です。三分間は話をするのに適切な時間です。（※三分間スピーチ）
5. どんな質問が出るか予想して、準備を進めなさい。
6. 研究チームの班の代表は、立候補でも推薦でも、どちらでもかまいません。
7. 説明のときに特別に使うものがあれば、先生に伝えて下さい。
班のテーマ
黒板
発言者
質問・意見
意見交換会のときの形

踏会」という創作詩を作ったペアがいる班はどこにそれを入れるべきか苦慮しているので、導入として使うことを提案し、一度練習するように助言する。

「先生、〇〇君の意見がまとまっていません」と困惑したリーダーの声がかかる。「〇〇君、大急ぎでひとり学び欄に書いてごらん」と、手をこまねいてふくれっ面をしている〇〇君に声をかける。きっと小さなひと悶着があったに違いない。てきぱきと段取りがとれず、自分の主張ばかり言っている男子生徒に女子生徒が手こずっている。

それでも、明日は先生方が見に来られるということもあり成功させたいという気持ちは全員の気持ちだった。何度もリハーサルをした班もあって、「先生、もう大丈夫」と自信をもった班、少し心配な班、前日はこんな状態だった。だから当日は、研究推進リーダーの苦労がつまった意見交換会になった。三つの班の発表原稿を挙げておく。Aはまとめるのに苦労した一班、Bは調べるに従って考えが変わっていった班である。Cは応援十分という班である。

A

一班は「人間から見たクジラ　クジラから見た人間」というテーマで調べました。

（一班代表　M女）

私の班では、捕鯨について調べたグループとクジラの生態について調べたグループに分かれました。捕鯨を調べたグループでは「賛成」と「条件つき賛成」に分かれ、「賛成グループ」の意見としては「クジラは魚やイカを食べ、年間で約五億トンも魚を食べているので人が食べる分がなくなる」という意見が出ました。「条件つき賛成」の意見では「日本の文化を守るのならば、捕鯨は禁止する必要はないが、人がクジラのことを何も考えずに好きなだけとるというのは反対」という意見が出ました。ここでは、結局、人間のためにも捕鯨をするという意見になりました。

クジラの生態グループでは、クジラについて徹底的に調べました。調べた結果、シロナガスクジラが一日に出すミルクの量は一升びん三百本にもなるそうです。人のお乳の脂肪分は三、三%、牛乳は三、五%、クジラはなんと四十三%なのです。脂肪分が高いのは子供を早く大きくしなければならないからです。それは海の中に敵がいるので早く大きくなって自分を守るということをしなくてはならないからです。
　これはシロナガスクジラの体です。（画用紙Aを見せながら）クジラはほとんどが筋肉と脂肪でできていて体温はいつも三十七度から三十八度に保たれていて、ラクダやウシに近い動物だと言われています。
　また、クジラの祖先は陸上で生活していたということがわかりました。名前はアンブロケタス・ナタンスという動物で化石がパキスタンで発見され、五千二百万年前ほ乳類だとわかりました。捕鯨のことから考えると、やはりクジラにとって人間は天敵なのだと思います。
　これはホエールウォッチングのマップです。みなさんもぜひクジラを見に行って下さい。

　結論のための根拠となる資料や考えの跡は弱いけれど、発表者は最後の最後までがんばったことを意見交換会前日の学習記録に残している。

　昨日は徹夜していろいろなものを作ったり書いたりしました。「ひとり学び」を返すのを忘れていた私も悪いけど、みんな（男）ぜんぜん意見がまとまっていなかったのです。FAXで資料をもらったり図鑑（注『クジラ・イルカ大百科』水口博也　TBSブリタニカ）で調べたりしてすっごく大変でした。しかし、そのぶんいい発表ができると思います。

「すっごく」と彼女が表現している箇所にすべてがこめられている。次の三班はリーダーシップを発揮し、ペアの意見を活かしてかなりうまくまとめている。リーダー（女）の指示に従いつつ、目標に向かってペアの仲間同士の学習が成り立った班である。

卓　1年3組　プロフィール　2002.6.14(金)

2班 自然に対する人の力（クジラの主張）

I.S(女)★	M.Y(男)
・2班の心を一つに	・絶対成功させたい
捕鯨と環境の問題	クジラと人間との思いの違い
A.S(男)	**K.M(女)**
・質問に答えられるようになる。	・一言でもしゃべられるといいな。

5班 クジラか人か

Y.M(女)	H.K(男)
・鯨を食べてみたい。	・代表者の意見には、班全員の意見が入っているので楽しみ.
鯨料理について	IWCと世界の考え
U.S(男)	**N.A(男)**
・応援してサポートする。どんな質問にも答える。	・捕る対象→見る対象
U.Y(女)	**◎T.M(女)★**
IWCと世界の考え	
・今日のリハーサルはとてもうまくできました。みんなを説得できるといいです。	・早口で声が小さいところを直す。班の意見をクラスに広めたい。
O.M(女)	**O.Y(女)**
これから鯨が増え，減っていったらどうなるか	
	・すっきりと発表する.

3班

Y.K(男)	I.D(男)
クジラの生態	
・本番が楽しみ	・ふざけることが全然ありませんでした。
O.Y(女)	**T.M(女)**
・クジラの不思議だったところを解決できるようなことを聞きたい！	・ゆっくりと落ち着いて話してほしい。
本物の保護団体について	自然破壊
U.T(女)	**E.K(女)★**
・力を合わせたい！	海の汚染 ・みんなに伝えるという目的をもつ。・班で作ってきた学習。協力してすべて伝える。
K.D(男)	**W.K(男)**
クジラの過保護	捕鯨の必要性
・資料を出す係 ・「ゆっくり ゆっくり」の声かけ係	・ストップウオッチでリハーサル 何かの形で加わる。

○捕鯨と自然破壊の関係

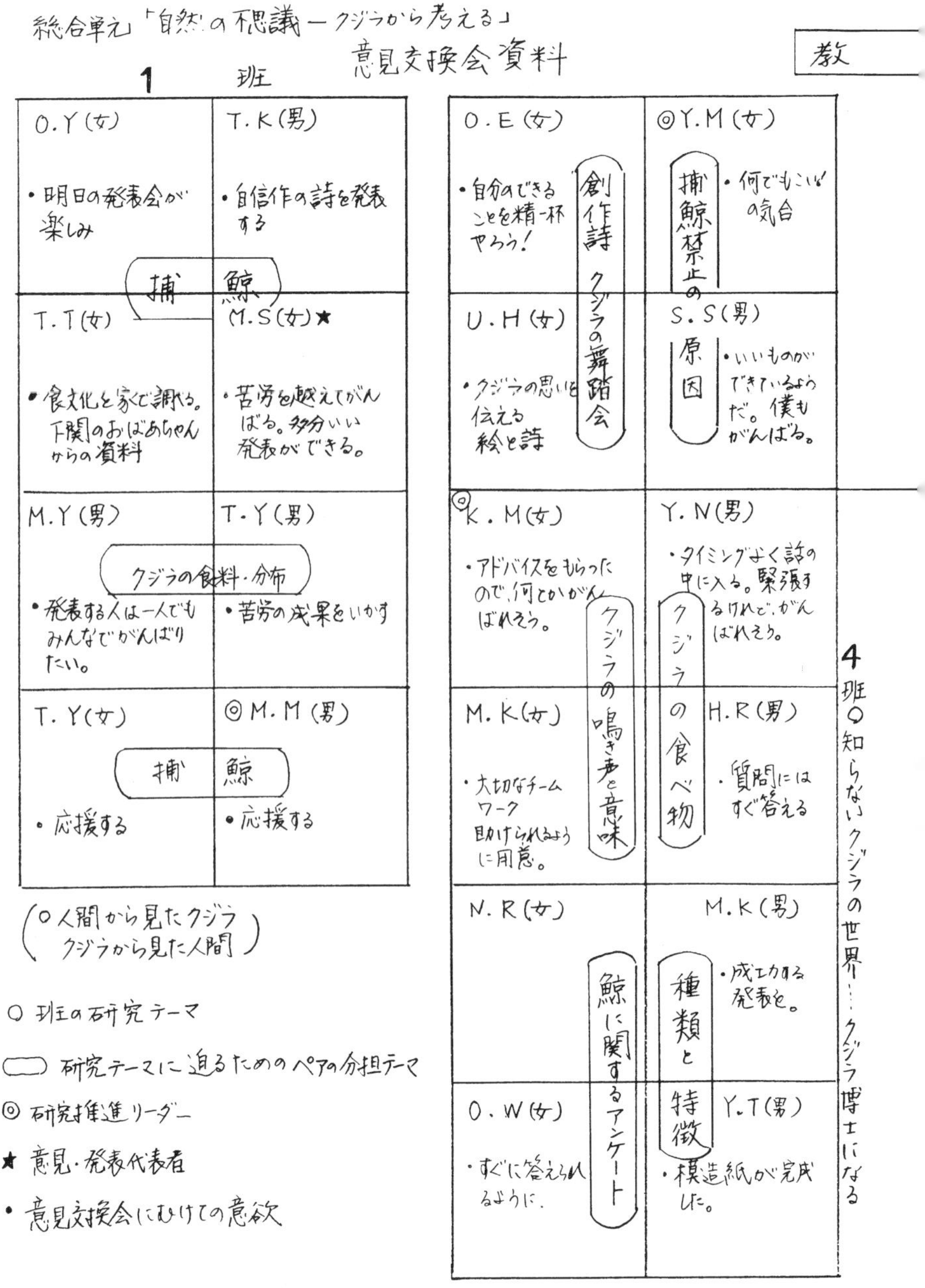

総合単元「自然の不思議―クジラから考える」
意見交換会資料
教
1班
O.Y(女) •明日の発表会が楽しみ
T.K(男) •自信作の詩を発表する
捕鯨
T.T(女) •食文化を家で調べる。下関のおばあちゃんからの資料
M.S(女)★ •苦労を越えてがんばる。多分いい発表ができる。
M.Y(男) •発表する人は一人でもみんなでがんばりたい。
T.Y(男) •苦労の成果をいかす
クジラの食料・分布
T.Y(女) •応援する
◎M.M(男) •応援する
捕鯨
(○人間から見たクジラ クジラから見た人間)
○ 班の研究テーマ
(　) 研究テーマに迫るためのペアの分担テーマ
◎ 研究推進リーダー
★ 意見・発表代表者
• 意見交換会にむけての意欲
O.E(女) •自分のできることを精一杯やろう!
創作詩 クジラの舞踏会
◎Y.M(女) •何でもこい!の気合
捕鯨禁止の原因
U.H(女) •クジラの思いを伝える絵と詩
S.S(男) •いいものができているようだ。僕もがんばる。
◎K.M(女) •アドバイスをもらったので、何とかがんばれそう。
Y.N(男) •タイミングよく詩の中に入る。緊張するけれど、がんばれそう。
クジラの鳴き声と意味
クジラの食べ物
M.K(女) •大切なチームワーク 助けられるように用意。
H.R(男) •質問にはすぐ答える
N.R(女)
M.K(男) •成功する発表を。
鯨に関するアンケート
種類と特徴
O.W(女) •すぐに答えられるように。
Y.T(男) •模造紙が完成した。
4班 ○知らないクジラの世界…クジラ博士になる

B

クジラと人間どうやって仲良くなる

私たち三班は、捕鯨と自然破壊の関係というテーマで、クジラ博士と自然保護団体の二つの立場にたってこの学習を進めてきました。その結果、三つの意見に分かれました。捕鯨に反対という意見、条件つき賛成という意見、捕鯨でなく、保護すべきであるという意見の三つです。

まず、一つめは、海の汚染などの環境破壊が原因でクジラの絶滅の理由になっているということと、もし、今、捕鯨が再開されたら、クジラをとる量をめぐって国同士が争うおそれがあるということと、クジラの数が急激に減ると、自然のバランスがくずれてしまうという理由があります。このように、人間の身勝手な理由で、クジラを絶滅に追いこんではいけないということで、反対という意見が出されました。

次に二つめの条件つき賛成という意見は、クジラの生態を調べた人からが多かったです。その理由の一つめは、クジラの種類によって、生態の条件が違うということからです。例えば、小型のミンククジラは、大型のシロナガスクジラに比べ、動きが速く、しかも、はんしょく力が強いため、とてもよく増えます。それに比べ、シロナガスクジラは、他の種類のクジラに、先にエサをとられてしまうため、エサを食べることができず、減っていってしまいます。また、この資料を見ても分かるように、シロナガスクジラの捕鯨されている量が、一番多いです。（先生から配布された新聞のコピーの資料を使う）つまり、クジラの種類によって捕鯨されている量が違うということです。

もう一つの理由は、クジラは、魚を大量に食べるので、クジラをとらないでおくことは、他の魚を減らすということにもつながります。

なので、捕鯨に賛成はできないけれど、反対もできません。そこで、一年間にクジラをとる量を決めておくという条件つきで、捕鯨には賛成という意見があります。

最後に、捕鯨ではなくて、保護をすればよいという意見です。

（E女）

理由は、森林伐採や、海の汚染で、海の生き物たちが住みにくくなり、また、クジラたちの食糧が少なくなっています。人間が自然破壊をしたのだから、人間が海を守っていかなければいけないと思います。別に、保護用の場所をつくらなくても、「海に有害な物を流さない」や「ゴミを捨てない」など、できることからすればいいと思います。そして、人間と自然が仲良く生きてゆければいいという意見の三つです。
これが三班の意見です。

リーダーの前日の「今日の感想」を見てみよう。

明日、とうとう本番です。私はとにかく「みんなに伝える」という目的をもってがんばりたいと思います。今回は班で作ってきた学習なので、「協力」して、これまでがんばってきたことをすべて伝えていきたいと思います。そして、みんなでつくっていきたいです。

（T女）

三つめの班は、リーダーが強いリーダーシップをとるわけではなかったが、この班には冷静な男子の隠れリーダーがいて、終始バランスをとりながらの応援をする体制にもっていっていたようだった。

C

私の班のテーマは「クジラか人か」です。私たちの班は捕鯨賛成が六人反対が二人です。反対派の意見の理由は三つあります。
一つめは商業捕鯨が再開されるということです。クジラを商売のために捕りすぎるといけないし、乱獲もおき、絶滅してしまうかもしれないからです。

二つめは鯨が魚を食べ尽くすような言い方がよくないということ、南極海のミンクはオキアミしか食べないので、クジラが食べ尽くすというのは言いがかりという意見です。

三つめは見る対象となったクジラを捕まえるのはよくないということです。

次に反対派から賛成派に変わった二人と、もとから賛成派の二人の理由は四つあります。

一つめは今の海の状況の問題です。クジラが減っていると思っていたのに、逆に、人間の一年間の五倍から六倍もの魚を食べていたということが明らかになったからです。

二つめは、日本と世界のクジラの利用の仕方が違うということです。資料によると、日本はクジラの骨や皮油など隅から隅までを利用していました。けれども、外国はというとクジラの油だけを使い、あとは全部捨てていたそうです。これでは「もったいない」と思います。

三つめは「哺乳類なのに食べていいのか」という意見です。哺乳類なのにというのなら、牛や豚も入っていると思います。食べている哺乳類だったら日本よりも世界のほうがたくさん食べていると思いました。

四つめは、クジラの料理を広めたいからです。今の若い人達はクジラを食べたという人は少ないのです。だから、クジラのおいしい料理を広めたいと思っています。

この二つの派から考えると、捕りすぎると困る。保護だと魚がいなくなる、両立させなければならない。そこで私たち五班は「人を優先するという捕鯨賛成」の意見にまとまりました。


次はこの班のリーダーの前日の気持ちである。


今日は班内でのリハーサルで私は班の意見をまとめて代表して発表する人です。私は早口で声が小さいと指摘されたので、明日にはがんばって三分間内でおさまるように努めたいと思います。

あとの七人にサポートしてもらいながら班の意見をクラスの人に広めたいです。

このように三人のリーダーの前日の短い記録からわかることであるが、班としての協同学習のメンバーとリーダーのあり方が窺われる。指導しても幼くて無頓着、自分のしたいことだけには熱心な男子生徒の多い一班、リーダーの強い意志の表れている三班、他の七人に支えられた五班の様子が如実に出ているのは面白いことである。

さて、単元の初めは、捕鯨について討論する学習を意図したわけではなかったが、テレビや新聞の新しい情報をグッドタイミングで子ども達が手に入れることができたので、必然的に捕鯨を考えざるを得ない状況になっていった。

座席表プロフィールの「・」意欲には、応援する者、発表者の意志が強く出ている。★印の発表者は、他の人を説得させたいと班の協力と調べてきた過程がにじみ出ていておもしろい。

当日の授業の流れは次ページである。

最後に、意見交換会の評価としては、協同学習の成立要素の一つである改善手続き（協力、態度、工夫、内容）

クジラから考える意見交換会　研究チームへひとこと

三組　三番　氏名　E・K

班とテーマ	捕鯨と自然環境の関係　3班	捕鯨と自然環境の関係　3班	捕鯨と自然環境の関係　3班	捕鯨と自然環境の関係　3班	捕鯨と自然環境の関係　3班
代表	E・K	E・K	E・K	E・K	E・K
A 協力（助け合い）	⑤ 4 3 2 1 みんなそれぞれ意見がある	5 ④ 3 2 1 後ろで資料をもっていた。	⑤ 4 3 2 1	5 ④ 3 2 1 班のみんなが協力してくれた	5 ④ 3 2 1 助け合いの心構えが必要なさ
B 態度（声の大きさ ことば など）	⑤ 4 3 2 1 調度いいし（速さ）聞きやすかった	⑤ 4 3 2 1 声が大きくて、はっきりしていた。	⑤ 4 3 2 1	5 ④ 3 2 1 これまでで一番よかった。	5 ④ 3 2 1 はっきりしていていい。
C 工夫（興味 関心）	A		意見をまとめられなかった	資料	グラフに表すのはいい。
D 内容（ことばなど）（考えがはっきりしているか 理由・根拠がはっきりしているか）	色々な意見がでて、最終的にはまとまらなくて、でも、それぞれの意見はどれも強かった 捕鯨OK、Ng 絶滅	文の内容がよくわかった。	条件つき賛成と反対と保護する。を意見から一つにはまとまらなかった。クジラ博士と生態を調べるのに	みんなの思いが入った。	根拠がはっきりしていない。理由がない。もっと根拠をはっきりと…
名前	O女	O女	O女	E女	T男

02.7.05　2/14

学習指導案　　(13) 時

主題　意見交換会「クジラから考える」

ねらい　①自分の立場を明確にして意見が発表できる。

②自分の考え・思いと比較しながら、メモをとって聞くことができる。

(3) 計画・学習指導過程

時	想定する学習の流れ	予想される生徒の主な学習活動	教師の役割と評価の手立て
0	Ｌ学習	○教科リーダーの問題に答える。 ○教科リーダーは本時の主題とねらいを確認する。	○発表の向きやことばの明確さについて指導する。
5	本時の学習の意義	○本時の学習の進め方を聞いて、聞き方（メモをとる、比較した聞き方）の意識を強くもつ。	○立場を明らかにした生活グループの考えを発表し合って、意見交換会を実りあるものにしようと呼びかける。
10	意見交換会 代表者の発表 （第１次発表）	○司会者の生徒が協力を求める挨拶をする。 ○立場や意見の違う代表者が順番に自分の意見を発表する。 ○クジラの主張、クジラ博士、レポーターなどの役割と立場を明確にして意見を述べる。	○発表者には、自分の立場を明確にし、聞き手がメモできるように話すことを事前に指導しておく。 ・クジラや捕鯨について自分たちなりのとらえ方ができ、理由や根拠を挙げた意見や感動した話が発表できているか。 ・立場を明確にして、聞き手を意識しているか。
25	フロアーからの質問 評価	○聞き手は質問したり意見・感想を言ったりできるようにメモをとって聞き漏らさないようにする。 ○発言内容・態度について評価をする。	○次のような質問や意見が言えるように促す。 ・そのような意見をもったのはなぜか。 ・そこは少し違う意見をもっている。
30	発表の検討	○立場を明確にした意見が発表できたかどうか、また発表内容について生活グループで話し合い、第２次発表に向けて修正案を作る。	○意見交換会の発表内容を聞いて、考えがどのように変化したか、聞いて驚いたのは○○だったなどと、再び互いの考えの交流を図る。
35	代表者の応答 （第２次発表）	○発表内容について考えの変化また調べたことなどを付け加え、ひとり２分以内で意見を述べていく。	○質問と回答にずれがないか判断して、意見を焦点化したり広げたりつなげたりする。
45	本時のまとめ	○「今日の感想」欄に、本時のふり返りを書く。	○２～３人の生徒に発表させる。
50		○本時のまとめを聞く。	○これまでの取り組みと学習の成果についてまとめの話をする。

の評価を行い、発表の班に渡すようにした。

Ｅ・Ｋの発表後のふり返り

各班から届いた評価を読んで、反省会をもったあとのものである。37ページのように、五枚ずつ八人で分けてノートに貼布している。（協同学習のうち「改善手続き」）

（Ｅ・Ｋ）

それぞれの意見があり、どの意見も強くて良かったという感想がとてもうれしかったです。班内でどのペアも調べ、キチンと意見をつくっていたことが伝わったんだなーと思いました。

Ｋ男がやる気がなさそうという意見がありますが、資料が小さくて、それは推進リーダーの私の責任もあると思うので、これからは画用紙に大きく写すなどして発表に使いたいです。聞きやすかったという意見は、前日の班の人や先生からのアドバイスをいかした結果です。

三班のみんなと一緒に取り組んで、こんな意見がもらえたのは、本当によかったです。コメントからたくさんのことが分かりました。

おわりに——実践の成果と今後の課題

この単元では、言語能力を育てるとともに考える力、伝え合う力、協同学習力を育てることを目標とした。実践をふり返る上で、特に、協同学習に関しては当時の神戸大学発達科学部伊藤篤助教授の助言を得たことが次の単元へのつながりになっていった。改善手続きとして、次のような項目で事後アンケートを取ることを進められた。

① 小集団学習と今回の生活班での学習について、あなたの考えることを書いて下さい。
② この単元の面白さの段階は、次のどれですか。また、理由を書きなさい。
③ この単元でのあなた自身の成長を書きなさい。
④ この単元をふり返って学んだことは何ですか。

アンケート実施は記述式である。単元終了後すぐに「クジラと私」のテーマでふり返りを書かせた内容と一致したこと、むしろ、自分の一番関心のあることで、「クジラと私」の記述をしているので、それを基に概観する。

なお、②の興味・関心はほとんどの生徒が8～10段階の満足度をもっていた。

(1) 協同学習を仕組んだこと

代表に選ばれた生徒のなかには、今の段階でまだ力が発揮できていなくても、応援によって思いがけない力を出したものがいた。その点で、相互協力、個人の責任（積極的な話し合い）の協同学習力の与える影響は大きい。

先のM・Sは

一学期の国語の中で一番苦労したのはこの単元です。しかし、いろいろなことを調べ、自分にとっては充実した学習になりました。

発表では多くの人が見に来てすごくドキドキしました。手がふるえて貧血をおこしそうになったくらいです。でも、みんなうなずいてくれたり、へーそうなんだとわかってくれたりしたので調べたかいがありました。


と述べている。声の大きさや態度面で5をもらい満足できるものとなった。同じ班の男子生徒は「クジラと私」で彼女を応援した気持ちを次のように書き残している。

――クジラは殺してほしくない――　（M・Y）

はじめに先生が、「クジラの授業をやることにしたよ」と言った時はっきり言ってよく分からなかった。ぼくはクジラなど、別に何も知らなかったし、捕鯨なんて全然知らずにいたからだ。そんなに興味はなくて最初は適当に調べていた。そしたら出てくる、出てくる。クジラの資料はいっぱいあった。調べているうちに、だんだんだんだんクジラが好きになっていた。大きくて、やさしい目。人の何倍もあるらしい。ぼくはそんなクジラがあこがれとなっていた。しかも、人のようにコミュニケーションをとるらしいのだ。それだったら、ぼくもクジラとしゃべれるかなあ。

そしていよいよやってきた研究授業。発表者は、M・Sさん。班で一生けん命調べたことを、みんなに伝えてくれる人だ。ぼくらは一班なので一番最初。一番緊張すると思う。がんばって、伝えてほしい。見てるひとはたくさんいる。だが、M・Sさんはしっかり発表できたのだ。3分という短い時間で。おわった時は正直、ホッとした。班のみんなが調べたことが、しっかり伝わった。満足感で、いっぱいだった。

よく考えてみれば、ぼくは小さいころからクジラが好きだったのだそうだ。お母さんが教えてくれた。そういえば、ある写真家のクジラの写真を机にかざっているし、絵本『ゾウとクジラが友達になった日』は昔から大好きな本だ。その本の内容は、捕鯨船におわれたクジラが、ゾウと協力し、人を復讐する、などのことが書いてある。

このことからぼくは捕鯨は（やっぱり）反対である。おいしいかもしれないが、やはりかわいそう。（個人的な意見だが…）いろんな人の意見を聞いて、納得したところもあったが、大きくてかっこいいクジラを殺すのはやっぱり反対だ。

⑵ ペア学習と伝え合う力

先のアンケートの中でむずかしかったけれど、力がついたとして挙げていたのが、二人一組のペア学習である。お互いに歩み寄るための話し合いによって、「お互いの気持ちを確かめ合い」「意見を尊重する」と書けるようになっていることが次の二例でわかる。伊藤篤助教授によると「くり返し協同することで、人格を尊重することによって精神的な健全さが高まっている」ということである。


はっきり言って「あっ」というまにすぎた国語の時間でした。

私の一番の思い出は、調べ学習のペアがO女さんだったことです。アンケートをとった時もO女さんとでよかった。とつくづく思いました。私とO女さんも、歯車みたいに、いつもうまくいくわけじゃなく、よくぶつかりました。今まで、気の強い子とぶつかると、いいあいみたいになってしまっていたけれども、今回は、じっくり考え、お互いの気持ちをたしかめながら歩けたと思います。

一人ひとりの意見を尊重しながら、一つの意見にまとめる。ということが勉強になり、また苦労したことでもあります。またペアのO女さんの話になるけれども、全くちがう意見を一つにするのは本当に大変でした。

一学期間、国語を学び、私は、言葉より人間との関係を学んだ気がします。


（N・R）

僕が一番心に残っている学習は「クジラか人か」の班学習です。特に苦労した、調べ学習と発表は、心に残っています。調べ学習は、クジラが人にとって、大切な水産資源を食いあらしているということを、初めて知りました。地球上で最も考える力のあるのは、やはり人間なので、いろいろな考えをまとめてベストな結論を出せるのも人間しかいないと思います。調べ学習では、今までは、グループの学習であっても個人が多かったので、グループで、調べるのは、難しかったです。ペアで調べる時も、二人の考えをまとめなければいけないのですが、相手の意見を尊重してペアの意見にまとめるところが難しかったです。さらに八人グループで発表した時は大変でしたがグループ学習は、一人でもさぼるとみんなに迷惑がかかることを痛感しました。M・Sさんのところは、グループの中で意見がまとまっていて、たぶん、ペアの段階でちゃんと役割分担ができているんだなぁと思いました。そのグループの人に、どうすればうまくまとまるかを聞いて、これからのグループ学習に生かしたいです。

僕は国語の学習は、文章を読んだりするだけだと思っていましたが、今回のクジラの体験を通してグループでの学習やテーマへの取り組み方等、教科書以外の国語の学習をしたと思います。二学期以降とても楽しみになってきたので積極的に学習していきたいと思います。

(K・D)

「わかり合う」ということが前提になるわけなので、「伝え合う」ためには言葉で「話す・聞く」が重要である。それを学習者は人間関係も含めてとらえていることがわかる。また、実際に単元を組んで子ども同士の成長ぶりを見ることもできた。苦労した一班のM・Sは、三班のK・Dからの評価の高さに、最後まで力を注いだ苦労が報われる思いがするだろう。

⑶「クジラ」から考える

表題の「クジラから考える」であるが、クジラへの関心はどんどん高まり、鯨料理を食べさせてほしいという希望を保護者に頼む生徒もいることが伝わってきた。「捕鯨」という言葉さえ知らなかったのに、今までと違った言葉を覚え、使いこなせるようになったと述べている生徒もいる。それだけ、同じ哺乳類ということや、海の中に住んでいてほとんど見ることができない神秘性から、O・Yのように将来何ができるかと考えはじめたり、クジラに親しい思いを抱いたりする生徒も出てきた。発展として、U・Yは夏休みの自由研究に太地に出かけている。イルカと遊んだだけでなく、ホエールウォッチングをし、人とクジラの関係をまとめた。また、別の男子生徒は、授業の意見交換会だけではあき足らず、つまり、自分の担当したごく一部しかわからなかったということで「捕鯨は本当に良いのか悪いのか？」をテーマに下関まで家族旅行をしてまとめた。彼はここでの結論を、「条件つき賛成派」になったとしている。

私たちができること

私はクジラについての学習がはじまった時、最初にインターネットで今のクジラの状況を調べてみました。クジラの種類別に数がのっていたりしていましたが、いまいちピンとこなくて、多いのか少ないのかわかりませんでした。わかったことは、同じクジラという動物でも種類によって、生存している数が全く違うことでした。どうして同じ動物なのにこんなに違うのだろうと思ったので、調べてみることにしました。結果は、生態系が違うという理由もありましたが、海の汚染という理由もあったのです。

（O・Y）

今、地球の海は汚染されてきています。動物達のためにだけ、海を守ろうというのではなく、長い地球の歴史の中で築きあげた美しい海は誰のものでもなく地球のものなのだから守ろうと思う必要があると思います。また、海だけを守っても地球は豊かになりません。海に注ぐ川、川の源の山、地球そのものを守っていくのが、地球に住まわしてもらっている人間のするべきことではないでしょうか。そのためにも「自分がしたからといって何も変わらない。」と思ってゴミを捨てたりしないことが大切だと思います。「自分がしたら地球は変わる」という意識をもって生活していくことが大切だとこの勉強をして思うようになりました。

（U・Y）

もしもくじらが話せたら…

くじらという生き物からたくさん学びました。とても幅広い分野にくじらは関係していたのです。たとえば地球の環境問題について、くじらは昔減ったワシントン条約の中にも登ろくされています。海洋汚染が影響していたようです。又食べ物の問題・捕鯨の問題ナドです。

今、世界は問題でうめられそうです。だからとってもたくさんの事を話し合って毎日のようにどこかで、誰かがもめているのです。これを解決するにはもめごとのない平和な世の中にするには本人に意見を聞くべきです。ですが、当の本人は、話せないくじらという動物。私はくじらが話せたらくじらに聞きたいこと、約束したいことがあります。それは家でお父さんに食べた時のことや世界の論争の動きについて教えてもらっていた時にお父さんはくじらについて、不思議がたくさんかくされた動物で、孤独のようだが、そうでなく遠い所にいても長い時間あっていなくてもコミュニケーションがいつでもとれるんだ、と教えてくれました。始めて聞いた時にはわけがわからなかったケド調べていくうちにそうだなぁと納得できました。そして入れ替わってたくさんの疑問点があります。ある程度のことは資料を読んでみることで解決できました。しかし、くじら本人にきいてみたいことがいくつかあります。それはどうやってコミュニケーションをとっているのか、海は好きですか、陸で世界してみたいとは思いませんか、人間のことをどう思っていますか？ナドです。もしもくじらが話せたら、私はまっさきに海にはいってくじらとのコミュニケーションをとったり、いくつもの質問をして分からないことを知ったり、クジラと友達になって何日でも何時間でも遊びたいです。（原文のまま）

(4) 学習材の提供と実際のカリキュラム

同僚の音楽教師から、ウォルトディズニーの「ファンタジア　二〇〇〇」ではレスピーギの「ローマの松」に合わせてクジラが魅力的に描かれている、欧米人から見たクジラのイメージが伝わることを教えられ、生徒とともに見ることになった。空を飛ぶクジラの大群の場面は魅力的だった。また、クリスチャン・ラッセン氏のクジラの絵もどうかというすすめがあった。他教科の同僚の助言が単元に幅をもたらせてくれた。

もう一つは、生徒からである。金子みすずの詩集の提供だった。「鯨捕り」「鯨法会」をプリントして音読した。リズムがあるものの悲しい詩は心の中に深く入り込んだようで、後の「千と千尋の神隠し」の単元で詩を創ることになったときも、このリズムに似た詩が何編も生まれたのである。

このようなことで、計画カリキュラムは実際には変更することになった。

(5) 今後の課題

協同学習によって人間関係の重要性に気づかされたことを次単元に生かすために、「役割をもち、責任を果たす」ことに重点を置き、生活グループから四人の学習グループの取り組みをすることが展望できた。二つめは、言葉を使いながらの学習だったので、次回は言葉そのものをみつめる単元をひらく必要があることがわかった。

注

（1）・（2）拙著『人を育てることばの力』（溪水社　二〇〇三・三）

テーマに基づいた班の発表
原稿づくり

調べる—
真剣なまなざし

パネルディスカッション
緊張するMさん

ペアで小テーマに
取り組む

参考 1

その後の和歌山県太地《たいじ》を訪れる

平成二十六年（二〇一四年）五月三十日、天気をねらってこの章に関連ある和歌山県の太地《たいじ》に向かって出発した。単元を始めるに当たって、資料収集のために太地を訪れたのは平成十四年（二〇〇二年）五月十五日。あれから十二年がたつ。今回の目的は、この本に掲載する鮮明な写真を撮ることである。この間に、太地はイルカの追い込み漁がアメリカの映画「ザ・コーブ」で批判的に描かれ、反捕鯨団体も訪れるようになった。そのため一躍有名になった。さらに、最近では国際司法裁判所が南極海での調査捕鯨の中止を命じ、日本は苦境に立っている。

前回同様、国民宿舎「白鯨」に泊まる予定で申し込んだところ「ツール・ド・〇〇」と熊野を含めての三日間の国際自転車レースの開催地になっていて、太地の変化に少なからず驚いた。日程を変更し、訪れる場所は前回と同じ場所と決め、新大阪発九・〇三発スーパーくろしお3号に乗り込んだ。現地の移動は夫の体調が頼りである。串本でレンタカーを借り、南紀の海岸を走る。五月に似合わず気温が高く、熱中症対策が報じられるぐらい

太地《たいじ》の入口くじらのモニュメント

くじらの博物館正面

である。もやっとした空気で、せっかくの橋杭岩も生彩を欠いている。太地に近づくにつれ、不思議なもので突然入口に親子くじらのモニュメントがあったことを思い出した。ヒラドツツジが満開の中、モニュメントが見えてくる。なつかしく、胸が躍る。薄い青空の中、二頭のくじらが空に泳いでいる。とうとうやって来たと感慨深く、ここでカメラを出し何枚かシャッターを切る。

当時、お世話になった役場の海野《かいの》さんには是非御挨拶をしようと思い立ち、太地町役場へ入る。来訪の趣旨を話したところ、今年の春、総務課長で定年退職されたことをつげられた。十歳ほど年が違ったことが初めてわかり、数々の資料提供に改めて感謝する一方、残念な気持ちをもった。それを察知されたのか係の方は、その部署は「くじらの博物館」と「太地町歴史資料室」に移ったことをつげられたあと、すぐに博物館に電話を入れて下さった。

これがきっかけで今回の太地訪問は思ってもみなかった人との出会いになった。その始まりがこの電話である。太地町歴史史料室の櫻井敬人《はやと》学芸員は、くじら踊りの説明のため太地小学校訪問で留守ということだったが、まさか翌日三十一日に偶然お目にかかれるとはそのとき思いもしなかった。館員の方と電話で打ち合わせて、役場からすぐに「くじらの博物館」に行く。待って下さっていたのは、今川恵学芸

くじらの博物館にあるシロナガスクジラ
全長骨格（25m 程度）

くじらの博物館内

員、名刺をいただく。専門が漁業就業問題、和歌山県下の突きん棒漁業で博士と知った。最近、古代の釘のことで女性の学芸員と知り合う機会があり、海外留学の上に博士号と、新しい時代に活躍する若い方の力にまぶしさを感じるものがある。ここが三年目の今川さんの専門内容についてお尋ねしたいところ、早々に案内と説明が始まった。

　すっかり展示内容が立体的になっていた。まず案内された階では、海の中をクジラとイルカが泳いでいる躍動感のある姿に目を奪われた。子ども達はきっと驚くだろう。そして鯨の髭の大きさ、鯨捕獲のための目印になる数々の旗、色鮮やかな勢子《せこ》舟の模型と残存している舟板等、初めてのものもあり時間のたつのを忘れてしまった。いつの間にか夫は休憩室に行き、今川さんと私、数人の観覧者になっていた。「最後の刃刺《はざし》」の特別展は、アメリカやノルウェーの捕鯨の説明や珍しい写真や絵画が中心であるが、思いもかけない作品を見つけた。それは、玄孫に当たる小学生が先祖のことを調べた総合的な学習の作品と、モデルとして描かれた『鯨の絵巻』（吉村　昭）だった。先祖とは、十九歳で刃刺となった君大夫である。帰ってから、この本は絶版

太地鯨方遭難の記

「背美流れ」と通称される、捕鯨遭難事故は、わが町史における一大惨事であり、古来三〇〇年の古式捕鯨の終焉を告げる悲劇的事件であった。

ここに遭難の顛末を抄記し、その記録を留めるものである。

明治十一年十二月二十四日、太地鯨方総勢百八十四名、十九艘に分乗、勇躍早朝出航す。待つこと久し、山見より「子持ちの背美鯨発見！」の合図あり。時あたかも夕刻にして風雨強く、海上荒れ模様なるも、急ぎ陣形を敷き、山檀那の指示を待つ。

この年、捕獲極めて少なく、村民の暮し困窮しており。されど、発見されたる鯨は子持ちの背美鯨にて、巨大にして、子育て期に特に母性愛強く、近づけば狂暴化し、仕留めるには極めて危険であるとされていた。

ために、山見での二人の檀那の意見は対立した。「捕る」か「捕らざるべきか」である。両論相譲らず激論が続いた。が、断が下された。「直ちに決行すべし！」であった。

沖合にてひたすら指示を待ちいし鯨衆に歓声がこだました。男達は燃えた。決死の追込みが始まった。が、驚いた母鯨俄に暴れ出し、頭部を網にかけしまま沖合に向かった。各舟も急追する。

冬の夕べは暗黒の闇と化し、風雨更に激しさの加わる中、夜を徹しての死闘の末、翌朝十時過ぎ遂に仕留むに至った。

直ちに持双舟に結わえ港を目ざす。然れど、海上益々吹き荒び、加えて全員に極度の疲労が襲い、巨鯨の曳行はおろか身の危険を生ずるに至った。この上は、この鯨の網を解くより助かる術なし。男達号泣しつつ価千金の巨鯨の網を切り放つ。

その時、既に舟団ままならず、いつしか黒潮の海原に漂えり。

二日目夜、西の風暴風となり、波浪舷を洗い、各舟結び合うも激突相次ぎ沈没の恐れあり繋ぎ網を切らざるを得ず。

万策尽き支えを失いし各舟に忽ち山の如きうねり襲い、悲鳴と共に闇の大海に巻き込まれていくのであった。父子、兄弟、友との最後のことばもただ空しく怒涛にかき消されるのみ。地獄絵とはかくあらん。悲しきかな、痛ましきかな、その言葉を得ず。

幸いにして漁船に救われし者、遠くは伊豆七島に漂着し、九死に一生を得たる者あれど、犠牲者百十余名とされる。

一家の柱を失いし寡婦たち、幾日たりとわが家の前を走り狂い、泣き叫ぶ声久しく村中に満ちて止まずと伝える。

ここに海の男として鯨に挑み、大海に殉ぜし先人達の安からんことを念じるのみである。

平成十四年十一月

太地町教育委員会

となっているため図書館で借りて読んだ。この小学生は読んだのだろうか。吉村昭の本は、取材が念入りで土地の人からも丹念に聞き取って書いた『三陸海岸大津波』(文春文庫　二〇〇四・三)でよくわかっているので、本の題名になっている短編『鯨の絵巻』をすぐに読み終え、この小学生と太地の海を思った。読んだとき、「背美流れ」と言われる「太地鯨方遭難」から近代捕鯨に生きた男たちの、鯨に挑む命がけの勇猛果敢な姿とともに、網にかかった鯨の臨場感あふれる描写の息づかいにどう思うだろうかと考えた。古式捕鯨衰退のきっかけとなった巨大な子持ちセミクジラとの死闘は太地町教育委員会によって、「太地鯨方遭難の記」(平成十四年十一月)として碑の傍らに記されている掲示の全文(前ページ下)を挙げておきたい。前回の訪問では、木陰に隠れるような位置だったのが、海に面し道路からすぐ目につく場所に移されていた。

なぜ不漁が続き、村は貧窮して止むに止まれぬ行動に出たのか。海を相手にする生業なら、十二月の荒れ具合は瀬戸内海を見て育った私でもわかる。まして、ここは太平洋である。しかし、それよりも太地の人は「寛政の頃から突然のように鯨の姿を見ることは稀《まれ》になった。」(『鯨の絵巻』九ページ)「黒船騒ぎは太地人はすでに早くから承知していた。ただ知らなかったのは、その多くがアメリカやイギリスの捕鯨船だったことである。寛政前後からの捕鯨の不況も、実はちょうどそのころから、彼らの船団が、漸次日本に近づいて来た時だったのだ。」(『鯨に挑む町――熊野の太地――』一四四ページ)のように、黒船の近代捕鯨船が、回遊する鯨を太地に来るまでに捕獲していることを知らなかったのであった。

さて、もう一度話を展示に戻そう。銛から捕鯨砲の時代別実物展示、鯨の髭に描かれた捕鯨船、アメリカやノルウェーの捕鯨の説明の中に、若い頃あこがれの男優だったグレゴリー・ペック主演の「モビイ・ディック(白鯨)」の掲示物があり、なつかしさでいっぱいになった。日本では鯨解体のあと、捨てるところがないと言われてきた。髭を使った文楽人形やからくり人形もあった。宙釣りの巨大なセミクジラと勢子舟の男たちの模型は生きているようだった。

今川学芸員と別れるとき二冊の図録をいただいた。一冊は鯨の絵図、[1]もう一冊は勢子舟[2]である。帰ってから先の二冊の本と合わせてこれを見た。全盛期の江戸時代、捕獲後の人々の働く姿が生き生きと描かれ、解体された肉の大きさに驚いて目が釘づけになった。

館外に出ると、窓から見えていた庭のクジラの骨格標本は、全長二十六メートルもあるシロナガスクジラである。大きくてカメラに入れる角度に苦労した。自然プールではクジラのショーを見ることができた。トレーナーの方から、厳しくて優しい心づかいのできる人の言うことには従う、という訓練のむずかしさを聞く。

翌朝、宿舎のそばまで親子の鹿が来ていた。仕度もそこそこに出発し、燈明岬に向かう。前回は風雨にあおられ

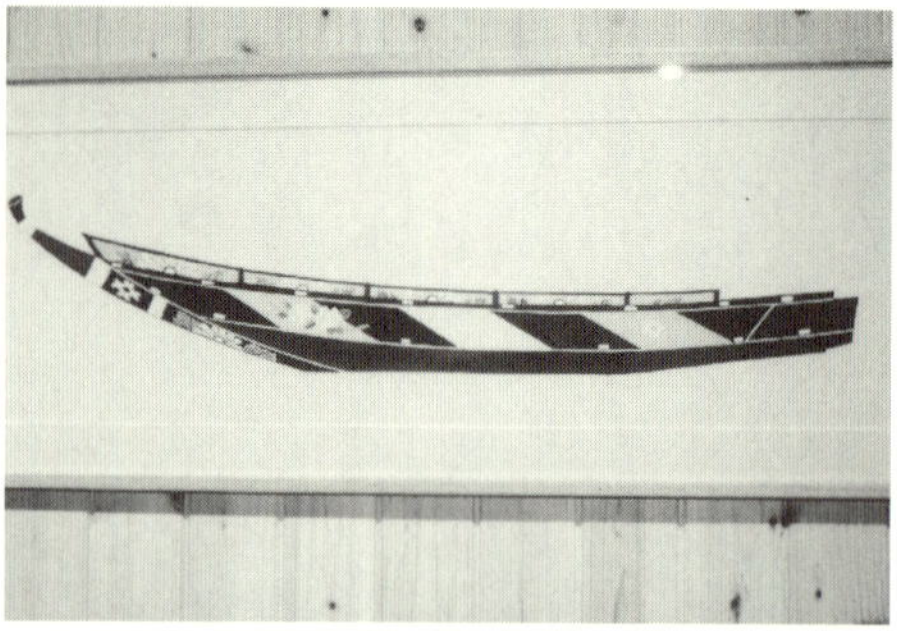
古式捕鯨の勢子舟

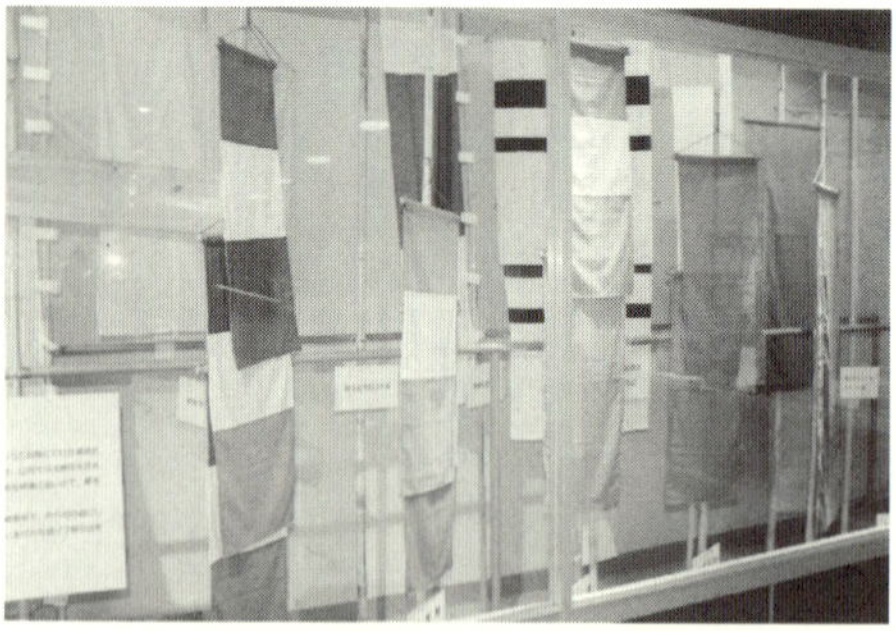
古式捕鯨に使われた旗

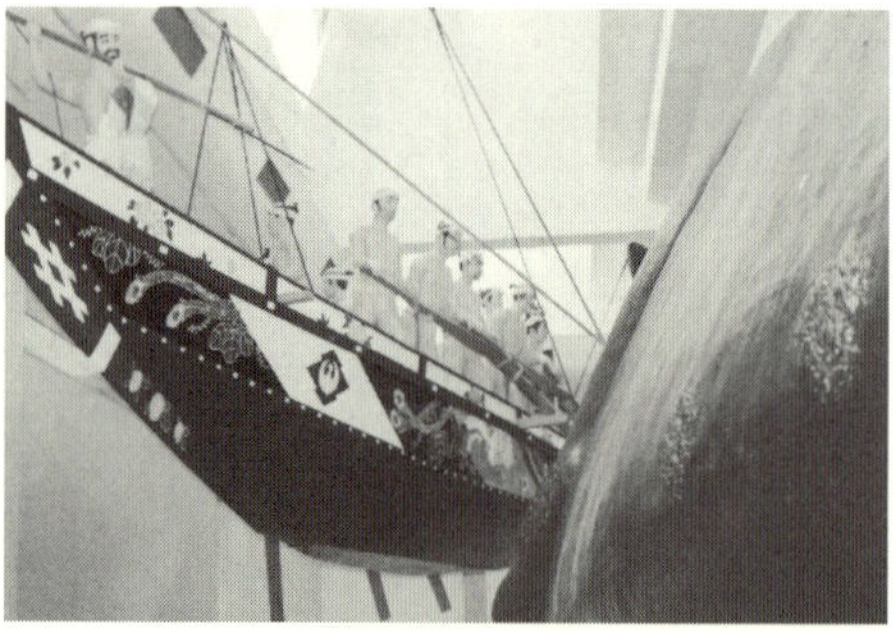
鯨に銛を　勢子舟と鯨

た樹木の中を歩き、吹き飛ばされそうになりながら岬で激しく岩を襲う白波を写真に納め、早々に引き上げたのである。村の漁師が命を落とした荒れた海はもっと激しかったかもしれないと思ったものだった。それに引き換え、今日は恵まれたよい日である。太地中学校のそばに駐車をする。手作りの「清水昭八展」の文字に引かれ、中学校に入っていく。太地出身で武蔵野美術大学の教授の遺作展だった。リトグラフで色の魔術のようだった。太地の海の色や夕陽が表出されたような作品もあった。渡された用紙に感想を書いて箱に入れたそのとき、住所を見てそばの男性から声がかかった。背の高い、まだ若いその方が、なぜかすぐに桜井敬人学芸員とわかった。岡山県出身でニューファンドランド島（カナダ、『赤毛のアン』ゆかりのプリンスエドワード島の近く）の鯨の博物館の学芸員だったことを知った。鯨の好きな方だからこそ「くじらの博物館」の展示があのように立体的になったのかもしれない。

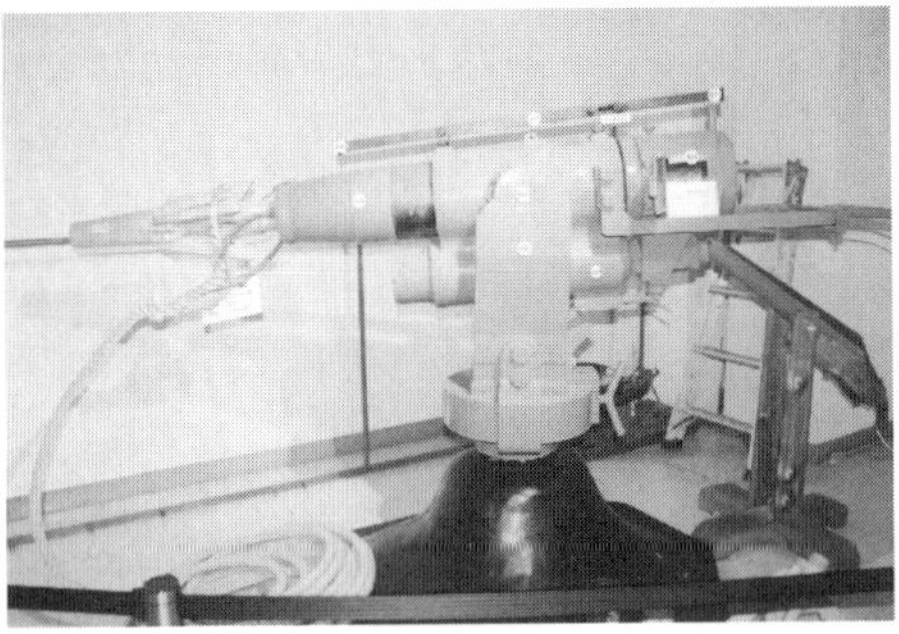

捕鯨砲

鯨の髭に描かれた捕鯨船

捕鯨船と刀刺

櫻井さんから貴重な学術冊子(3)をその場でプレゼントされ、企画された特別展の石垣記念館へ行くことを勧められた。

収穫の多い寄り道を、我慢強く夫は待っていてくれた。今日の燈明岬からは、青い海原の岩に砕ける波の美しい穏やかな様子が目に入る。パンフレットに書かれている古式捕鯨山見台は、「回遊する鯨の発見とその動きに注意し、山見相互間の連絡と、海上の勢子舟に網舟などに指令を与えるなど、捕鯨を行う上で最も重要な役目を果たしていたところ」とある。狼煙《のろし》跡もある。黒潮の大海原に乗り出した舟々は、ここからの指令に基づいて舟を重要な位置に動かしたのである。

次は梶取岬と白亜の灯台、くじらの供養碑の写真である。荒磯では何人もの釣人がいた。緑の広大な芝地には桜が植えられ、新しく設置されたトイレの入口の囲いはセミクジラをしとめる図柄で、行き届いた整備がされていた。

このあと引き返して、先に示した漂流人記念碑を訪れ、続いて石垣記念館へ車を進めた。

私は、鯨方が崩壊し、三〇〇年の古式捕鯨の歴史を閉じたあと、人々はどうしたのか、ずっと心に引っかかっていた。捕鯨砲の展示もあったし、海のそばの捕鯨船の内部を以前見学していたので南氷洋で活躍していることも知っていた。この度、先の二冊の本を読んで、銛で有能な力を発揮した腕に

楫取岬　くじら供養碑

鯨の髭の利用　文楽人形の繰り糸に
（表情を動かすバネとして）

よって名砲手になったことを知った。その恩恵は、戦後、私たちの貧しい食卓を潤し、給食の糧となった。水軍の流れをくむ和田鯨方は言ってみれば協同の力で乱れぬ捕鯨を行ったが、男手を失った太地は何度かの興亡の後に、一つの活路として大海原の彼方の陸地、アメリカやオーストラリア、カナダへ出稼ぎの道を見つけたようである。

石垣記念館「海を越える太地」のセピア色の着飾った人々のパノラマのパネルは印象に残る。みんないい顔なのである。一九三五年四月七日ウイルミントンのバニング公園での二八五名の記念写真は故郷太地小学校へ贈るという目的があった。そのパネルの下に置かれた写真に、数名の手書きの姓を記してあるのは、現在の太地の人が少し遠い先祖を見つけた証で、感慨深いものがあった。

日本語と英語で書かれた図録『海を越える太地』の「はじめに」の一節を引用しておこう。

楫取岬のトイレ

燈明岬へ行く道

燈明岬

古式捕鯨に終止符を打った海難を一つの契機に海外出稼ぎが始まり、それから一世紀の間、太地の先人たちは地先の海を遙かに越えた遠くの海で働いて太地を支えました。同時に彼らは、熊野の海で培った技能を、カリフォルニアやブリティッシュ・コロンビア、そして西オーストラリアの海で遺憾なく発揮し、世界中から集まっていた人々と一緒になって新しい町の発展に大きく貢献したのです。本特別展は、世界中の海にたくましく生きた彼らの一世紀を振り返る試みです。

この展示によって、全国僻地教育全国大会の授業校の一つとなった西牟婁《むろ》郡周参見《すさみ》にある全校生一七名の三舞中学校の図書室でみつけた本の、ダイバーが活躍したオーストラリアのアラフラ海がここでつながった。驚き、感動した。展示室にあったダイバーの潜水服や革のカバン、当時欧米から必要とされた貝ボタン用の穴の開いた白蝶貝、天然真珠と細工物が目の前に並んでいた。そして、太平洋戦争と日系人の収容所での生活の片鱗。

太地に着くまでは、実践した記録に添える写真を撮るという目的だけだった。しかし、現地で出会った人や学術冊子をもらったことで、以前読んだ本とつながり、ジグソーパズルのピースが一つずつ埋まっていったような感じがした。太地の人々が生きるために十九世紀末に海の向こうに出かけ、そこで日本人の誇りをもちながら生活していった事実に胸打たれた。太地の人の海の向こうは、オーストラリアやアメリカであった。『海を越える太地』によれば、林業、農業、鉄道工場に携わっただけでなく、缶詰工業で働き、家族をなし、学校もできたということである。学校教育の中で日本人の子弟の教育に尽力を尽くしたロスアンゼルス港内のイースト・サンピードロ小学校ワリザー校長（女性）を、寄付によって南紀に招いた記録と写真が残されている。どんなにこの女性校長が慕われていたのか、さらに、両国の架け橋になるような教育を施したのかを知ることになった。

イルカ漁でいったんは姉妹提携した西オーストラリアのブルームとの交流は中断したけれど、ブルームで真珠貝（白蝶貝）採集に従事していた絆は二〇一〇年に復活し、若者が異文化を経験している。図録『海を越える太地』の巻末は、両国の若者の笑顔で飾られていた。

単元「自然の不思議――クジラから考える――」は、あの時点では終わったのであるが、今回のフィールドワークで「クジラから考える」に主眼が移り、私の中で再び動き始めたように感じた。（太地町立くじらの博物館　写真撮影　筆者）

○五月から六月にかけての大きな新聞記事（購読している二紙の記事から）

・鯨捕りの誇り胸に（読売新聞　二〇一四・五・一六）
・クジラと生きる　これからも（朝日新聞　二〇一四・五・二四）
・伊藤潤さんと訪ねる古式捕鯨発祥の地（朝日新聞　二〇一四・五・二六）
・鯨肉さらに遠く（朝日新聞　二〇一四・六・四）

○学術冊子

（1）　鯨者六鯨ト申候（企画展「熊野灘のクジラ絵図」）（海の博物館　太地町立くじらの博物館　三重県立熊野古道センター　三重大学人文学部伊勢湾・熊野地域研究センター　二〇一一・三・二〇　図録編集　櫻井敬人《はやと》）
（2）　鯨舟　形と意匠（太地町立くじらの博物館　二〇一一・十二・一）
（3）　海を越える太地（太地町歴史資料室　二〇一四・二・一　太地町歴史資料室特別展　引用三一ページ　参考二二ページ　図録編集　櫻井敬人）

○参考資料

・鯨に挑む町――熊野の太地――（熊野太地浦捕鯨史編纂委員会　平凡社　一九六五・十一・五）
・くじらの町　南紀太地　パンフレット　古式捕鯨山見台　行灯式燈明台の説明文一部引用（太地町産業建設課　南紀くろしお商工会太地支所）
・鯨の絵巻（吉村　昭　新潮文庫　一九九〇）
・アラフラ海の真珠・聞書・紀南ダイバー百年史（小川　平　あゆみ出版　一九七六）

第二章　単元「もうひとつの世界——『千と千尋の神隠し』の扉を開く——」（第一学年・十六時間）

中学校における動画リテラシー教育

はじめに——この実践に至るまで

⑴　一年生の背景

この単元は神戸大学発達科学部附属住吉中学校56回生の一年生のために作った、二つ目の新しい総合単元である。平成十四年（二〇〇二年）の二学期～三学期の実践である。

一年生は自分をなかなか表に出さないのに、友だちのことをあれこれと気にする傾向があることが徐々にわかってきた。学年打合わせ会では、人間関係のもろさから学校を休みがちになる生徒が話題に上るようになった。ある学級では、自分を守るために友だちをけなすことばを発してトラブルが起きた。そこで、「協同的な学び」を育てることで、小学校からそのまま進学してきた生徒と編入生が混ざった新しい学級での人間関係を築く一助を国語科も担おうとしたのが、前章の「自然の不思議——クジラから考える——」である。

前述したように八人で構成する班で一つのテーマを決め、二人一組でそのテーマに迫る小テーマを設定した。そして、調べて考えた結果を八人で話し合い、代表者がパネリストとなって発表し合う仕組みを作った。少し複雑な構造であったけれど、全員責任をもって取り組まないと班のテーマに達成することができないこともあって、生徒は真剣で熱心だった。しかし、この学習での人間関係は班での小さなきしみとなったり、平気で人を傷をつけることばの暴力が飛び交ったりするという現状を知る結果となった。けれども、班内の女子編入生に対する男子生徒のことばの暴力に同じ班の女生徒が団結して立ち向かい、男子一人ずつを説得し、改心させるという快挙もあった。「ことばによる説得」の場面に同席したのである。

このような状況のなかで、「死ね」「あっちいけ」…といったことばはどれぐらい人を傷つけるか、子どもたちに言葉の重みや温かさを学ばせるためにどんな単元が適切だろうか、どんな学習材があるのだろうかと考え続けた。何が何でも「ことば」が中心でなければならなかった。（本文では書き言葉、話しことば。生徒作品は原文のママ）

(2) 『千と千尋の神隠し』にたどり着く

三年前に指導した一年生は一学期に、文字のない絵本『小さな池』（新宮　晋《すすむ》）を使って「ことばをみつける」という単元を設定した。詩や物語を作りながら自己表現に熱中している姿が思い出される。ここでは、思いがけず虚構の世界で自分の心を開いていった生徒を見出《いだ》せたのが大きな収穫だった。あのときの学習材に相当する適切なものはないだろうか。今度は、映像に類するもので心を解放し、ことばを認識させると、自然な状態で「ことばの力」がわかってくるのではないだろうか。二つ目に、「自然の不思議――クジラから考える――」で経験している責任をもつという協同学習の力をさらに身につけさせ、今度は全員を何らかのプレゼンテーションのできる状態に育てたいという気持ちが出てきた。単元「現代を読む」のように、工夫さえすれば一年生であっても全員参加のプレゼンテーションができるだろう。恐らく中学校の教師生活最後になるかもしれないので、新しい単元で言語能力や見（観）る力を育てておきたいと考えた。

このようにあれこれ悩んだり相談したりしているとき、ふと、家の近くのスーパーに『千と千尋の神隠し』のDVDとVTRを売っているのを思い出した。これを学習材にするのはどうだろう。さっそく国語の時間に、それとなく尋ねてみた。すると、『もののけ姫』『千と千尋の神隠し』『となりのトトロ』『紅の豚』『天空の城ラピュタ』『魔女の宅急便』と、次から次へとジブリのアニメ映画の名が出てくる。「それ好き」「嫌い」と反応がすばやい。どうやら『もののけ姫』は苦手らしい。顔をしかめた男子生徒を見つけた。「先生！　映画で授業をするんですか」という声も出る。期待する生徒がほとんどである。アニメ映画を学習材化して何を指導し、どんな力をつけるとよいのだろうか。ＶＴＲを買って観た。「いつも何度でも」（作詞　覚　和歌子／歌・作曲　木村　弓）という歌詞も曲もよい。

(3)　「先生、私好き」のひとこと

こんなときのある朝、偶然に一年生の女生徒と電車で一緒になった。私よりずっと背の低い彼女とドアの所に立って、走りゆく景色を見ながらとりとめのない話をしていた。ふと、この生徒に尋ねてみようと思った。

「Ｔさん、『千と千尋の神隠し』の映画を見た？」

「先生、見ましたよ。私、千尋大好き！」

私を見上げて答えたＴは、急に顔がほころんで花が咲いたような赤い頬に変わった。

「映画のパンフレット、持ってる？」

「はい。買って持っています。」

パンフレットがあることで、そのとき映画の方から近づいて来たような気がした。翌日、届けてくれたその中には、宮崎　駿監督の『千と千尋の神隠し』の制作意図が書かれていた。「不思議の町の千尋」の中に次のような箇所がある。

言葉は力である。千尋の迷い込んだ世界では、言葉を発することはとり返しのつかない重さを持っている。（中略）今日、言葉はかぎりなく軽く、どうとでも言えるアブクのようなものと受けとられているが、それは現実がうつろになっている反映にすぎない。言葉は力であることは、今も真実である。力のない空虚な言葉が、無意味にあふれているだけなのだ。

宮崎　駿の「言葉は力である」ということを学習者である一年生にもとらえさせたい。ことばで傷つけられ、悲しい思いをする子どもをなくしたい。それとともに、傷つける側の子どもにもことばのもつ重さを認識させなければならない。Tの「千尋大好き！」と言った笑顔が続いていくように、少しでも国語教室を役立たせよう。この学校を選んだ彼女から「この学校に来てよかった」ということばが出るようにしたいと思った。何人ものTたちのためにも『千と千尋の神隠し』を単元化しようと決心したのである。そして、教室で見せる許可をとった。

(4)「江戸東京たてもの園」へ『千と千尋の神隠し』の展示を見に行く

あちこち電話をかけ、まず『千と千尋の神隠し』の映画パンフレットが小集団に一冊は当たるように、東京から送ってもらうことができた。このアニメ映画で授業をする話を教官室ですると、学年の教師がそれに加わるようになった。隣の席の学年主任が「インターネットにいっぱい資料がありますよ。出してあげましょう。」と、忙しいのに私の協力者になってくれた。私は思いがけず分厚い資料（宮崎　駿監督製作発表一〇〇分間全発言集二〇〇一・三・二六他）を手にすることになった。読んでみると、情報があふれ、このアニメ映画を学習材にしてどんな方法をとると子どもにことばの力がつけられるのか、混乱してしまいそうだった。

その頃、浜本純逸教授から横浜市立上星川小学校の先生の先行研究のコピーが送られて来た。やはり誰かが取り上げているのだ。読む前にドキドキした。「言葉は力である」という目のつけどころは同じだったが、総合学習でジブリの作品を見た小学生と大学生の交流だった。なかなか面白い。しかし、私の考えとは違う。やる気が出た。

単元学習で映像に焦点を当てる学習材を何度も使用してきたけれど、アニメ映画は初めてである。勢い込んではいるものの焦点の定まらない考えで揺らいでいた。もう一度、インターネット資料を読み返した。すると、三鷹の森ジブリ美術館で展示されていた『千と千尋の神隠し』のアニメ映画製作資料すべてが、特別展として再び武蔵小金井にある「江戸東京たてもの園」に二〇〇二年十月十二日（土）以降展示されることがわかった。「先生、いつも電話をかけ、すぐに行動されますやん。行って来たら」と学年主任が背中を押してくれた。油屋は道後温泉がモデルとか、街並みは金毘羅さんの階段の両側の店と違う？とか、教官室でいつとはなしに話が出るようになった頃だった。資料をもらうことを考えてリュックで出発した。十月二十七日（日）の朝である。

「江戸東京たてもの園」は中央線の武蔵小金井駅で降り、広々とした公園の奥にあった。いよいよだ。心が躍る。展示室には「千と千尋」の世界が広がっていた。すぐ目についたのは中央のガラスケースの中の膨大な絵コンテの山である。子どもも大人も夢中に見入っている。魅力的だ。映画で見落としたものの説明や製作の苦労が手に取るようにわかる。「孫のために来ました。すばらしいですね。」と私のすぐそばの女の人に話しかけられた。湯婆婆のパネルにギョッとする。湯屋へ続く赤い欄干の橋は千尋が入るとき「夕陽の橋」、帰るときは「朝陽の橋」と呼ばれることも知った。「大人はうそをつかない」「美術として描く」とはこういったことだったのだと、展示されている数々の資料で納得した。十歳の女の子のために本気になって描いた作品だとこのとき初めて実感した。二度じっくりと見て外へ出る。

移築されている建築物群を急いで見る。リンと千尋が手すりにもたれて海を眺めるシーンがある。そのモデルになったガラス戸と手すりも見た。その手すりからは青く果てしない海を想像することはとてもできなかった。次に、下町通りに行った。湯屋のモデルと言われる子宝湯の湯船に子ども連れの家族が入って、写真を撮っている。黄色い市電は海を走る二輌編成のモデルなのだろうか。そんなことを考えながら看板建築の文房具店に入ると、筆入れか何かだろう、壁一面、天井まで引き出しが連なっている。とうとう見つけた。油屋の一番下で働く釜爺の天井まで届く薬箱のモデルに違いない。

いつか倉澤栄吉先生が、「そこに行きなさい」と言われたことばがよみがえってきた。

一、単元の構成

1　使用した学習材――主たる学習材と補助学習材

①　主たる学習材

ＶＴＲ『千と千尋の神隠し』（スタジオジブリ）

②　補助学習材

以下の学習材はアニメ映画を見終わったあとに、子どもたちからの質問や要求に対応できるように、集められるだけ集めたものである。武蔵小金井にある「江戸東京たてもの園」の特別展へ行って手に入れたものもある（ウ・エ・オ）

☆ア．映画パンフレット「千と千尋の神隠し」（小集団に一冊ずつ）（東宝株式会社、二〇〇一・七）

☆イ．フィルムコミック「千と千尋の神隠し」①〜⑤（五冊本）（スタジオジブリ作品　アニメージュ編集部・編　徳間書店、二〇〇一・九）

☆ウ．「江戸東京たてもの園だより20」特集２　特別展「江戸東京たてもの園と千と千尋の神隠し」（財団法人東京都歴史文化財団　江戸たてもの園、二〇〇二・九）
☆エ．ジブリTHE ARTシリーズ「アニメーションを展示する」スタジオジブリ責任編集　三鷹の森ジブリ美術館企画展示「千と千尋の神隠し」（徳間書店、二〇〇二・九）
☆オ．THE ART OF Spirited Away　千と千尋の神隠し　スタジオジブリ責任編集（徳間書店、二〇〇一・九）
□カ．千尋と不思議の町　千と千尋の神隠し徹底攻略ガイド（角川書店、二〇〇一・七）
□キ．キネ旬ムック『千と千尋の神隠し』を読む40の目（キネ旬報社、二〇〇一・八）
□ク．別冊COMIC BOX Vol.6　千と千尋の神隠し　千尋の大冒険（Fusion Product、二〇〇一・八）
○ケ．ユリイカ８月臨時増刊号451号総特集　宮崎駿『千と千尋の神隠し』の世界　ファンタジーの力（青土社、二〇〇一・八）
▲コ．国語実践ライブラリー基礎・基本から「宮崎駿の世界」「詩の世界」へ（白石範孝　東洋館出版社、二〇〇一・六）
☆サ．ロマンアルバム　千と千尋の神隠し（徳間書店、二〇〇一・六）
☆シ．徳間アニメ絵本24　千と千尋の神隠し　宮崎駿（徳間書店、二〇〇一・八）
▲ス．風の帰る場所　ナウシカから千尋までの軌跡（宮崎駿kkロッキング・オン、二〇〇二・七）

☆アニメが中心　□アニメと文章
○文章　▲大人用（？）

２　単元の意義とねらい

メディア・リテラシーの学習準備として、動画（アニメーション）というメディアを学習材にすることで、協同学習を通して動画を読み解く力を育てることを、実践によって明らかにしようと考えた。

監督の宮崎　駿は『千と千尋の神隠し』の対象を十歳の女の子と考えたようであるが、大人が見ても面白い。作品の評価は高く、第五十二回ベルリン国際映画祭では金熊賞を受賞している。（単元終了後、二〇〇三年第七十五回アカデミー賞に輝く――長編アニメ部門）

トンネルを通って不思議の世界に入った主人公の千尋は、神様の食べ物を食べ、豚になってしまった両親を救うために異世界で働くことになる。この「働く」ことこそ不貞腐れひ弱だった千尋が「生きる力」を獲得することにほかならない。油屋で生活する千尋と関わる釜爺やリン、ハク、また湯婆婆のことばが彼女を支え、彼女を強くしていく。宮崎　駿は「言葉は意志であり、自分であり、力なのだ」（「不思議の町の千尋」映画のねらいより）と言っている。このように、この学習材からは千尋の意志をもって生きていく姿とともにことばのもつ力の強さを学ぶことができる。人と人との関わりがまずく、人を傷つけることばを使うことが多い中学生には適切な学習材であると考える。

作品のもつ鮮やかな色彩、意表を突いたキャラクターや建物は視聴者に不思議な感じをもたせ、想像力をかきたてる。精密に描かれた背景や小道具は不思議さと懐かしさを湧き起こさせるが、主として変わっていく千尋とことばの相関を考えさせたい。

動画を鑑賞する際には、小集団ごとにテーマを決めさせ、四人の視点（役割分担）を明確にして協同的な学びに導くようにするとともに、「はじめて気づいたこと」を伝え合う場として、「友だちから学ぶ」の学習プリントを作成し、見方や考え方の違いの面白さを認識させる。さらに、学習者の意見が明確になるような書く活動を多くし、考える力としての言語能力を伸ばしたい。また、それらの獲得した考えの伝え合う場を共有させ、学級全体の協同学習が成立するようにする。

単元のねらい

① 『千と千尋の神隠し』に興味をもち、テーマに従って画像やセリフを読み取ることができる。
② 視点（役割）に基づき、画像の説明（事実）と自分の考え（思い）を区別した文章が書ける。
③ テーマに基づいた「私たちの選んだ四シーン」のプレゼンテーションをすることができる。

3　生徒の実態

この単元の事前調査の結果は次の通りである。（平成十四年十月四日実施　対象一年一組三十七名）

（数字は人数）

① 『千と千尋の神隠し』の映画を見ましたか。
ア．見た（33）　イ．見ていない（4）

② この映画は
ア．面白かった（32）　イ．面白くなかった（1）

③ 映画で一番印象に残っているのはどこですか。
・ハクが自分の名前を思い出したところ（4）　・銭婆の家のシーン（3）
・千がカオナシに襲われるところ（3）　・千尋が元の世界に戻るところ（3）
・千がハクにもらったおにぎりを食べるところ（2）

④ 言葉にはどんな力があると思いますか。

・人を動かし変える力（16）　・傷つけたり、なぐさめたりする力（7）
・相手に自分の意志、感情を伝える力（5）　・表現する力（3）

⑤自分の考えを書いて表現するのが
ア．好き（13）　イ．嫌い（9）　ウ．どちらでもない（15）

⑥この単元に対する今の興味・関心は
（高い）　（低い）

10	9	8	7	6	5	4	3	2	1	0	
12	9	4	9	1	1	0	1	0	0	0	（人）

学習材が『千と千尋の神隠し』であるという点で、この単元に対する興味・関心は高かった。（⑥）その理由として、「映画から考えるのが面白い。初めてだらけ。ジブリの作品が好き」を挙げている。一番印象に残っている場面は様々であるが、登場人物でいうと、やはり千尋とハクついでカオナシを指摘している。他の学級では、カオナシに興味をもつ生徒が多いのに対して、一組では千尋とハクへの関心が高い。精神発達の差によるものかもしれない。

ことばに関しては、一学期末にことばで傷つけ合うことが多かったので、「言われると嫌な言葉、言われると嬉しい言葉」を調べたことがあった。「嬉しい言葉」のトップは「ありがとう」である。そのことを考えると、ことばには「人を動かし、変える力がある」と回答している生徒がいるのはうなずける。（④）

「自分の考えを書くこと」に関しては、「嫌い」「どちらでもない」を合わせると二十八名になる。その理由に「考えることがめんどくさい」というのがある。考えることは楽しいと実感できるように、短い文章を書き続けさせることで嫌な気持ちを緩和したい。

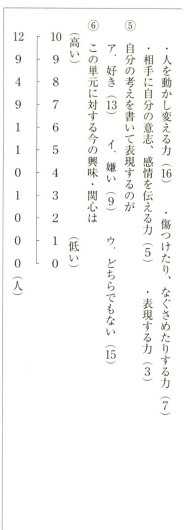

この作品を学習材にしたときの希望する学習は、「宮崎アニメは必ず何かを伝えようとしているので、監督の思いを探る」や「映画がどのように進展し、どんなことばが使われ、どんな気持ちになるのか」「ことばが相手をどう動かすか」と本質に迫る意見も出ているので期待がもてる。

4　動画を読み解く能力や伝え合う力、協同学習力を育てるための手だて

① まず、『千と千尋の神隠し』のアニメ全編をＶＴＲで視聴させる。場面と物語性に考慮して適切なところで止めることにする。

② 視聴するためのテーマは小集団（四名からなる）ごとに決めさせ、学級全体で確認する。また、テーマに基づいた「観る」ための視点（役割分担）を定め、学習者が自らの主体的な印象によって学びを作っていくようにする。それは責任をもって視聴覚情報を獲得していくことにより、協同学習力を育てるためである。

③ 毎時間の終わりには、「今日の感想」欄を使って各自の役割に沿った発見とそれについての考えを記録させる。それに先立って、役割による視聴メモを必ずとるように指導する。この単元でメモの重要性や必要性を学ばせ、物事を正確に聞き取る手段として定着させていく。

④ この記録の中から、次の学習に役立つ見方、考え方、視覚的要素の解釈、聞き取ったことばの意味、他の小集団にも役立つメモなどを選択して「友だちから学ぶ」を作成する。それを学習の手引きとして、次の時間の視聴に役立たせる。このとき、当人に音読させ「読む」「聞く」の力を育てる。なぜ、それを選んだか。目のつけ所などの説明を加える。

⑤ 全編視聴終了後には、ひとり学び欄（ノート一ページ）に役割に基づいた「見終わっての意見・考え・感想」「『千

と千尋の神隠し』を見た40人の目」を書かせる。これは学習者自身のセリフや場面（シーン）の解釈や認識を言葉化することで、全体をふり返るきっかけをつくるとともに、事実（画像）と意見を区別した文章構成を学ばせ、書く活動（動画鑑賞文）につなげる。

また、書き上げたものは四人の小集団で回し読みをしてテーマをもった読みになっているかコメントを書き合って確認する。

⑥ 次に、テーマに基づき責任をもって視聴した役割（視点）の一シーンを絵コンテに描かせる。四人で四点を作成するが、それを使ってテーマを解釈したプレゼンテーションを行わせる。このように得た情報を再構築して新たな情報を発信することは、今後、映画の予告編やポスター・広告の分析等に応用・発展することができる。ここでは、学習者にとって協同学習の力が一番発揮できるところである。

⑦ この後、セリフのない場面（釜爺の釜炊きの場面、海を走る電車など）や人物を、詩で表現することを行い、学級発表会をもつ。

⑧ 単元終了後には、学習記録ノートやプリント類をまとめて単元のふり返りを書かせる。学習を通して習得したもの、成長のあとを自分で認識させる。（自己評価）

④・⑤・⑥・⑦・⑧で動画を読み解く力や思考力・表現力が育てられると考える。

5 単元の展開と評価

実際の展開では、「私たちが選んだ一シーン」の時間が二時間では終わらず、三〜四時間かかった。その理由は、選ぶのにあれこれ迷って、コミックの本に再び見入ってしまうという状態が生まれたこと、指導者がモデルの絵コンテを描いて（45分かかったが）提示したにもかかわらず、絵コンテでは満足できず色を塗ったり、精密に描こうとしたりして夢中になったからである。

『千と千尋の神隠し』を見た40人の目」は、補助資料の「キ」をネーミングとして拝借した。学習者にとっては、何時間も見続け考え続けたので、「～の目」はぴったりだった。

6　この単元で育てたい言語能力や見る力など

1）話すこと

①　話題を明確にして話し始める。

②　話の要旨がはっきりとわかるように話す。

③　動画のシーンを具体的に指摘した根拠に基づいた話をする。

④　場面や状況・心情にふさわしい語句を選んで話す。

2）話し合い

①　テーマ（目的）に沿った画像を選んでいるか的確に判断して話し合う。

②　四人の役割から生まれた文章のどこを活用すると、テーマに合うプレゼンテーションができるのかを話し合う。

3）聞くこと

①　視点（役割）に沿うシーンで印象に残ったことやもの・音（音楽）をメモする。

②　登場人物の話す大切なことばをメモする。

③　話し手のものの見方や考え方に注意を払って、中心や要旨をとらえる。

④ 話の内容を整理しながら聞く。
⑤ プレゼンテーションの内容について、ひとこと感想を言うつもりで聞く。

4) 書くこと

① 多くのシーンの中から自分の視点（役割）と最もかかわりのある問題をみつける。
② シーンや情景を正確に描写する。
③ 登場人物の心情を推測して具体的に表現する。
④ 自分の意見が明確に伝わるように要点をはっきりさせて書く。
⑤ 読む相手を心において、書こうとする意見にあった例を選んで書く。

5) 見る・観る（読む）

① 登場人物の着衣の色や背景の色に着目できる。
② 視点（役割）に合うシーンを選び、細部を見落とさない。
③ 登場人物の重要な動きに着目して、その意味を言葉化する。
④ 表情の変化を読み取り、心情を考え、言葉化する。
⑤ 道具立て、背景等を読み取り、その意味を考え言葉化する。

単元の展開と評価

時	流れ図 (学習主題・評価)	目標	評価の観点 国1	国2	国3	国4	国5
	始 事前調査	1.『千と千尋の神隠し』の映画を見ましたか。 ア．見た　　イ．見ていない	○				
		2．1でアと答えた人に尋ねます。					
		①映画を見に行った理由			○		
		②映画は　ア．面白かった　イ．面白くなかった	○				
		③一番印象に残っている場面とその理由	○		○	○	
		3．この学習の希望、アイディアを書いて下さい。	○		○		
		4．言葉にはどんな力があると思いますか。	○		○		○
		5．自分の考えを書いて表現するのが ア．好き　イ．嫌い　ウ．どちらでもない			○		
		6．この単元に対する現在の興味・関心度は	○				
〔1次〕 1時	〔『千と千尋の神隠し』の鑑賞〕 テーマと役割	〔1．『千と千尋の神隠し』の映画を見て、役割に基づいた意見、考え、感想が述べられる。〕	○	○	○	○	○
		1．小集団でテーマを決め、一人ずつの見るための役割が決定できる。	○				
2時	『千と千尋の神隠し』のビデオ鑑賞 Part 1	1．テーマと役割に従って、『千と千尋の神隠し』を鑑賞し、メモがとれる。	○		○	○	
		2．メモに基づいて、見た場面での発見や考えたことが200字原稿用紙や「今日の感想」欄に書ける。			○	○	○
3時 〜 6時	テーマの見直し ビデオ鑑賞 Part 2〜5	1．テーマの再度見直しをし、変更するかどうかを小集団で話し合うことができる。	○	○			
		2．「友だちからたくさん学ぶ」の学習プリントで、見方や考え方、表現の仕方などテーマや役割で役立つ箇所をみつけられる。	○			○	○
		3．『千と千尋の神隠し』の続きを鑑賞し、テーマと役割に基づいてメモをとることができる。	○		○	○	
	①	4．「今日の感想」欄に係（役割）を明記し、見終わったところまでの発見、考えたこと、感想が書ける。	○		○		○

時	流れ図（学習主題・評価）	目標	評価の観点 国1	国2	国3	国4	国5
7時	② 『千と千尋の神隠し』を見た40の目	1．前回のビデオ鑑賞感想の学習プリントを読んで、参考になる箇所を選ぶことができる。	○			○	
		2．小集団のテーマと役割に従って、事実（説明）と区別した考え、意見、感想がひとり学び欄に1ページ分書ける。	○		○		○
8時〜9時	私たちが選んだ4シーン	1．小集団ごとに「40人の目」の映画鑑賞文を読み合って、話し合ったり意見を書いたりすることができる。	○	○	○	○	
		2．小集団のテーマと役割に基づいて、相談しながら4シーンを選ぶことができる。	○	○			
		3．ケント紙を使って絵コンテを描きながら、テーマを表現するために気づいたことや説明の表現方法（順序説明）が話し合える。	○	○			
10時〜12時	私たちが選んだ4シーンの発表会	1．テーマと4シーンが合い、効果的な配列か。	○				
		2．「40人の目」の作成文章が活かされているか。	○				
		3．話し方・時間・態度・協力度はどうか。	○	○	○	○	
		4．具体的な感想が言えるように、メモをしながら聞いているか。		○			
		5．千尋を変えていく数々の言葉について意見が言える。	○	○			○
13時	4シーン発表会から学んだこと	1．ひとり学び欄に、選択の苦労や効果のあった思いつき、説明の仕方、言葉の力などについてまとめられる。	○		○		○
		2．印象に残った小集団に贈る200字作文が書ける。	○		○		
14時	○○○○の詩とお楽しみ朗読会	1．セリフのない場面（ススワタリ、釜爺の釜炊き、銭婆を訪ねて）に詩をつけることができる。	○		○		○
		2．聞き手を意識した詩の朗読会が小集団で開ける。	○	○		○	
15時（計15時）	単元のまとめ 終	1．話し合いのテーマを決めて『千と千尋の神隠し』の自由討論会ができる。	○	○			
		2．単元を終えての自分の成長や言葉への考えなどが、学習の手引きを参考にして「ふり返り」に書ける。	○		○	○	○

〔評価の観点〕 国1：国語への関心・意欲・態度　国2：話すこと・聞くこと　国3：書くこと
国4：読むこと　国5：言語事項

二、指導の実際――『千と千尋の神隠し』を読み解く――

1　目的を説明する

『千と千尋の神隠し』を学習材として国語教室で鑑賞することは、きっと楽しみでいっぱいだろう。けれども映画館で見るのとは違う。そのことを理解させる必要があった。そして、私自身も初めての試みであるが、将来、メディア・リテラシーの学習をするためのステップとして「見る（観る）力」を養う必要があること、生活情報として得る視覚情報の様々（テレビ・ビデオ・広告・ポスター）に対し判断できる大人になるステップであることを説明しなければならなかった。そして、単元の流れを話した。

子どもにとって教室で映画を（アニメ）を見るだけでも嬉しく、それだけで胸がワクワクしているようだった。しかし、きっと、中には『千と千尋の神隠し』を見てどんな力がつくのだろうと疑問に思う生徒がいるに違いないと思った。その子どもたちが「この勉強をしてほんとうによかった。こんなに自分が成長した」と納得し、深い考えを生み出す学習にしなければ意味はない。「見る（観る）力」を鍛錬するといってもよい学習であるから、集めた資料は最初はいっさい渡さないことにした。そして、もう一つの目的、二年生になると人前で話さなければならない機会も増えるので、全員プレゼンテーションができるようにしたいと考えていることを伝えた。そのために、一学期の「自然の不思議――クジラから考える――」の単元を発展させ、小集団でテーマを決め、そのテーマに基づく役割を一人ずつが担って責任をもって見続けること、自分の分担に関係ある場面では必ずメモをとることの必要性を話すと、これは責任重大だという緊張した面持ちになった。「これが映画館と教室で鑑賞することの違いです」と強調して、いよいよ小集団のテーマ設定に入ることにした。「自然の不思議――クジラから考える――」の協同学習を一歩進め、人間関係のもろさがある学年を少しでも強くしたいという指導者の願いは伏せておいた。

2　小集団のテーマと個人の役割を決める

これからどのような視点（役割）でビデオを鑑賞するかということ、どんなテーマを設定するかということは重要である。このことは単元「夢を支える人々」で経験している。しかも、最終的には学級全体で学び合う場を設けているので、テーマひとつで深まりや広がりが違ってくる。

二学期に並行して実践した一組・三組と、三学期に実践した二組を加え、比較しながらテーマ設定について述べることにする。

『千と千尋の神隠し』の学習意義を説明したあと、四人の小集団で一つのテーマを設定させ、代表者に板書をさせた。小集団の数は十である。一組と三組のテーマを見比べてみると、一組は千尋に関するものが中心で、広がりに乏しかった。なぜ、同じ説明をした三組は多岐に渡るのだろうか。精神発達の状態が違うのではないだろうか。三組は、「風景（背景の移り変わり）、印象に残る言葉、湯婆婆やカオナシのキャラクター、細かい道具」などを挙げている。そこで、二学級のテーマの一覧を示し、テーマの再考を伺した。一組の↓のあとは変更したものである。

〈一　組〉
一－A　表情の変化↓キャラクターの表情の変化
ハクの表情（A・M）　千・千尋の表情（T・S）

カオナシ・千尋の表情（T・Y）　湯婆婆の表情（S・A）
一―B　監督が伝えたいこと――大切な言葉を探す――
↓場面ごとの音楽・言葉
音楽（明るいところ）（O・H・T・N）　音楽（暗いところ）（I・Y）
言葉全部
二―A　千尋の表情の変化↓千を守る人、千が守る人
千が人に頼ろうとするところと一人でがんばろうとするところ（S・Y・O・K）
千の、人を必死で守ろうとするのがわかる一言（T・M・O・K）
二―B　登場人物の言った大切な言葉を見つける
千尋の言葉（N・Y）　ハクの言葉（H・M）　湯婆婆の言葉（K・N）
カオナシ・釜爺の言葉（H・H）
三―A　千尋の表情の変化
千尋の表情の変化（A・M・I・H）　千尋の表情と音楽の関係（T・S・K・M）
三―B　千尋の表情とともに変わる言葉↓背景の細かい文字や小道具を見る
千尋の表情と言葉（M・I）　背景や音楽（Y・N）
ハクについて（H・S）　カオナシについて（N・H）
四―A　登場人物の表情・行動
ハク（N・Y）　千尋（H・A）　リン（Y・N）　湯婆婆（H・S）
四―B　千尋の表情とともに変わる言葉
カオナシ・リン・銭婆（M・K）　ハク・湯婆婆（H・Y）

千尋・坊・湯バード（A・K）
五－A　登場人物の表情・様子→登場人物の表情
千（千尋）・銭婆（K・K）　湯婆婆・カオナシ（M・H）
ハク・釜爺・頭（K・S）　坊・リン（Y・K）
五－B　今の世界と向こうの世界
人の表情（T・S・N・K）　セリフ（H・D）　町並み（I・M）

○参考　〈三組のテーマ〉
一－A　細かい道具について
一－B　湯婆婆と銭婆の違い（見分け方）
二－A　背景のうつりかわり
二－B　風景のうつりかわり
三－A　キャラクターの変化（頭・心・体）
三－B　カオナシと千の関係の変化
四－A　ハクと千の恋
四－B　カオナシの行動
五－A　印象に残る言葉について
五－B　千に対するリンの思い
〈二組のテーマ〉
一－A　油屋の人物と建物に迫る

一―B　千と千尋を取り巻く人々を探る
二―A　キャラクター達の生活
二―B　千尋とカオナシの関係
三―A　千尋の裏表を知ろう
三―B　やさしさの源を探ろう
四―A　宮崎監督がこの作品を通して何を伝えたかったのか
四―B　油屋と千尋について
五―A　千尋の成長
五―B　千とハクとカオナシの三角関係

こうして三学級を比較してみると、キャラクターに主眼を置き、一番ことばについて考えようとしているのは一組であることがわかった。動画を読み解く意識は「表情」「背景」「小道具」の言葉で表現されている。

さて、では、実際にどのように一時間ごとの視聴を図ることができるだろうか。何よりも問題は時間である。小集団内で話し合いによる視聴の意見交換は次時への助言をもらったり、責任への励ましになったりするだろうが、それをすると時間不足である。

そこで、今まで続けてきた「友だちから学ぶ」を全面的に活用し、紙上交流を図ることにした。

3　「友だちからたくさん学ぶ」で動画を読み解く

今回は特に動画を読み解く上で、友だちの見方、表現、気づき、解釈等の紙上コミュニケーションとして「友だちから学ぶ」は重要な働きをした。次に、その例を示す。

一組三－B　背景や細かい文字や小道具を見る

「千尋の表情と言葉」を追いかけて

①　私はこの単元で自分の言葉が広げられたらいいなと思いました。私は千尋の表情・言葉を見ました。今の千尋は怖がりで、人に流されやすいタイプだと思いました。これからの千尋がどう変わるのか、よく注意して見たいです。（M・I）

②　たくましい！

千尋がハクやリン、かまじいを最初は〝変な奴〟とか〝生意気〟などと思っていても、どんどん皆が良い人だと分かっていき、表情が不安から安心へと変わっていくと同時に、そこで生きていくために必要な心の器や言葉遣いを学び、最初よりたくましくなったということでした。

私は、経験を重ねていく千尋が、今後どのように変わっていくのか注目したいです。

③　私は、今日、大きなポイントを二つ発見しました。一つ目は、自分が千になりかけていたと気づいたことです。二つ目は、くされ神の世話をして、また、成長したことです。そこで千尋は仕事のきつさなどを知り、一まわりも大きくなりました。もう何が起きても動じない心の器ができたと思いました。

④　私は今日見た分だけで、千がそこら辺の男子よりたくましくなっているなと感じました。竜になったハクをかばい、途中じゃまが入っても突っ切り、「私、銭婆にあやまりに行く」と言った千に、私はほれました。かっこいーぞ千！　ファイト！

⑤　私は千がいつになく堂々としていたのでびっくりしました。今までにも成長を見せてくれた千が、カオナシに「何が欲しい？」と聞かれ、「私の欲しいものはあなたには出せない」と言ったシーンでは心が震えました。千尋に戻り、引っ越すけれど、油屋での経験を元にいろいろなことをやりとげる心のどんぶり級の器ができたと思いました。

「もう何度も見たのに、つい夢中になってしまって、メモをとるのを忘れました」という感想が当初あったけれど、次第に役割を強く意識し始めるようになった。例に挙げたM・I女は③から具体的な指摘になり、④、⑤では千尋に近づき声援を送っている。ここでは表情の記述はないが、メモには、「電車の中ではキリッとした目つき（緊張）」「銭婆の家→和やかな目つき（安心）」などとある。千尋の成長を「心の器」と表現しているのは面白い。

　この例のように、小集団のテーマが異なっても、千尋の見方は大筋似ている。しかし、得体の知れないカオナシを追いかけた生徒はカオナシについてあれこれ考えている記述が多い。（カオナシ係になったのはどの学級でもほとんど男子生徒であった。）

・カオナシの存在はまだよくわかりません。でも初めのほうで、千尋が招き入れるまでは全て橋の上にいます。ここからは想像ですが、橋は違う世界の扉でその間をさまよって行きどころのない生き物だったのではないかと思います。それを千尋が入れてしまった、そんな感じです。
・カオハシはずっと同じ表情をしていたと思ったが、実際はかなりいろんな表情を見せていたことが分かった。カオナシには今のところ、千にとても興味がある感じに見えた。たぶん、千以外にはカオナシは見えていないと思った。
・カオナシが一番初めに出現したのは、ハクがお母さんとお父さんを見せに連れていってくれるときに渡る橋の上です。通るときに見えて帰るときにはいませんでした。初めて「アッアッ」と言ったのは薬湯の札を渡すときです。「いらない」と行ったら消えてしまいました。
　いったいカオナシはなんだろう。なんで千以外には見えなかったの？
　（注）荻野千尋は異世界では千という名前になる。　（M・N）
◆二組五－B　千とハクとカオナシの三角関係
・カオナシ出てこんかったです。でも、この透けているやつとかもカオナシかもしれません。それとあのままやったら、千尋も透けてカオナシになれたかもしれんですと思いました。
・カオナシは雨にぬれなくて、いつもあのクールなまなざしで朝早くから夜まで数回にわたり千尋を見ていた。
☆　カオナシはさびしいから千が欲しい。ハクは純粋に千を愛している。坊は遊びたいから千がほしい。四人の愛の歯

車が回っていく。果たして、千は誰を選ぶのか⁉

☆同じ小集団の〈千〉係

・カオナシが金をまき散らしても千は見向きもしなかったけれど、周りの人は欲が出てしまい、まるで現代人のことを表しているように感じました。きっと千の行動によって、金よりも大切なものがあるということを伝えたかったのだと思います。

以上の学習の感想からわかることは三点ある。一つは同じカオナシ係でも、同じ画像を見ていながら見方や考えたことが違うということである。橋の意味を考え、カオナシの正体を言及する者もいれば、素直にカオナシの正体を考えようとする者もいる。お面のようなカオナシの表情がこの段階ですでに微妙に違うことも発見しているのである。

二つ目、☆印で示しているが、同じ時間に同じ画像を見ても、役割が違えば考え方が違い、そこから多面的な見方ができることがわかる。

三つ目は、先の「千尋の表情と言葉」を追いかけた場合も、二組五－BのカオナシI係になったM・N男の場合も感想を集めた学習の手引きが学習の足跡となっている。特に、M・N男は

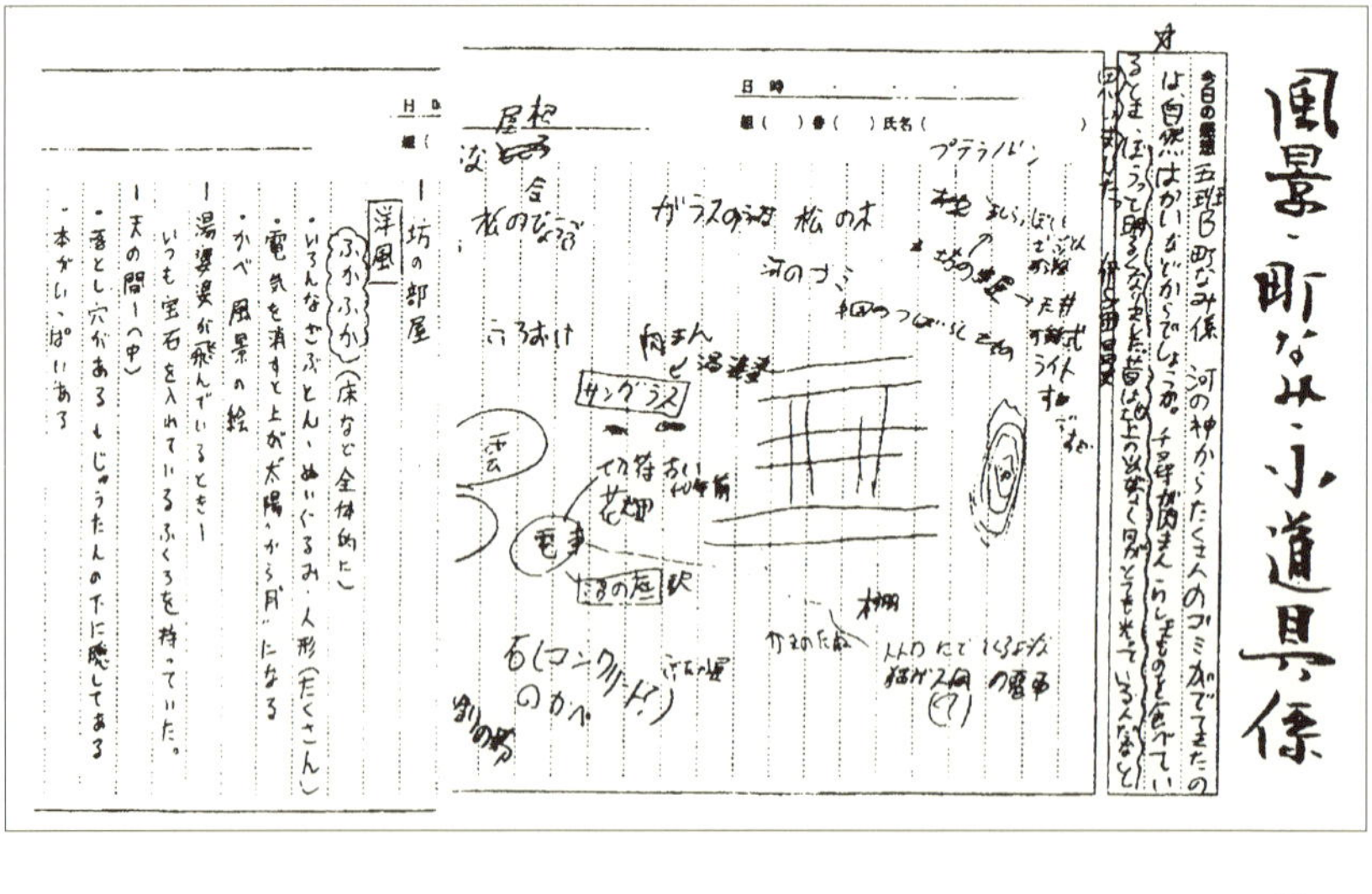

学習に集中できない生徒で、常に指導を要するところがあったと聞く。この単元では小集団だけでなく学級全員が、彼のカオナシに対する感想を心待ちにするようになった。少しでも長く視聴させるために、授業を五分間早く始めても彼は文句を言うことがなかったのである。次に、十月二十四日、一組の学習の手引きを示しておこう。

4　『千と千尋の神隠し』を見た40人の目

毎時間、役割を意識して見てきた結果の動画鑑賞文であり、解説文でもある。単元の流れからいうと中間まとめになる。一人ひとりが責任をもった立場にいること、学級人数が四十人であることを踏まえて前述のように「40人の目」とした。もちろん、これの下地は参考資料「『千と千尋の神隠し』を読む40の目」である。

まとめの長さはひとり学びノート一ページにした。プレゼンテーションの発表原稿に活用できるので、小集団で読み合ってテーマ解決に利用できる部分を探し出す時間も設けた。

書き方については、特に指示はしなかった。作品例は、次のプレゼンテーションと関連づけて、次の項で示したい。

5　私たちが選んだ四シーンをプレゼンテーション

いよいよ今までの学習を結集するときが来た。自主的に映画のパンフレットを持ってきた生徒もいることから、「私たちが選んだ四シーン」を描く準備の学習の手引きを用意した。一枚は、四シーンを描くための資料一覧（先述の学習材）である。映画パンフレットは小集団に一冊使えるように十冊、江戸東京たてもの園で手に入れた「江戸東京　たてもの園だより20」は四十冊用意した。次は、その手引きの中の文章で、これまでの学習の値うちや教師の願いを知らせるものである。

(1) 学習の手引き（十月二十四日）

何をどうすれば、力がつくのだろう。力とは国語の言葉の力、考える力、想像する力、見る力（見抜く力）などを私はこの単元でつけたいと思いました。

なぜなら、一学期「自然の不思議――クジラから考える――」で、水口博也氏の「海の中の声」を読んだ感想が、感想ではなくまとめになっていたからです。

文章は拙《つたな》くても、ここが面白い、ここが好きというのは大切なことです。そこから、友だちとの会話がなりたつのですから。

それで、「大人になれなかった弟たちに…」で印象に残った言葉や表現を指摘した隣の友だちと往復感想を書き合いました。相手を意識して、何を伝えたいかという自己意識をはっきりとさせることが条件でした。

すると、どうでしょう。みごとな内容の感想が何人も出てきました。

それで、楽しく学びながら、先のような力を次の単元でと考えたのです。

さて、みなさん、毎回、授業の始めの「友だちからたくさん学ぶ」の成果はどうでしょうか。メモのとり方も、鋭い観察力も育っていきましたが、何度も見ているアニメなのに、「映画に夢中で、自分の役割を忘れてしまってゴメンナサイ」がありました。それだけ、面白いアニメだったのでしょう。

教室で学習として学んでいくために、

(1) 小集団でテーマを決める　(2) テーマに基づいた役割で見る

ハクと千尋への思いや湯婆婆、風景がどんな影響をもっているか「ひとり学び」に書かれた役割に基づいた考えたこと、意見、感想を楽しみに読み、「私たちが選んだ四シーン」の学習に入りましょう。アからスがその資料です。

次は二枚目の学習の手引きである。各自の役割としての学びを伝える最適のシーンとその理由、プレゼンテーションの準備である。

「絵コンテを描く」とはどういうことなのか、指導者が体験しないことにはと思い、セリフがなく黙々と働く釜爺の釜炊きの場面を描いてみた。もちろんパンフレットを見ながらである。描いてみて初めてわかったことがあった。灼熱の温度。釜が赤くなるぐらい音立てて燃えている石炭。夜明けが近い。座り続け仕事をする釜爺。（絵は省略。掲載不許可）

絵コンテを描くことによって、描きながら再び考えたり、新たに発見したり、想像したりするに違いない。つまり、単なる模写ではなくて、映像（物語）を読み直していくことになったからである。熱中する子どもなら、もっと気づくことが多いのではないだろうか。それを残すことは、プレゼンテーションにもきっと役立つに違いない。それで、「思ったことはすばやく書きとめよう。逃げてしまうよ」と「絵コンテを描きながら気づいたこと・思い・考え」の記録欄を作った。結果はそこに書く暇がないぐらいに絵コンテを描く作業に熱中している状態になってしまった。予想以上に子どもたちは興味を示

> 絵コンテを描いていると、いろんな思いが出てきます。今まで、メモをとって、発見もしてきたはずなのに、もっと新しいことがみつかるのです。
> 大きな音が聞こえそう。
> 夜明けだね。
> だから、光が射しているのだね。
> でも、光はどこから。
> この絵師の意味は何かしら。
> これにはモデルがあるのかな。

> 見えなかったものが見えてくる。
> 今まで考えもしなかったこと
> 考えがもっと深くなり、知りたくなる
> そんな魅力が
> 絵コンテを描くこと。

もうひとつの世界ー「千と千尋の神隠し」の扉を開くー　学習の手引き　'02・11・6

私の選んだ一シーン　絵コンテを描く

1組　41番　氏名　T・S女

役割（視点）		⑤班Ⓑ
名前 N女	名前 I男	テーマ
人の表情	町なみ	今の世界と向こうの世界
名前 F男	名前 T女	
セリフ	人の表情	

〈選んだ一シーン〉

電車に乗って銭婆の家へ行く所

理由

最初とちがって、キリッとしたチヒロのかおが見られるから。静けさの電車の音だけのきんちょう感がある。

思い

絵コンテを描いていると、いろんな思いが出てきます。今まで、メモをとって、発見もしてきたはずなのに、もっと新しいことがみつかるのです。

大きな音が聞こえそう

夜明けだね、

だから、光が射しているのだね

でも、光はどこから。

この絵の意味は何かしら。

これにはモデルがあるのかな。

みえなかったものが見えてくる。

今まで考えもしなかったこと、

考えがもっと深くなり、知りたくなる

そんな魅力が

絵コンテを描くこと。

絵コンテを描きながらの気づいたこと・考え・思い

思ったことは、すばやく書きとめよう。逃げてしまうよ。

プレゼンテーションの準備

1組　41番　氏名　T・S女

一学期に、「自然の不思議ークジラから考えるー」で、生活グループの代表が三分間のプレゼンテーションをして、メンバーが支えました。今度は、小集団の四人が必ず「声を出し」て、「私たちが選んだ四シーン」の発表となります。

1. 四人が前に出ます。（役割を決めて、四人が活躍《やく》しなさい。
2. 時間は五分間。
3. 絵コンテの並べ方は学習グループにまかせます。
4. プレゼンテーションの仕方は自由ですが、「40人の目」のひとり学びの文章は活用して下さい。四人とも、読むと時間オーバー！この人の文章(つまり一文)こそでもいいし、四人が絵コンテの説明で上手に使ってもいいのです。気づいたことの中から、ポイントを。

し、荒いデッサンでは満足せず、着色しながらすっかりその場面の虜になっているのがよくわかった。予定の時間より希望に合わせて延ばした学級もあったのは先に述べた通りである。

次に「プレゼンテーションの準備」と題して、条件を示した。誰かにおまかせではなく、必ず四人が「声を出す」こと、時間は五分間、「40人の目」のひとり学びを活用すること等である。

以下に示すのは、一組五－B「今の世界と向こうの世界」の原稿である。人物の表情やセリフ、町並みを役割としていることで、動画ならではという面があるので取り上げた。

四人それぞれの全文と、プレゼンテーションのための原稿を示している。

(2) プレゼンテーション

(原文のママ)

千尋と千のカオ

T・S女(人の表情)

「千と千尋の神隠し」の中の千尋の(千)の表情について、とても心に残った表情が七つありました。最初と比べて、千尋の成長ぶりが表情の中から伝わってきました。

一つ目は、最初、トンネルの中に入った千尋が「帰ろう」と言う場面です。この千尋の表情を見ているとこっちまで怖くなってくるような、とても印象深い顔です。

二つ目は両親がブタになった後、千尋の体が消えていく場面です。この時の千尋は「夢だ！覚めろ！」とずっとくり返していて、本当に夢と思っていいほど信じられないことが起こっていたから「ウソでしょ!?何で?」という驚きの表情です。私も千尋の気持ち、行動に共感できるなぁと思う心に残った場面です。

三つ目はちひろが湯婆婆に会って「ここで働かせて下さい」とたのむ場面です。何を言われても「ここで働かせてください」としか言わなかった千尋に尊敬しました。りりしい表情でとてもカッコよく見えたのが強く心に残っています。ただ一点を見つめる千尋の表情はステキでした。

四つ目は、千尋から「千」に名前が変わり、初仕事をこなした場面です。湯婆婆からほめてもらって笑顔を見せた千の表情は、目がキラキラ輝いていて、明るかったです。初仕事をこなして満足気な千の表情は、はじめのおびえた表情と比べて、とても成長したと思います。

五つ目は、ぶたになってしまった両親のところに行って千が泣く場面です。ハクがくれたおにぎりを食べながらこらえきれずに泣いてしまうところの千の表情は、とても辛かったんだなぁという悲しい感情が伝わってきて、ジーンときました。

六つ目は、大きくなってしまったカオナシに「私のほしい物はあなたには絶対出せない」と言う場面で、とてもキリッとした千の表情が見られました。はじめの表情とはちがって成長したのが目で見てもわかるほどでした。

最後は元の世界に千が帰っていく場面です。この時の千の表情は、何かをやりとげたという達成感あふれる顔で、強く心に残りました。

十才の女の子は、ここまで成長できるんだなぁということが表情を見ていてわかりました。私だったら元の世界に帰られなかったかも知れません。人はここまで成長できるんだなぁと思いました。

N・K女（人物の表情）

千と千尋の表情――不思議の国の表情――

私はまずトンネルをぬける前の千尋と油屋で働いていた千について目を向けました。トンネルの中の千尋はビクビクとして半ベソをかきながら両親に手をひかれていました。「自分ではできない」そんな顔でした。けれど湯婆婆に「働かせて下さい」と言ったキリッとした目つきはトンネルの中で半ベソをかいていた千尋とは思えませんでした。ブタにされてしまった両親を見ても泣くのをがまんしてぐっとこらえた顔はとても苦しそうな顔でした。千尋は千という名前になって、仕事をこなす大切な意味を知り、こわいカオナシと向かってもキリッとした目つきで客としてふるまった千はすばらしいと思います。気をぬかず最後の最後まで泣かずでしたが、ハクの名前を思い出し泣いた時の千尋の顔は今までがまんしていた涙もあふれるほどうれしそうでした。

　私は千尋という名前をうばわれても、千として仕事をがんばり、仕事の大切さまで身につけた千尋はすばらしいと思います。これからも千尋は何ごとにも、真剣に目つきを変えてがんばるのでしょう。

千尋・ハク・カオナシのセリフ　　　　　　　　　　　H・D男（セリフ）

　僕は、この「千と千尋の神隠し」を見ていくとき、心に響く、心を動かす言葉を主としていきました。セリフにも表情のようなものがあるとわかりました。

　最初の方でわかるのは、未知の世界におびえていて、とにかく自分の知っている落ち着くところへ帰りたい、ということです。この時の千尋の声は小さくてなにか心細いような気がします。ハクに会ってからは自分の置かれている状況がわかったのかはわからないけれど、かまじいの所へ行き「仕事をください」とはっきりと言うことができているると思います。千尋が成長しているところです。

　そして、湯婆婆の部屋へ行き仕事をもらった後、エレベーターでのハクの「むだ口をきくな」という言葉は千尋にとてもつらい印象を与えたと思います。しかし、その後にまた同じハクから「お父さんとお母さんにあわせてあげよう」、その言葉でいつものハクだと思い直させ、安心させていることができていると思います。言葉によって千尋もがんばるということに決心がついたのです。

また、ハクが竜になって紙に追われているとき、多分不思議な世界に入り込んでいなければ、そのまま見ていることしかできなかったと思います。けれど自分を助けてくれたハクを助けようとしています。不思議な世界に入ってきた成長しました。最後の「ありがとう、さようなら」は最初の弱気だったときとは全くちがい、はっきりと、心から伝えようとしていました。カオナシにはセリフがほとんどないけれど行動や数少ない言葉の使い方で大体わかります。カオナシが札をあげたり、襲いかかったりしたことから千の気を引こうとしているのだと感じられます。気を引こうとしてもうまく表現できず、欲求不満になっていると思います。

人が思っていることを伝えるには言葉や、行動で伝わります。それに言葉で人を安心させたり、人を傷つけたりしてしまうものだということがわかりました。

町並み

I・M男（町並み）

今回の、僕は様々なことを学びました。

一番大切なのはこの映画を通じて宮崎監督が伝えたかったことを感じることができたことだと思います。

僕は映画を見る時「町並み」という観点から見ていましたが、町並みや装飾品を見ていると、そこからそれ以上のものが見えてきたような気がします。

まず、向こうの世界の町並みですが、まるで古い温泉街を思わせるような町並み。しかし、「めめ」や「生あります」などの怪しい看板も、きっと監督は本当のようで本当ではない世界というものを創り出したかったんだと思います。

あと、僕がよく研究した階級についてです。油屋を軍隊に例えると分かりやすいと思います。湯婆婆が総合司令官、父役が軍曹といった感じです。上がいないと下がまとまりません。きっと監督は妖怪どもに人間らしい所をみせたかったんじゃないでしょうか。

ハクのように優しく、時には厳しく見守る人が必要なのではないでしょうか。

今回、こうやって映画を吟味して見るということを学んだおかげで、さらなる学びを得ることができたと思います。

本当に今回はいろいろ勉強になりました。

五―B　プレゼンテーション発表原稿

N・K女（作成）

N女：私たち五班Bは「向こうの世界と今の世界」というテーマで千と千尋の神隠しを見ました。

それぞれの担当は表情や町なみ、セリフというものです。

テーマを決めて映画を見た結果、宮崎駿監督の伝えたいことがよくわかりました。まず最初にセリフの力についておきき下さい。


H男：ぼくは心にひびく、心動かす言葉を主としてセリフの表情について調べました。

千尋は自分とともにセリフも成長していると思いました。それがわかるセリフは〈ココでH男の絵を出す〉この場面でただただカマじいに「働らかせて下さい」というのでした。ぼくは本当に千尋かな？って思っちゃいました。だって一番最初ただのトンネルを見ただけで「帰ろう」と半ベソをかいていたのですから。千尋は不思議の国の旅がおわるにつれて、すっごくセリフがハキハキしてきたと思います。成長してきた証拠ですね。

最後の湯婆婆に皆に向けた言葉で「ありがとう、さようなら」というのは短い言葉だけどすっごくすなおでいいなと思いました。またハクがいたからこそ、ハクの言葉のおかげでがんばれたと思います。ぼくは子どもから大人へと言葉遣いが変わるのと同じで人は短期間で変われるのだとわかりました。また言葉にも表情があって、言葉は人を安心させたり、勇気づけられるということがわかりました。本当に千尋は成長したと思います。

N女：成長した千尋だからこそハクをたすけることができたんでしょうね。そのセリフを話す千尋の表情はどんなカオをしているでしょうか？　千尋の表情についてお聞き下さい。

T女：私は千尋の成長ぶりがわかる表情を比較しながら発表しようと思います。両親がブタになった後千尋の体がきえていく場面ですが、千尋は今、自分を認めるのこわいため頭をポカポカなぐり、半ベソですごくおびえている顔でした。この時の千尋の気持ち行動を共感できるなーと思いました。

次にこの場面で〈ココでT女の絵を出す〉ただ電車の中ですわってるように見えますがこの時の千尋の頭の中は一つだけで私はすっごく感心します。その一つというのは「ハクを守る」ということだけです。最初の顔とは比べものにならないキリッとした目。迷いのない目でカオがひきしまって見えます。私はすっごくかっこいいと思いました。

一つの事がらで一〇才の女の子がここまで成長できるんだと思いました。

このことはセリフと表情を見てわかります。私だったら元の世界にもどれなかったと思います。千尋は本当に強く成長しましたね。


N女：さっきT女さんとF男くんには主に向こうの世界つまり不思議の国についてのべてもらいました。

だから私は向こうの世界の千と今の世界の千尋について、つまり千と千尋について発表しようと思います。

今の世界、通常の世界での千尋はとにかく一〇才の女の子でおくびょうというイメージです。表情はひきつっていて、いつも泣きそうな顔です。

私は自分でもあんなに怖がりではないなと思います。千尋より強い自信があります。でも親をブタにされたりすると千尋以上に泣いたり、叫んだりすると思います。

トンネルをぬけて向こうの世界にたどりつくと千という名になったのにもかかわらず、「働かせて下さい」というのでした。

顔はひきつっていましたが、キリッとした目でしごとにいどむ千の顔は本気でした。本気で仕事にいどんでいたのでした。

またこの場面では〈ココでN女の絵を出す〉千の成長ぶりがわかる瞬間で千はカオナシをこわがらずただの客と

してあつかいました。私のほしいものはあなたには絶対出せないと言ったほしいものとはハクやお母さん、お父さんのことなのでしょうか。千はふつうの顔でまっすぐとカオナシの顔を見た。その顔は「仕事だから」ということがみなぎっているようでした。

I男：〈絵を見せながら〉説明する
そして結論としては宮崎駿監督の望む世界ということがわかります。昔は油屋というお湯屋は本当にたくさんあったらしいのですが最近ではあまりきかないそうです。ぼくは油屋のようなお客第一のお湯屋が未来に残っていることをねがいます。

N女：これで五班－Bの発表をおわります。
この千と千尋の神隠しはカントクの望む世界なのです。たくさんの自然がある場、たくさん人が集まる場なのです。私たちの理想の町かもしれません。

T女は千尋がトンネルに入ったときから出るまでを、事件とそのときの大切な言葉をとらえ、七つの表情として成長していく千尋をとらえている。

不安、自信、決意と変化を見せる千尋の表情の変化をとらえつつも「私だったら元の世界に帰られなかったかもしれません」と述べている。恐らく、常に自分と千尋を比較しながら見（観）ていたに違いない。同じ人物の表情をとらえる役を担ったN女にはT女ほどの分析、緻密さはない。しかし、T女がとらえていないハクの名前が「ニギハヤミコハクヌシ」だったことを思い出すシーンを指摘しているなど、お互いに補い合うことができる。

H男もT女と似て、普段からことば数は少ないほうであるが、「セリフにも表情がある」ということを発見している。動画の流れの中で、登場人物のセリフは次の展開を生む重要な要素がある。「働かせて下さい」は千尋が油屋にいる

卓

プロフィール

1. 小集団のテーマに基づく役割とまとめの文章の題
2. 選んだ1シーン（11.6で）

2-A 千を守る人、千が守る人

T.M ◪ 1. 千尋の心を変えた一言 「ハクの名前がわかったところ 2. ハクのうろこがはがれていくところ	H.H 1. カオナシ・釜爺の謎
O.T ◪ 1. 千尋の感情の変化 「千尋から千への変化 2.	N.Y ◪ 1. 千尋 「千尋の言った大切な言葉」 2. 橋で見送られて走っていくシーン

5-A 登場人物の表情

M.H ○ 1. 湯婆婆・カオナシ 「湯婆婆と銭婆の関係」 2.	K.K ○ 1. 銭婆婆，千（千尋） 「たくましくなっていく千尋」
Y.K ◪ 1. 坊・リン 「坊の成長と千とリンの関係を探る」 2.	K.S ○ 1. ハク・釜爺，頭 「釜爺はやさしかった」

5-B 今の世界と向こうの世界

N.K ○ 1. 表情 「千と千尋の表情 －不思議の国の表情－」 2.	I.M ◪ 1. 町なみ 「トンネルの向こうに広がる世界ツアー」
H.D ○ 1. セリフ 「千尋・ハク・カオナシのセリフ」 2.	T.S ▲ 1. 表情 「千尋と千のカオ」

1-A キャラクターの表情の変化

S.A ▲ 1. 湯婆婆の表情 「湯婆婆の表情の変化」 2. 湯婆婆が千尋にバカッと言っているところ	T.S ▲ 1. 千の表情 2. はじめのトンネルを抜けたところ
A.M 1. ハクの表情 「千尋とハクは…??」 2. 千尋にハクがおにぎりを渡すところ	T.Y ○ 1. 千尋とカオナシ 「千尋とカオナシでわかる成長」 2. 電車のシーン

1-B 場面ごとの音楽・言葉

H.T ○ 1. 言葉 「言葉のチカラ」 2. 最初，湯婆婆が千尋をおどすシーン	I.T ◪ 1. 暗い音楽 「ぼくの心と音楽と…。」 2. 銭婆の家に行く電車の中
O.H 1. 明るい感じの音楽 「千尋の気持ちと音楽」 2.	T.N ◪ 1. 明るい音楽 「感動の音楽」 2. ハクのうろこがはがれ落ちていくところ

もうひとつの世界 －「千と千尋の神隠し」の扉を開く－

平成14年 2002．11．6～7　（1組）

教

・イニシアルの下線　女子

・イニシアルの横
自分の考えを書いて表現するのが
好き○　嫌い▲　どちらでもない◩

2-B　大切な言葉をみつける

S.Y ▲
1 千尋がとまった所やその場面での言葉
「千尋の行動の変化と情景」
2.

O.K ○
1.
2. ハクしっかりしてと励ますシーン

H.M ◩
1. ハクの言葉
「ハクが言った大切な言葉・支えた言葉」
2 私はいつでも千尋の味方だからね

K.N ◩
1. その他
「大切な言葉と登場人物の謎に迫る」
2.

3-A　千尋の表情の変化

T.S ○
1. 風景（背景）
「背景について」
2. 油屋全景

A.M ◩
1 言葉
「千尋の表情と言葉による変化」
2. 電車の中（銭婆のところにいく）

I.H ○
1.
2. 千が銭婆の家でハクと両親が心配で泣いた

K.M ▲
1. 千尋の気持ちの変化（成長）
「千尋の気持ちと表情の変化について」
2.

3-B　背景の細かい文字や小道具

N.H ○
1.
「カオナシの心情の変化」
2.

Y.N ◩
1. 背景・情景，小道具
「現実の世界とトンネルの向こう側－情景から」
2.

M.I ○
1. 千尋（千）の言葉 表情
「千尋の器と千のどんぶり」
2.

H.S ▲
1. ハク
「ハクとどこであっているのか，ハクのすべて」
2.

4-A　登場人物の表情・行動

Y.N ◩
1. リン
「千尋と千とハクの関係」
2.

N.Y ◩
1. ハク
「ハクの喜怒哀楽」
2

H.S ○
1. 湯婆婆
「ハクと湯婆婆そして千尋」

H.A ◩
1. 千尋
「千尋の表情の変化」
2.

4-B　千尋の表情とともに変わる言葉

H.Y ○
1. ハク，湯婆婆
「ハクと湯婆婆そして千尋」

M.K ▲
1. リン，銭婆，カオナシ
「脇役の重要な一言」
2.

A.K ◩
1. 千尋（千），湯バーバ坊

（2）ねらい

① できあがった絵コンテを提示して聞き手がよくわかるプレゼンテーションを行う。

② 具体的な感想が言えるように、メモをとりながら聞く。

③ 千尋を変えていく数々の言葉について意見が言える。

主な発問・助言など	教師の役割・評価
○今日は、小集団でテーマをもって鑑賞してきたＶＴＲ『千と千尋の神隠し』について、どんなことを発見し、どんなことを考えたかを伝え合う時間です。 　小集団の考えを表現するために４シーンの絵コンテを用意していると思います。どのように絵コンテと「40人の目」の文章が活かされ、考えが生まれているかお互いに学び合いましょう。 　この時間でよいプレゼンテーションのしかたも学んでください。	○リーダーには、言葉をはっきりと言うように指導する。 ○発表するときの向きを注意する。 ○リーダー学習の内容で、補足する必要があれば説明する。 ○よいプレゼンテーションをするためには、時間・話し方・絵コンテの配列順序・協力・態度に注意することが必要であることを伝える。 ○発表者には、役割を明確にし、聞き手がメモできるようにはっきりと説明すること伝える。 ・提示理由が明確であるか。 ・テーマと４シーンが合っていて、効果的な配列か。 ・「40人の目」の文章が活かされているか。 ・４人がよく協力しているか。
○説明を聞いてあなたはどのように考えましたか。	○発表を聞いて、意見が言えるように促す。 ・そのような意見をもったのはなぜか。 ・私もそこに引かれたけれど、少し違う意見をもっているなど。 ・その言葉については同感である。 ○「千尋が働く」「言葉の力」のどちらかに焦点を絞って考えたことを、小集団で話し合わせる。 ○次のような意見が言えるとよい。 ○千尋を支えたリンやハクの強い言葉の力が千尋をも意志のある強い少女に変えていった。 ○目的をもって生きるようになった。 ○どの小集団が印象に残ったか、理由をはっきりと書いて感想を書かせる。

5．学習指導過程 ……… （1）次（10）時

（1）主　　題　　　私たちが選んだ4シーン（発表会）

（3）学習指導過程

時間	想定する学習の流れ	予想される生徒の主な学習活動
0	始	
	リーダーの問題を解く（L）	○教科リーダーの指示に従って、問題を解く。 ○本時の主題とねらいを確認する。
5	本時の学習の意義と進め方について説明する	○教師の説明を聞いて、今日の学習の進め方を確認する。
10	提示されたモデルを見る	○教師の描いた絵コンテと説明を聞いて、発表の観点を確認する。
	発表の打合せをする	○説明（プレゼンテーション）するための打ち合わせを小集団で行う。
	発表する	○発表の小集団は前に出て絵コンテを提示する。 ○聞き手は質問したり意見を言ったりできるように、メモをとって聞き漏らさないようにする。 ○内容についての感想や意見または質問にてきぱきと応答する。
35	発表内容や方法について意見・感想を伝える	○小集団の話し合いから出た良い点、改良すべき点を伝える。
	言葉の力について意見を交換する	○千尋の成長のもとになった「働くこと」と「言葉の力」について考えを発表する。
45	本時のまとめをする	○「今日の感想」を書いて、本時のふり返りをする。
50	終	○本時のまとめを聞いて、次時の学習用具の準備物を知る。

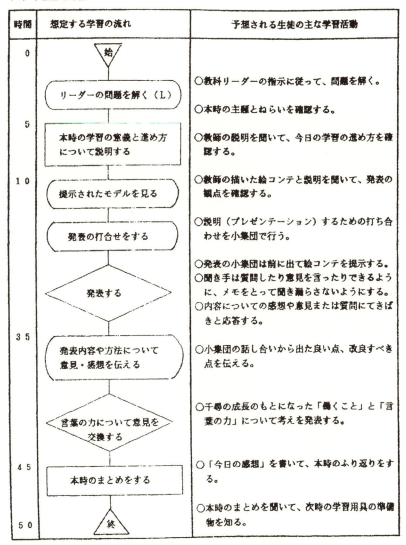

ことができるかどうかの瀬戸際のセリフである。釜爺の心を動かすことができるかどうか、言い方一つで違ってくることを彼は「表情」と表現している。I男は「町並み」で、実際にはそれだけでは不十分ということで油屋の内部構造を観察するようになった。ここに書かれているたとえ（軍隊の階級）は次のように後に言いかえられている。

湯婆婆だって人間（?:）。欲もあるし、息抜きも必要。なにより、あれだけ多くの従業員をかかえているのだから、普通の部屋で暮らせっていうのもあまりにも酷だと思います。

湯婆婆にも休みは必要。リラックスしなければなりません。そのリラックス方法が、あの豪華な調度品の数々に隠されているのではないでしょうか。

もとの原稿と発表原稿を比較すると、N女の裁量で添削がなされたため、十分に生かされていない点も見られる。I男の場合は毎時間の記録とメモが面白く、「友だちからたくさん学ぶ」に載せる機会も多かった。そのため、プレゼンテーションのときは先に示した油屋の構造にも触れながら、原稿を読まないで自分の発見や考えを加えていた。

さて、プレゼンテーションの評価であるが、次ページの相互評価表を渡した。絵コンテを描くようになると、学級全体は心地よい集中力に和やかな楽しい雰囲気が加わった。発表の際に、点数で評価することをしないほうがよいけれど、プレゼンテーションを通して、学びとったことが伝わったかどうかは残すべきだと思った。お互いに学び合い、向上する目的でやわらかい文章表現の評価を中心にしたのである。

評価表の「納得したよ」の欄がよく活用され、発表直後の感想にも聞く力が育っていると思うことがしばしばだった。評価表は切って当該グループに渡す一方で、記録として残せるように配慮もした。四人のプレゼンテーションは大成功だった。責任をもってやり遂げただけでなく、テーマに沿った内容の深まりが聞き手に充実感を与えていた。「楽しみながら聞く」という評価で学びの内容と態度を書かせるようにしたので、聞く側も真剣だった。よい伝え合いの学習と協同学習が成立した。協同学習を構成する基本的要素の「改善手続き」を活用した。

6　創作詩を楽しむ

十グループの発表後、すぐに単元のまとめに入ろうかと考えたが、詩を創作し、みんなで楽しみたいという意見を子どもたちはもち続けていた。小集団から選ばれ、拍手の多かった五編を挙げておく。

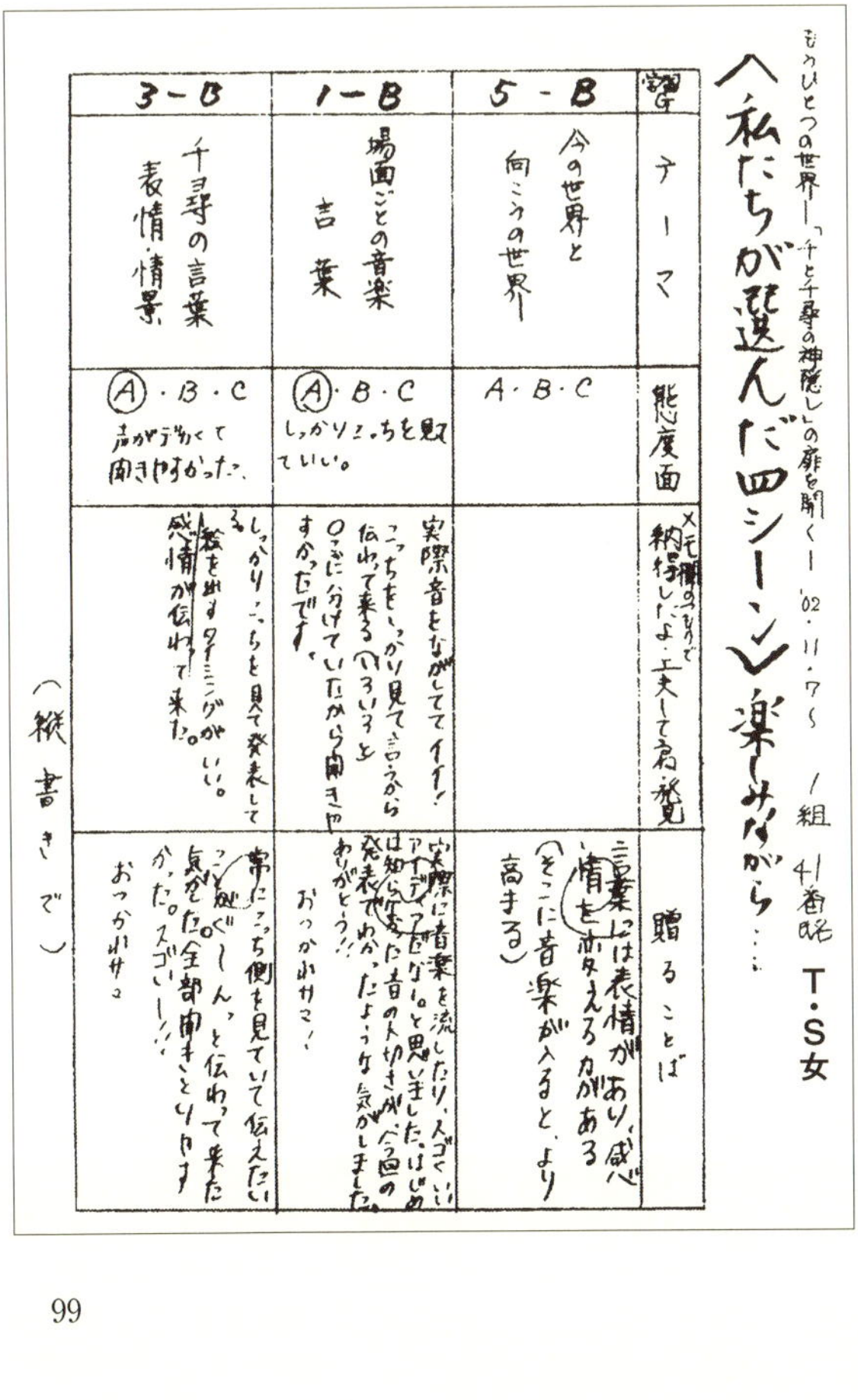

もうひとつの世界—「千と千尋の神隠し」の扉を開く—　'02・11・7〜

〈私たちが選んだ四シーン〉楽しみながら……　1組　41番　略　T・S女

学習G	テーマ	態度面	メモ欄のつもりで　納得したよ・工夫して気発見	贈ることば
5－B	今の世界と向こうの世界ー	A・B・C		言葉には表情があり、感心情を変える力がある（そこに音楽が入ると、より高まる）
1－B	場面ごとの音楽　言葉	Ⓐ・B・C　しっかりこっちを見ていい。	実際音をながしててイイ！　こっちをしっかり見て言うから伝わって来る（いろいろと）　ひとつに分けていたから聞きやすかったです。	実際に音楽を流したり、スゴくいいアイデアだな。と思いました。はじめは知らなかった音の大切さが今回の発表でわかったような気がしました。ありがとう!!　おつかれサマ！
3－B	千尋の言葉　表情・情景	Ⓐ・B・C　声がデカくて聞きやすかった。	しっかりこっちを見て発表している。絵を出すタイミングがいい。感情が伝わって来た。	常にこっち側を見ていて伝えたいことがしん、と伝わって来た気がた。全部聞きとりやすかった。スゴいし!!　おつかれサマ

（縦書きで）

カオナシの詩　（T・M女）

あ、あぁ
私は…誰かをのみこんで…
その人の声をかりないと…
お話することができません…
さみしいです
だれか…私とお話して下さい…
だれか…私に声を下さい…
だれか…友達になって下さい…
さみしいんです…
おねがい…

働き者のススワタリ　（Y・N女）

ぼくは　ぼくらは　ススワタリ
黒い　黒い　ススワタリ
もとは　ただの　黒いスス
魔女が　魔法で　かえちゃった
ぼくを　ぼくらを　かえちゃった
毎日　カサカサ　コソコソと
ずっと　ずーぅと　働きます

仕事を　ちょっと　さぼったら
すぐに　かまじい　すごい顔
石炭　かついで　働くよ
えいさ　ほいさと　運ぶんだ
意外と　石炭　重いんだ
ずーんと　ずぅーんと　つぶれそう
たまーに　重くて　つぶれちゃう
そしたら　かまじい　すごい顔
働け　働け　言うんだよ
ぼくら　奴隷じゃ　ないんだよ
でもね　でもね　働くよ
ただの　ススは　やだもんね
ぼくは　ぼくらは　働き者のススワタリ

江戸っ子ススワタリの詩《うた》　（M・I女）

オレらは江戸っ子ススワタリ
〝ナマエ〟を持たねえススワタリ
〝コトバ〟を持たねえススワタリ
ところがどっこいオレ達にゃ
でっけぇハートがあるんでぇ！
つらい仕事も何のその

金平糖でガンバルゼ
それでも時にはしんみりと
ぶるぅすかいに涙する
なんでぇ空のばかやろー！

橋の詩　（I・M男）

私は橋である
油屋と町とを結ぶ
赤い　赤い　橋である
今日も夜になると
八百万の神たちが
たまった疲れを癒すため
私の上を通って行く

私は毎日色を変える
真紅に燃ゆる夕日の中
今日はどんな客が来るのか
ワクワクする私の上を
準備に追われる蛙が通る
どしゃぶりの雨の中

憂鬱で暗い
地味で赤茶の私の上を
オクサレ神が通って行く
さわやかな朝日の中で
淡い赤色の私は
人間の子を送り出す

髪どめ　（Y・M女）
月は夜空の贈り物
星は　月の贈り物

私が流した涙のつぶを
月が星に変えてゆく

私はトンネルをくぐる
現実《もと》の世界に帰るため

あなたのことを忘れても
髪どめ見れば思い出す
髪どめがキラッと光れば
あなたに会える

役割をはずれ、自由な角度から題材を求めた「〇〇〇の詩」である。I・Mは自分の役割（町並み）と関連づけているが、思いのほかススワタリを詩に表現した生徒が多かった。ススワタリは釜爺に働かされ、釜に石炭を運ぶ。食事は金平糖である。千尋の味方となり、大勢で守ってくれる点で親しみをもったためであろうか。

Y・Mはカオナシ、坊ねずみたちが紡いだ糸で銭婆が作ってくれた異世界の思い出の品を詩にしている。それは千尋にとってハクとの思い出でもあった。

最後にこのような詩で単元をふり返ったことで楽しさがさらに増したようだった。授業の初めには、『千と千尋の神隠し』のテーマソング「いつも何度でも」を歌うことが多かったので、単元の終わりには、歌詞の意味が胸にしみ込んでいったように思う。一人ひとりの毎日の学校生活での悩み、ときには悲しみは、千尋の勇気によって希望に変えられることを多くの生徒は学んでいったようだ。その結果、Y・Mのようにそれを静かに味わっている詩も生まれた。

さて、最後の最後は単元のふり返りである。大村はまの「あとがき」の手引きを、単元に合わせて用意した。

「ふり返り」はプリントやノートや絵コンテを見直し、読み直し、思い出しながら書きなさい。箇条書きでなく文章で書きます。
○心に一番残っていることは（まっさきに思い出すのは）
○とりわけ勉強になったことは
○役割を決めて見たことについては
○発展させたいこと、やってみたいこと、知りたいこと。
○自分自身の変化
（興味・関心の変化、考え方、表現のし方、感じ方
はじめの気持ちと学習を終えての気持ちの変化）
○その他（映画を学習材として扱ったこと）

㊟「思う」や「ところで」の使い方、表記「、」や「。」、漢字に注意
先生によく伝わるように書きなさい。

学習者の単元のふり返りをもとに、実践の成果をまとめたい。

おわりに――実践の成果

単元の始め、これで力がつくか心配していた生徒は、自分が伸びていくのが自分でわかる嬉しさを味わったと書くようになっていた。この単元をふり返ると、学習者の興味、関心を大いに高め、しかもそれが持続し、学習の充実感をもたせることができたと言える。

私の小集団のテーマは「印象に残る言葉について」。国語でよく言葉の学習をしていたので、何か学べるのではないかと考え、このテーマにしました。
ビデオを見るときの私の役割は千尋。私は映画を二回見ていたけれど、テーマに基づいて千尋やその周りの人物、千尋の周りで起こることに注目して、千尋の発する言葉をメモしながら見ていくと、今まで二回も見ていたのに初めて気づくことがたくさんありました。言葉をメモしていくと、その人物の気持ちや性質が読み取れたし、カオナシにも表情があって本当は感情も思いもちゃんとあるということなどこの映画の奥に触れたように思いました。初めて本当の意味でこの映画を見たように思いました。
私が選んだ一シーンは千尋とカオナシとハエドリ達が電車に乗って銭婆の所へ向かうシーンです。小集団のテーマは「印象に残る言葉について」ですが、沈黙の空間が表現していることに気づきたくて、あえて言葉のないシーンを選びました。

絵コンテをじっくりゆっくり描いていると、異様なほどの静けさとほどよい緊張感、千尋の思い、カオナシの考えがあふれてきました。「沈黙」、それはよけいにその場（シーン）にこめられている意味を引き立たせるのではないかと思いました。

　私がこのアニメを見て一番感じたことは名前の大切さ。「私、もう千になりかけていた――」この言葉がどれだけ恐ろしいことか考えたこともありませんでした。（以下省略）

このように「責任ある役割」「絵コンテを描く」が学習者を成長させたのである。四人の協同プレゼンテーションに到達するためには、「見る」責任は重大である。必然的に真剣にならざるをえなかったが、それにも増して『千と千尋の神隠し』の学習材としての価値が大きかったと言えよう。何度見てもあきず、心奪われ、その度ごとに発見できる面白さ、つまり発見の宝庫だったということである。

学習者はここで何を獲得し、変わっていったのだろうか。

(1) 「言葉の力」を考える（宮崎　駿の「言葉の力」を活用）

一組では「ことば」が問題視されていたためだろうか、「ことばの力」を取り上げている生徒が何人もいた。宮崎駿監督は「言葉は力である」と断言している。それをキャラクターのセリフから読み取っていったのである。先に挙げたH・Dはセリフを追求したこともあって、このように述べている。

（H・D男）

　映画の数々のシーンでセリフと表情が関わっていました。千尋がハクに伝えたり、ハクが千尋を励ましたりしている時、言葉が一番強い働きだったと思います。言葉にはとても多くの働きがあって、人を傷つけたり、励ましたりしていて、このような働きでハクは千尋をがんばらせることができました。

他にも「ありがとう、さようなら」などの言葉を言うことで敬意を示したりして相手を不快にさせないということもわかりました。ハク、リン、湯婆婆、銭婆が千尋を励ましていって最後には言えなかった「ありがとう、さようなら」と言えるようになりました。

言葉にある力は人を励ましたり、勇気をもたせたりできる反面にすぐにおちこませたり、悲しくさせたり、怒らせたりすることができます。

使う言葉を選んだり、時と場合を考えていかないとうまく人と接していくことができなくなります。


話すことが苦手な彼も努力して発表に加わった。次に示す男子生徒はことばの暴力で女生徒を泣かせたこともあった。「軽はずみな発言は慎みたい」と書くまでになった。


この単元を始める前は言葉の意味ということを考えたこともなかったのです。それが今では言葉は深い意味があると思っています。その理由は言葉は言い方によって相手への伝わり方が違い、また、勇気をあたえることもでき説得力もあり、思いを伝えることのできることがわかってこのような言葉の力を知ったからです。

千は言葉のおかげで成長できたと思います。

言葉を発すると言うことは責任感があり、傷つきやすいので今後かるはずみな発言はつつしみたいです。


ことばをもたないカオナシと千（千尋）を比べ、N・Hは伝達機能としての「ことばの力」を把握している。

ぼくがこの単元で学んだのは、「言葉の力」です。言葉をもたないカオナシと、クラスの約四分の一が調べていたと

（N・H男）

思われる、言葉を持つ千とを比べると、よく分りました。映画の中で、言葉を持たないカオナシは、その気持ちを伝えるのに相当苦労しています。一時的に人を食べることにより言葉を使っていますが、その間も心が伝わらない、人間なら業務連絡程度にしか利用できない「声」です。千は言葉を使って湯婆々にその気持ちを伝え、千尋はもとの世界へ戻ります。そのようなところから「言葉の力」を感じとることができました。

女生徒はどうだろうか。やはり同じように「ことばの重さ」に気がつくようになった生徒がいる。

「死ね」「アホ」「ブサイク」など、人の心を傷つける言葉を平気な顔をして意識しないで今まで言ってきた。が、今回のこの単元『千と千尋の神隠し』を通して〝言葉〟という本当の存在に気づくことができました。

（H・E女）

今回は『千と千尋の神隠し』を、小集団でテーマを決めて見ていきました。『千と千尋の神隠し』は出てくる登場人物が多いですから、一人で全部見るのは、たいへんでしたが、役割を決めてみることで、〝言葉〟を深く見つめることができました。また、小集団の他の人からどんな言葉を言って、その人はどう感じているのか、を知ることができ、また別の見方を知ることができます。

私の役は、ハクでしたが、ハクは言葉の重さをもっとも知っていた少年であった、と私は思います。〝ハク〟〝ハク〟と視点を決めて見ることで、私は知らない間にハクになりきっていたなー、と今はものすごく思えてきます。ハクが〝言葉〟の重さを知っていたからこそ、一つ一つ言葉を選びながらゆっくりと話していたのではないかな、と思います。今思うと、ハクの言葉（セリフ）は少なかったのに私の心には、大きな響きがあります。それは、相手を納得させる力、心を癒す力、頼ってしまう力、信じる力、それがハクの言葉にはあった、だから心に大きく響いたのだと、思っています。

私がハクの言葉はスゴイ！と感じたのが、「私は、いつでも千尋の味方だからね」という言葉。この言葉は、一人ぼっちで、淋しい時に〝自分の友達がズット側にいる〟と思うだけで、心の痛みが、ずいぶん違うのです。こんなふうに、私は気づきました。一言一言には、その人の喜怒哀楽、相手の喜怒哀楽、つまり〝気持ち〟があるんだ、と気づきました。私は、今まで何も考えずに、思ったことをただただ口にしていただけでした。だけど、この映画『千と千尋の神隠し』を通して、「言葉の重さ」に気づくことができました。今では、自分が口にした言葉に「ハッ」とふり返り、相手を傷つけていないかな、と考えることは、あたりまえになりました。「言葉」とは、気持ちをあらわすバロメーターであり、心の気持ちの〝感情〟という大きな大きな宇宙、である。

これからは、〝言葉〟を慎重に選び、自分が言った言葉一つ一つを大切にしていきたいです。新しい『千と千尋の神隠し』を見つけて、観て、発見することができました。〝ハク〟という人物を通して、この映画を見られて、とても楽しかったです！

彼女はハクのセリフを追いかけ、相反するセリフで千尋を翻弄する点を知ったからこそ「私はいつでも千尋の味方だからね」を指摘している。中学校からの編入生である彼女への言葉かけが喜びや傷つけられた痛みになった経験から、「言葉とは気持ちをあらわすバロメーターである」と書けたのだろう。

(2)　人を育てた『千と千尋の神隠し』

このようにことばの力やことばの重さを考えた以上に、この単元で人間としてどうだったかを述べた生徒もいた。千尋の変化が彼女の変化となった。学級にとけ込みたい、しかし、自分のしていることがまわりと合わない。中学生の大きな悩みである。そこからくる無気力。それを解き放ったのがこの単元だった。

二学期は、私は無気力でした。何に対してもやる気がなく、向上心も学習意欲も消え失せ、無気力、無関心の二つが

（H・T女）

二学期のテーマのようでした。そんな中、楽しく学習できた唯一の教科が国語でした。「めんどうだ」「疲れる」「やりたくない」なんてモノを、ブルドーザーのように荒々しくおしのけてきた「言いたい」という気持ちが、私が国語をまともにさせて来ました。

特に『千と千尋の神隠し』の単元では、「私、それわかるよ。」「ここはきっとこうだよ」などの私の中での発想とひらめきがあり、それを、「言いたい」「みんなに知らせたい」「伝えたい」という気持ちが、自分でもおどろくほどありました。

この二学期の国語では、「伝える」ということの喜びと、楽しさを覚えました。

「伝える」ということは、「自分をさらけ出す」ということとつながっていて、いつも自分を出すことにおびえて、ふるえて、とじこもってしまう傾向のある私には、それが少し、ラクなことだったのかもしれません。

結局、カオナシと大差ないと気づいた時はショックでしたが…。三学期も、「自分を伝える」ことをして、積極的に国語に臨みたいです。

（O・H女）

(3) 動画の特徴的な発見

人物の表情やことばでなく、数少ないテーマだったけれど、「場面（シーン）ごとの音楽と言葉」や「背景の移り変わり」を取り上げた小集団もあった。文学作品では見られない味わい方である。


電車の中やその他の場面でも、千の声はなく、音楽だけでした。それは、千の気持ちを言葉ではなく音楽で表しているのだと思います。

どんどん電車からお客さんが降りて行って、最後は千とカオナシと坊達だけになります。そのときの表情は、少し不安そうだけど落ち着いていました。千の気持ちである「少し不安だけど大丈夫！」ということを音楽で表していました。
言葉がなくても、音楽と表情だけで千が何を考えているか伝わってきました。

これは千尋が銭婆のところへハクが盗んだハンコを返しに行くシーンである。青い海の中を走る電車。乗客は濃い灰色の影で表現されている。千尋の決意があふれているが、未知の沼の駅へ、双子の姉妹の銭婆への出会いの不安がある。

この灰色を次のように分析したのが、「背景の移り変わり」の色を役割とした生徒である。

（Y・M女）

この『千と千尋の神隠し』は、明るさと暗さという二つの色合いから成り立つ世界だと思います。明るさと暗さを表す色を、何種類も使い、細かく、各シーンの表情を作りあげている、と思います。
暗さを表しているシーンとして、二つ挙げると、最初の商店街のシーンと、電車のシーンです。どちらも、（人）影に、灰色を活用しています。しかし、灰色の意味が少し違います。
商店街のシーンは、千尋の不安さを、電車のシーンは、千尋の決意を表していると思います。商店街のシーンはさっきの通りですが、電車のシーンの千の表情がとてもしっかりとした表情でした。そこでこのシーンには、千の決意が表されていると感じたのです。

商店街のシーンでは建物のぼんやりした電灯と暗くなった建物の色わけのわからない「めめ」「生あります」など異世界のおどろおどろした様を影の暗さ、ＢＧＭで表していると言っているのである。
平成十二年に実施した「夢を支える人々」で思いがけず経験できた協同学習は、その後、意識的に単元学習に組み込むようになった。「現代を読む」（第三学年）では、即興的に四人が役割を決めプレゼンテーションができるまでに育った。大村はまの「優劣の彼方へ」は責任をもった役割の学習でより効果を発揮することがわかってきたのである。

この単元では楽しみながら、一人ひとりが書く力や聞く力、見(観る)る力が育ってきた。それは、先に述べたが、『千と千尋の神隠し』の威力と言っても過言ではない。この学習材のキャラクターの千尋は十歳である。中学一年生にとっては身近な過去の年齢である。その点からも感情移入したり、客観的になったりして観ることができたと思われる。

テレビ文化で育ってきた中学生にとっては、恐らく文字文化も映像文化も同等ではないだろうか。そう考えると、今後映像と文字(言葉)の関係をバランスよく取りつつ、国語教育を行うのが、言語能力を育てるだけにとどまらず、生き方を含め人を育てることになっていくと言えるのではないだろうか。

参考文献

松山雅子・羽田潤「国語科教育における動画リテラシー教育法の研究」(大阪教育大学紀要五一　二〇〇二)
高木篤子「宮崎駿作品の『言葉の力とは』」(横浜国大国語教育研究一六　二〇〇二)
多田恭子　遠藤瑛子実践「「もうひとつの世界――『千と千尋の神隠し』の扉を開く」に学ぶ」(鳥取県教育センター長期研修修了報告資料　二〇〇三)
『両輪』No.40「「千と千尋の神隠し」が「もうひとつの世界――『千と千尋の神隠し』の扉を開く――」になるまで」(二〇〇三・一二)
拙著『人を育てることばの力』(溪水社　二〇〇三)

参考 2

私の単元学習とフィールドワーク

私がこれまで創ってきた単元の中で、現地取材、フィールドワークをしたことで学習者の意欲を高め、深化させることのできたものがある。私自身、フィールドワークによって未知なるものと出会い、そのことによって単元構想や展開に活用できたのは言うまでもない。フィールドワークのきっかけとなった重要なことばをあげ、代表的な単元を記しておきたい。

(1) 西湖へ行きましたか

第二回国語科総合単元学習授業研究会の一九八五年（昭和六〇年）十一月のことだった。倉澤栄吉先生が講演の中で当日の私の授業（世界の子どもの姿の組写真に題と詩のような形で説明をつける）に触れられたときだった。壇上から

「遠藤さん、西湖に行きましたか。」とお尋ねがあった。（注　西湖は近江八幡西湖）

「いいえ、行っていません。」

「行くと、子どもに話すことばが違ってきます。」

そうなのか。私がこの西湖に行っていたら、目の前の子どもにどんなことばで話ができたのだろう。これ以降、「遠藤さん、西湖に行きましたか。」は重要なことばとなった。つまり、思いきってフィールドワークをするということである。

このときの単元は、「写真からことばへ――見る・感じる・考える――」(1)であった。単元設定の理由は二つあった。

一つは情報化社会に生きる子どもたちには、「見る力」を育てる必要を感じていたことである。二つめは当時浜本純逸氏の語彙指導研究会に参加し、子どもたちに語彙力をつけるための方法を模索していたこともあり、写真を見て言葉を探し出し、表現力を育てようとしたことである。

「写真を楽しむ」の一次を終えて、二次の「写真を読む」段階に入った。第九時が研究授業だった。前時に、級友の使用した言葉に驚嘆し、刺激され、学級全体によい作品を作りたいという気運が高まって、研究授業の日を迎えていた。それで、前時に使用した近江の西湖を写した国鉄の観光写真ポスターを黒板に掲示し、その場にいるような気持ちと懸命に言葉を探し出そうとした高揚感を思い出すようにした。

ポスターは夜明け前の水郷に自転車を乗せた一隻の舟が湖を渡っていこうとしている写真である。青いひっそりとした静寂が湖面に漂っている。学習者には、「よあけ」「しずか」の類語一覧を渡して語彙の習得と活用する力を育てることをねらっていた。本時の橋渡しのつもりで、前時の詩の作品を何編か読ませた。

子どもたちは予想以上にポスターの写真に入り込んでいた。写真だけではわからない魚のはねる音を入れ、そのあとさらに静かになった湖を「青い朝」と表現したり、「狭霧がたちこめる」「厳寒」「まだ明けず、森閑としている」等を見つけ出し、級友をうならせたりした。

私が西湖に前もって行っていたら、私の見て感じたことを学習者に伝えることができたはずだ。まだ、ほんとうに学習者の側に立つことができていなかった。倉澤先生の一言は、その後の単元をつくる上で重要な指針となった。なお、先生は研究会の帰途、西湖に寄られたことをあとで知った。それからずいぶん時を経て、私は一年生の子どもたちの「近江の旅」に同行した。舟に乗り、船頭から水郷の葦や鳥の話を聞いたり、子どもたちと歌を歌ったりして水郷巡りをした。ポスターの写真と倉澤先生のおことばを思い出していた。

(2) 日本一短い手紙の発案者に会う――単元「伝える」[2]（46回生）

単元「伝える」のきっかけは、『日本一短い「家族」への手紙』に感動したので単元を作ってほしいと三年生の女生徒が夏休み前に持ってきたことである。これは絶対に発案者に取材をし、日本一短い手紙のもとになった碑のある丸岡城を訪ねる必要があると、倉澤先生のおことばの実行は今こそと思った。発案者の大廻政成さんは丸岡町役場の職員なので土曜日は休みである。副校長の理解があって、一日休暇が取れた。

日本最古の木造の丸岡城は、福井地震で鴟尾《しび》が落ちたこともそこで初めて知った。城には「日本一短い手紙」のもとになった「一筆啓上　火の用心　お仙泣かすな　馬肥やせ」という、本多作左衛門重次が陣中から妻に当てた手紙の小さな碑があった。

役場で、一筆啓上賞の織られた布の賞状を見せていただき、郵パックが積まれた一室で碑に端を発した熱い思いを大廻さんから伺った。その一部始終を「32236（そのときの応募者数）の物語をつくった人」として学習の手引き（聞き書き）にまとめ上げた。指導者として現地に行き、ご本人に出会え、取材をまとめたことが、聞き書き授業を進める上で自信となったのは言うまでもない。

このとき、夫が同行してくれて、城や碑、大廻政成さんへのインタビューの様子をVTRに撮影してくれた。このVTRを研究授業中に資料として見せた直後、「先生、誰と行ったのですか。」といたずらな質問があった。即座に「夫とです。」と答えると、一度に温かな笑いに包まれなごやかな教室になった。

(3) 千年の釘との出会い――単元「夢を支える人々」[3]（53回生）　※夢　薬師寺大伽藍をつくり上げる故高田好胤管長の夢

次の大きなフィールドワークは単元「夢を支える人々」で、二年生の秋の単元である。

附属住吉中学校では長年の伝統行事として二年生の二学期の十一月に、二泊三日の「史跡めぐり」を行う。生徒にとっては目的をもった班行動のできる楽しい活動である。行き先は飛鳥・吉野が中心で、教師も生徒たちの各コースに付き添う。この年、三年生で自主性を要するユニークな修学旅行をすることが決定していたこともあり、学年主任としての私は、生徒の団結力と冷静な判断力を養う必要があった。そこで日本文化を探る目標のもと、担任が班の計画を指導し、副担任が日本文化に関連ある資料を教科で示し支援することに決定した。一学期からその方針で進んできたので、教師は楽しい苦労に頭を悩ませる日々を送っていた。

副担任である私は毎日、テレビの番組と新聞の情報をチェックし続けていた。そして、白鷹幸伯氏の千年の釘のドキュメンタリーを見つけた。奈良の薬師寺が出てきたではないか。西塔復元に使われる、古代釘に匹敵する新しい千年もちこたえられる釘復元とその威力に感動し、翌朝国語科はこれで授業をすると同僚に伝えた。学年の教師に木材の節を回り込む釘のすばらしさを「すごいのよ！」と言ったことで、「先生、千年の釘ですね。」と話題が盛り上がっていった。

夏休みの下見では、予想されるコースの安全性や集合場所の確認をし終ったとき、閉門直近の五時前に、同僚が「先生、薬師寺に行きたいでしょう。」と私の気持ちを察知して車を飛ばしてくれた。寺の中の販売員の帰り際に間に合い、単元に必要な西岡常一のＶＴＲを購入することができた。時間ギリギリの収穫となった。後に、この学年の教師集団の関係を、「同僚性(4)」と藤原顕・松崎正治の両氏が意味づけている。

生徒たちが巡る要所要所を車で同僚と周ったフィールドワークだったけれど、『鉄、千年のいのち』（白鷹幸伯　草思社　一九九七）の入手にご苦労をかけた本山宝盛館（書店）の斎藤さん、生徒のためにＶＴＲを貸して下さった竹中大工道具館等の好意を含めて、文章化した学習の手引きを単元の初めに配布した。教師の願いを助け支えて下さった多方面の方の力があってこそ単元が始められたことをわかってくれたようだった。

なお「参考２」を書くに当たり、二〇一四年五月二十一日、薬師寺に行った。『国語教育相談室　小学校No.81』（光村図書）に「奈良・薬師寺で『千年の釘』を特別公開」の巻末広告を見つけたからである。西塔が再建され、東塔は覆われ解体修理中だった。東塔は「ゆく秋の大和の国の塔の上なるひとひらの雲」（佐々木信綱）が有名で、九輪の上の水煙が〝凍れる音楽〟と評されている。お寺の方に聞きまわり、東僧坊に展示されている古代釘を見つけた。それは人知れずひっそりと、しかし、重々しく黒々としており、存在感があった。私の親指から小指までをぐっと広げた二倍、四〇cmぐらいである。木の節を回る重量感のある釘がこの東塔を後世まで残すため、その時代の英知を使って作り上げられたことを実感した。

みずみずしい木々の緑に囲まれた、朱や緑や白の鮮やかな色彩の建物から昔ながらの面白い説法に中学生の明るい笑い声が流れ出ていた。今回はのんびりと大伽藍を味わったフィールドワークになった。また、高田好胤管長と平山郁夫画伯の縁でき上がった玄奘三蔵の大唐西域壁画に感動した。

(4)　最後の二つの単元

先の三年生を卒業させた53回生の教師集団は、ほとんどメンバーが変わらず56回生の第一学年に決定した。私は新しい学年主任（大黒孝文・理科）の補佐役で隣の席である。このことは、私にとって重要かつよい結果となった。理系と文系の交流ができ、昨年に引き続いての理解と信頼が築けた。教師生活最後の一年、子どもにも私にとっても心にずっと残る単元を作ろうと強く思うようになっていた。

校内研修会で学んだ協同学習の成立する基本的構成要素を活用して、初めから協同を仕組み、考える力・伝え合う力をつけるために一学期の単元として前述の「自然の不思議――クジラから考える――」を設定した。グループは八人からなる生活グループである。到達点はグループ代表によるパネルディスカッションにした。パネリストを支えるグループの意見、考えのもとになる調査資料が必要である。その資料を手に入れるために、クジラのメッカ和歌山県太地に行かなければならないと決心した。そして、風雨の中、太地の要所要所を訪れ、その成果を単元に活かした。

二学期に入り、私の大きな総合単元学習の実践はいよいよこれで最後だという意識が強くなった。これまで実践し、考えてきたつけたい力の集大成としての単元は何がいいのだろう。私も生徒もいつまでも心に残る単元。今まで一度も単元化していない学習材。楽しくて力のつく学び合い。「見ること」の到達点。

考えに考えた末、大きく宣伝され、賞もとった『千と千尋の神隠し』（スタジオジブリのアニメ映画）を学習材とすることに決定した。決定のきっかけは、出勤途上の電車の中での、この映画を巡る生徒との会話だった。

準備の日数があまりない中、武蔵小金井にある「江戸東京たてもの園」（野外博物館）に登山用リュックをかついで資料集めに出発できたのは、先の学年主任の後押しだった。「先生、資料を出してあげましょう。」と、私から見ると驚異的な技で関係資料をパソコンから取り出してくれた。読破するにもたいへんな枚数だったが、一年前にジブリ美術館に展示された資料（コンテ、美術作品等）が再び見られることを見つけたのである。目を見張る思いだった。

「先生らしくない。東京へ行って来られたら。」と、逡巡していた私の背中も押してくれた。どきどきしながら、新幹線から中央線に乗り換えた私の心は、出会いの期待でいっぱいだった。

(5) まとめ——思い出したことなど

こうして単元を振り返ってみると、倉澤先生のおことばがフィールドワークのきっかけであるが、大学の卒論のためにフィールドワークをしたことを思い出した。卒論で宮沢賢治の『注文の多い料理店』に取り組んでいたときのことである。全集や関連資料を読んでいくと、賢治は岩手山に何度も登っていることがわかった。たまたま大学のワンダーフォーゲル部の夏合宿が東北だったので、解散後、部の女性三人で岩手山に登山をした。風が強く、風に砂粒が吹き飛ばされ顔にびしびし当たる登山だった。持ち合わせがほとんどなかったので、近くの寺に頼むと、わずかの宿泊料で一夜の宿が許された。疲れ切っていた私たちは早くに眠りに着いた。ところが、不思議な太鼓の音で目覚めた。境内を十数人の村の男女であろうか、それに合わせて流れるように静かに踊り続けているのである。賢治もこんな光景を目にしたに違いないと思った。

これ以外には『おくのほそ道』の探訪がある。附属中で初めて三年生を担当したとき、教科書に掲載されていたのは「白河の関」だった。同僚の国語科の教師が白河の関を知らないのはという話になり、職員旅行の帰りに白河の関、雲巌寺、那珂川を訪ねた。雲巌寺の境内の隅に鬼百合が咲いていた。那珂川の宿で出された鮎がおいしく、きっと芭蕉も舌つづみを打ったに違いないと川音を聞きながら話していると、にわかに芭蕉が生きた人間だったことが実感できた。それ以降、旅先で『おくのほそ道』にゆかりの地があれば訪れるようになった。このことが後々役に立ち、単元展開の変更を柔軟にすることができ、「『おくのほそ道』を歩く」という単元につながっていったのである。

フィールドワークによって、その場に立ち、状況や情景を実感することで、指導者が感じたり考えたりしたことを、生のことばで学習者に伝えることができる、また、そこにしかない貴重な資料を手に入れることができると共に、思いがけず、人との出会いがあり、それをエピソードとして学習材化できる。教師のワクワクした躍るような気持ちは、学習者をその場所に導き、「先生は本気や！」という思いをもたせ、意欲を喚起することにもつながる。教師の伝えることばが生徒の想像力をかきたて、学習者の思考に深さや広がりをもたせられるのではないかと思う。

注

（1）拙著『ことばと心を育てる――総合単元学習――』（溪水社　一九九四　一四四ページ～）
（2）浜本純逸編　遠藤瑛子著『国語科新単元学習による授業改革②　生きる力と情報力を育てる』（明治図書　一九九七　一九九ページ～）
（3）拙著『人を育てることばの力――国語科総合単元学習――』（溪水社　二〇〇三　二一九ページ～）
（4）藤原顕・遠藤瑛子・松崎正治著『国語科教師の実践的知識のライフヒストリー・アプローチ――遠藤瑛子実践の事例研究――』（溪水社　二〇〇六　六六ページ～）

第三章　単元「ことばの力」（第二学年・十二時間）
中学生の「むかつく」考

はじめに――研究の目的と動機

本研究の目的は、単元「ことばの力」の実践を通して、中学二年生に自分たちの言語生活を見直し、考えさせ、変えていくことである。特に、当時、男女共に頻繁に使用した「むかつく」に焦点を当て、どのような場合に使用していたのか、その後の中学二年生は「むかつく」について同じような感覚（使い方）なのか、それとも違うのかを明らかにしたいと考えた。そのきっかけは、平成十二年（二〇〇〇年）の二年生に実践した「からだことばの文化」の単元で「むかつく」を考えさせたとき、「私たちの考えは違う」と強い反論があったことによる。

単元「ことばの力」の実践（神戸大学発達科学部附属中学校50回生）の時期は平成九年六月である。「むかつく」と書くより、子どもたちにとっては、「ムカツク」と片仮名で書く方がぴったりするに違いない。主として、50回生の単元実践を記述し、「まとめにかえて」で、「むかつく」に焦点を当てて、使い方を二百字作文で比較する。

対象は次のようになる。

A　神戸大学発達科学部附属住吉中学校二年生（50回生）

B　同　二年生（53回生）

一、単元の構成

1　背景

(1)　学年の特徴

この学年は入学式以前の集合時で、すでに落ち着きがないことがわかった。その後、生徒指導上の問題が次々と起きた。私自身は、教職生活最後の学級担任になるだろうと考えていたので、驚くような出来事に翻弄されながらも生徒への思いや愛着は殊の外深いものだった。

できるなら生徒の実態に合わせた単元を組み立てたいという思いが強くなっていた。それは、49回生の一年生に阪神・淡路大震災をテーマにした「あれから一年　強く生きる」を実践し、希望こそ生き抜く力と実感したときからである。

一年生から三年生までの50回生用の単元は次のようになる。

一年生　「夢を開く」「宮沢賢治の世界へ」
二年生　「ことばの力」「『少年H』の時代」
三年生　「人　あり」

総合学習の研究発表や私立高校の入学試験の日取りが早まって受験対策に迫られることになり、三年生は一つしか総合単元を組むことができなかった。

(2) 背景と単元設定の理由

二年生の一学期に神戸連続殺傷事件が須磨で起こった。いわゆる少年Aの事件である。ふり返ってみると、その頃、子どもの間では「たまごっち」が流行し、リセットすれば生き返ると、死が軽いものとして受け止められた。休み時間にこっそりと遊び興じる生徒から預かることもあった。

そして、なぜか「むかつく、きしょい」など若者ことばが急に使われるようになった。これは、弱い生徒や自分の気に入らないこと、ものなどに対する容赦ない攻撃のように思われた。注意だけでは治まるけはいはなかったのである。

震災の痛手から立ち上がるために真正面から向き合ったように、ことばと向き合い、一人ひとりがことばの使い方を考えていけば、言語生活も変わっていくのではないだろうかという期待のもとに単元を設定した。

つまり、ことばとつながる心に迫り、言語感覚にゆさぶりをかけようとしたということである。

しかし、震災のときのように真っ正面から「むかつく」等のことばに迫ると、指導者の意図が明白になり過ぎると判断し、ことばの美しさに気がついたり、心が穏やかになったりする学習材に触れながら、徐々に「むかつく」ということばに近づくような進め方の方法をとった。

2　単元のねらいと学習材

(1)　単元名

ことば一つで励まされたり傷つけられたりする力があることを学ばせていくために、学習材の一つ「言葉の力」から少し柔らかく「ことばの力」とした。

(2)　単元のねらい

①　ことばに関心をもち、すすんでことばの話し合いに参加しようとする。
②　作品の音読を通して、ことばの魅力・使い方等に対する自分の考えがまとめられる。
③　ことばに関する文章を読みこなし、筆者と自分とを比較した考えの違いがまとめられる。
④　ことばに関する生活場面の具体例を集め、ことばの感覚について意見が言える。

(3)　学習材

①　予定していた文字情報
・「言葉の力」（大岡　信　光村図書）
・「みみをすます」（谷川俊太郎　福音館　一九八二・六）
・『ことばはこころ』（外山滋比古　講談社　一九九七・三）
・新聞記事（産経新聞　一九九七・四・十八　文化庁文化部国語課　国語に関する世論調査）

一つめの学習材「言葉の力」は染織家志村ふくみが染めた桜色とことばの関係を書いた文章で、「言葉というものの本質が、口先だけのもの、語彙だけのものではなくて、それを発している人間全体の世界をいやおうなしに背負ってしまうところにあるからである。人間全体が、ささやかな言葉の一つ一つに反映してしまうからである。」とこの単元で学習者に気づかせたいことばの力を述べている。

二つめの「みみをすます」は十年の歳月をかけて生まれた平仮名の長詩で、練りに練って作り上げられた朗読にたえる詩である。ことばから時間や空間を超えて、人が耳をすまして真の音を聞き取ることを要求している。ことばの奥に潜む力を学びつつ、表現されたことばが及ぼす影響について考えさせることができる。

これらの学習材を通して、私たちが現実に使っていることばはどうなのかを考えるのが『ことばはこころ』である。〝ことばづかいはこころづかいである〟と明言した著者の話しことばの日本語講座によって、言語生活や日本語について考える糸口を提示している。

四つめの新聞は、主として敬語の誤用についてであるが、一部、若者ことばの「むかつく」について世代の差がはっきりと出ていることが記述されている。

②　映像情報

・「夢、つむいで三〇〇〇日」(テレビ東京　一九九六・八)

このVTRは、絵手紙を毎日書き続ける少女山路智恵を取材したドキュメンタリー番組である。学習者より一つ年上の少女が絵を描き上げ、それに添える言葉を生む苦労や、ことばが紡ぎだされる瞬間の緊張感が映像を通して伝わってくる。ことばを大切にする少女の姿から学ぶべきものがある。

『いい春しょって二〇〇〇日』(山路智恵)はある小学校の校長先生からプレゼントされたものである。描かれた絵のみごとなことはもちろん、添えられたことばの優しさやユーモアのある表現、想像力が印象深く残っていた。

彼女の絵手紙の蓄積であったが、それから何年かたって、彼女の絵手紙を描く生活がドキュメンタリーになって放映されたのである。

3　生徒の実態

この単元の事前調査の結果は次の通りである。

（平成九年、一九九七年五月十七日実施　対象二年二組三十八名）

（数字は人数）

①　単元に対する意欲

（ない）1	2	3	4	5（ある）
0	4	17	13	4

②　言葉への興味・関心　ア　ある（11）　イ　ない（27）

③　言われてうれしい言葉　ありがとう（10）
　　言われて腹の立つ言葉　アホ（9）

④　使っている若者言葉　むかつく（17）等

⑤　言葉を意識したとき　目上の人と話すとき（19）　国語辞典を引くとき（2）

⑥　言葉遣いを注意する人　両親（主として母）（23）　祖父母（3）　先生（2）

⑦　美しいと感じる日本語　あいさつの言葉（11）　響き（3）　夢（2）、木洩れ日、せせらぎ

単元内容に対する判断材料が乏しいにもかかわらず、生徒には単元への意欲があると考えられる。しかし、日常生活においてことばへの興味・関心をもっていない生徒が七〇％を超えている事実も一方にある。

入学当初、あいさつや慣れ慣れしいことば遣いをずいぶん指導したので、その頃はことばへの関心も高かった。中学校の二年生になって意識が薄れたのであろう。
③、⑥からは人に不快感を与えることばを認識させ、言語生活を考えるきっかけとしたい。また、ことば遣いについては保護者にも協力を求める必要があると考える。
なお、ことばを意識するのは主として話しことばのようであるが、広くことばを磨く方向で学習を進める。

4　計画カリキュラム

三次に分けて展開した。一次は「言葉の魅力」として、「夢、つむいで三〇〇〇日」のＶＴＲ鑑賞と感じたことを発展させる。二次は「言葉の世界」である。ことばのもつ力や響き等に考えをもたせる。三次は『ことばはこころ』の章段から、関心の深いところを選んで筆者の考えに考えを寄せる方法をとり、日常生活で最もよく使われている「むかつく」を取り上げ意見を交換させることを中心に置く。（次ページ参照）

5　指導の手だて

附属住吉中学校のこの年の研究テーマは「『開かれた学習』の創造」の二年次であった。全教科が開かれた学習材を開発し、地域や家庭にも開く学習に取り組んでいた。

国語科は教科書にこだわらない学習材（書物、新聞、テレビの録画等）を発掘し、情報収集、処理、選択、活用、発信能力の基礎を養いながら、「ことばの力」を考えさせようとした。中学二年生にとっては、中学校入学以来、

時	流れ図 （学習主題・評価）	目標	国1	国2	国3	国4	
〔3次〕 1時 〜 2時 （本時）	① 〔ことばはこころ〕 “むかつく”と私 —むかつく考—	1.『ことばはこころ』から関心の深い章段を選び、筆者の考えについて感じたことをまとめることができる。	○	○	○	○	
		2. 日常の生活の中からことばの使い方の具体例をみつけ、800字程度の作文にまとめることができる。	○	○		○	
		3. 取り上げたことばについて、話し合うことができる。	○	○		○	
		1.「むかつくと私」の題で、日常生活の場面をとらえて200字で作文が書ける。	○	○		○	
		2“むかつく”のことばの感覚について、意見を発表することができる。		○		○	
3時	我が家のことば	1.『ことばはこころ』の目次から、小集団として興味・関心のある章段を選ぶことができる。	○		○		
		2.「我が家の言葉」をテーマに、600字程度の作文を書くことができる。	○	○		○	
4時 〜 5時	ことばの感覚をみがく	1. 選んだ話題の文章について、小集団で話し合いができる。	○	○			
		2. 関心のあることばについて、自分の体験を含めた文章が600字程度で書ける。	○	○		○	
6時	私たちのことばを考える話し合い	1. 決めたテーマに基づいて、対談（鼎談・座談会）形式で話し合いができる。	○	○	○	○	
		2. 話し合いの内容をメモしながら、日常のことばについて自分の考えをまとめることができる。	○	○	○	○	
7時 〈計12時〉	あとがき	1. 単元をふり返り、学習記録を読み直しているか。	○				
	終	2. 手引きに基づいて、感想が具体的に書けているか。	○	○	○	○	

〔評価の観点〕国1＝国語への関心・意欲・態度
国2＝表現の能力
国3＝理解の能力
国4＝言語についての知識・理解・技能

5．単元の展開と評価							
時	流れ図（学習主題・評価）	目　　標	評価の観点 国1	国2	国3	国4	
	始	1．単元に対する意欲は、5段階のどれですか。	○				
		2．ことばに関する興味・関心はありますか。	○			○	
		3．言われてうれしいことばと腹の立つことばを一つずつ挙げて、理由も書きなさい。	○			○	
	事前調査	4．あなたの使っている若者ことばを一つ挙げなさい。		○		○	
		5．あなたがことばを意識するのは、どんなときですか。	○	○	○	○	
		6．あなたのことば遣いを注意するのは、だれですか。	○				
		7．あなたが美しいと感じる日本語を一つ挙げなさい。		○			
〔1次〕1時	〔言葉の魅力〕「夢、つむいで3000日」VTR鑑賞	（1．VTRと絵手紙から、言葉の魅力・すばらしさについて感じたことを発表し合うことができる。）	○	○	○	○	
		1．VTRを見て、言葉に関する心に残った言葉をメモすることができる。	○		○	○	
2時	言葉の魅力	1．絵手紙数編を参考にしながら、絵に添えられた言葉に触れて、VTRで感じたことを400字に書ける。	○	○		○	
		2．言葉の魅力について、発表し合える。		○		○	
〔2次〕1時	〔言葉の世界〕「言葉の力」に思う	（1．「言葉の力」を読んだり、「みみをすます」を音読したりすることを通して、言葉のもつ力や響き、言葉の広く深い世界を説明することができる。）	○	○	○	○	
		1．「言葉の力」を読んで、筆者の考えが説明できる。	○	○	○		
		2．感じたことが発表できる。	○	○			
2時	「みみをすます」の音読	1．表現や間をよく考えて、「みみをすます」を音読することができる。		○		○	
		2．音の表現に着目し、オノマトペをつくることができる。	○	○		○	
3時	広く深い世界	1．「みみをすます」の音読を通して、筆者の思いを想像しながら感じたことが書ける。		○	○		
	①	2．表現・言葉に触れながら、感じたことを発表することができる。	○	○	○	○	

初めてのことばの単元である。

(1) ＶＴＲ「夢、つむいで三〇〇〇日」と『いい春しょって二〇〇〇日』（山路智恵　大崎ウエストギャラリー）の絵手紙の絵と添えられた言葉から、ことばの魅力に気づかせ、感じたことを発表させる。ＶＴＲを視聴しながらメモを取らせ、魅力あることばに着目させる。

(2) 「言葉の力」「みみをすます」の音読によってことばの響きや音の想像や創造、ことばのもつ広い深い世界を感じ取らせ、意見交流を行う。「みみをすます」では、作ったオノマトペを挿入させながら、平仮名で書かれた和語の心地よい調べを味わわせる。「すます」ことで聞こえるものがあることをわからせたい思いがあった。

(3) ことばの響きやことばのもつよさを感覚的に学習させたあと、『ことばはこころ』の目次を提示し、関心をもった章段を小集団（四人）で選び、話し合い、調べる学習を行う。この本は八章五十四段からなるので、一人一編は必ず責任をもって読みこなし、自分の意見を発表させることができる。学習者一人ひとりが言語生活者なので、生きた情報源になる面白さを大いに活用させ、資料を集めさせたい。その際、具体的にことばの使用場面を入れた作文を書かせ、資料として活用する。最終的には、学習した内容と集めた言語資料をもとに、座談会を開く。

(4) 評価は、毎時の「今日の感想」と折り折りの二百字作文、単元終了後の「あとがき」等で行う。学習記録はとじて提出させる。

6　この単元で育てたい主たる言語能力等

〈見ること〉

① 自分と比較しながら、表情や会話の様子などを心にとめて見る。

② 映像を見ながら、心に残ったことばや表現、画面の様子がメモできる。

〈話す・聞く〉

① 自分の言いたいことが正確に相手に伝わるように話の組み立てを考えて話す。
② 自分の考えと比較しながら聞く。
③ 話し手の立場に立って聞く。
④ 想像をふくらませながら聞く。

〈書く〉

① 日常生活の中から最も深いかかわりのある問題をみつける。
② 自分の意見が明確に伝わるように要点をはっきりさせて書く。
③ 場面に応じて説明と描写を使い分ける。

〈読む〉

① 作品を生き生きと朗読し味わう。
② 群読して作品の特徴を表す。
③ 筆者のものの見方や考え方などをとらえ、自分の考えを広げる。

二、指導の実際

1　「むかつく」考まで

中学二年生という最もむずかしい年頃を考慮して、コトを性急に進めないようにした。友だち間の交流はよい刺激になるので、書かせた文章はプリントにして学習材や学習の手引きとして活用したことも、その一つである。同世代の山路智恵がひたすら絵を描き、それを応援する母親の姿や出会った人々との交流の映像は温かいものがある。ことばに対して身構えないように、まず視聴覚による感動で心情をゆさぶることにしたのである。以下、ことばに焦点を当てている学習者の意見・感想を中心に記述する。

(1)　「夢、つむいで三〇〇〇日」

山路智恵十五歳、高校受験を控えた普通の中学三年生である。絵とことばにつづる絵手紙を小学校入学以来一日も休まず九年間続けていることに、まず驚かされる。絵手紙創始者の小池邦夫との「行ったり来たりの心のキャッチボール」が映し出される。寺の境内にある石像を描いた後、余白に描かれたことばと先生からの返事はこのようになっている。

ありがとう色の
　ふちめがね
大きな顔から　とび出して

智恵ちゃんのえ顔が
　走ってきた。
太い筆の線も目も

あしたのえ顔に
　会いにいこう

　笑っている。
しばらく会ってないけど、
やさしさのこもった
え顔が、とっても
　嬉しかったよ。

（「夢、つむいで三〇〇〇日」テレビ東京
　一九九六・八放映の映像から）
「自分を表現できた小さな感動は受けた相手へと静かに広がっていく」とナレーションが入る。あふれる通信、都会のすさまじい雑踏、止むことのない携帯電話の音の中に置き忘れてしまったような心のぬくもりを伝える映像が続く。

　仕事をもっている母と娘の交流の中で始まった絵手紙は山間の村落にも感動を伝えた。招かれて描いたヤマメと「会いにいこう」のことば。「ことばがすうっと出てくるときと浮かんでこないとき」もあるそうだが、母親はいつも温かなまなざしを注いでいるのがわかる。

　映像はやはり迫力がある。畳三枚分に描いた肉牛や東京駅。前者は肉牛のもつ猛々しさと力強さを十一頭の牛に表現している。牛、それぞれの一瞬の力強い命の輝きの姿である。五時間かかって描いたあと、絵に添えることばを紡ぎ出す。後者の東京駅はレンガ造りで関東大震災に耐え、戦災をくぐり抜けて大きく力強く、躍動感さえ感じられる建造物である（現在改修を終え、一〇〇周年を迎えた）。絵を描き始めて七時間、西日が差す頃に筆を置く。それから、木陰で九十分、山路智恵は絵に添えることばを考える。「ことばとの孤独なたたかい」「魂のつぶやきは生まれた」とナレーション。

あなたの四つ葉の
クローバー
ここでお昼ねしているよ
あなたが来るのを
待っている

夢に心を感じたら
風の手のひら
オルゴール

変わり始めた
時間の中で
きみの背中を
見ていたよ
ポッポー

今　ゆめを走らせて
動き始めた
声がする

一九九六・七・二五

（「夢、つむいで三〇〇〇日」テレビ東京
一九九六・八放映）

描いていく過程の筆遣いと対象物との関係、描く過程が子どもを釘づけにする。絵に添えることばを生み出す、ことばとの小さなたたかいは後姿や目の動きに映し出され、BGMは消される。車の往来と音だけである。そして、ことばが生まれ東京駅の余白に筆がおろされていく瞬間が来る。この様子は学習者の胸に響くはずである。

絵手紙に添えられたことばに着目させて、まず「今日の感想」欄に、三行でVTRを見た感想を書かせた。「山路智恵さんの『夢、つむいで三〇〇〇日』から学ぶ」である。

ア．すごいと思った。山路智恵さんは、毎日、毎日、よくかき続けたと思う。しかも、文章の一言、一言がぎゅっとさせたり、ああそうだな、と同感を抱かせるので、言葉の力はすごいと思った。（男子）

イ．私は、山路智恵さんがすごいと思った。絵がうまいとかではなく、もちろん絵も上手だけど、それよりも素直に心から言葉がでてると思った。かっこよくしようとかは思わずただその時思った事を素直に書けるなんて素敵だと思う。（女子）

ウ．牛や東京駅を書いていた智恵さんは、とても真剣で声をかけてもまったく聞こえないようでした。そして、東京駅は人も多いのに気にしない様子で私もそれくらい真剣にできることを見つけたいです。（女子）

エ．山路さんの絵は、ほかのどんなものにもとらわれずに、自分の気持ちのままにえがかれる。そして、それにそえる言葉もまた生命の息吹きを感じさせる。（男子）

オ．毎日、毎日、一日一日ずっとやっていてついに三千日書きつづけた。絵と言葉の深さが毎日重なりで大きくなっていくことが、とてもすばらしかった。東京駅の絵は古い洋風の駅を美しく思う心が読みとれるようだった。（女子）

カ．ダイナミックにかかれた絵とは裏腹にとても純粋で素直な言葉がつづられた山路さんの絵手紙はなんとも不思議なニュアンスをかもしだしていた。三千日続けられた絵手紙は将来彼女の夢となるのか、趣味で終わってしまうかはわからないが、彼女自身、今とても輝いているのがわかる。（女子）

（原文のまま）

三〇〇〇日も続けられたことへの驚きがある。それから、てらいのない純粋で素直な表現や素直な心へのあこがれや称賛もあった。また、自分と比較し、ウに見られる集中力や真剣さがうらやましいという点もあった。絵に添えたことばをエは「生命の息吹き」と表現しているが、カもそこに集約されるだろう。このように学習者はVTRから大きな感動をもらった。ある生徒は、「何がすばらしく感じるのだろうかと考えてみたけど、何よりも素直に自分を表現しているからなんだなぁと思った。飾らずに、一生懸命に思ったこと、感じたことを書いているから見る人にもそれが伝わるんだと思いました。」と分析している。

この感動を四百字にまとめさせた。一人ひとりが三行作文を掘り下げて、感じ考えたことが次の作文になった。一日一日の積み重ねによる圧倒的な迫力と大胆さとともに、対象物への限りない優しさがあふれたことばが学習者の心を捉えている。次の女子三人は山路智恵の生きる姿勢に自分を重ね、時にライバルのように記述している。Aははっきりと「負けたくない」「くやしさが胸にこみあげてくる」とまで書いている。また「そのときどきの気げんまで言葉によってわかる」ことをおそれている。それは、たった一つだけ年上なのに胸をうつことばを紡ぎ出す山路智恵に、今の自分にないものを発見したからだろう。完全に脱帽しながらもひそやかな闘争心を見せているところが面白い。（絵は『いい春しょって二〇〇〇日』所収）

ほおづきランプが
夜道をてらし
すず虫さんの
よめ入りぎょうれつ
音と光の精がまう
智恵
1993.8.24

A　親友

負けたくないと思った。私もいつかこうやって力一杯輝けるようになりたい。もっと素直な自分になりたい。そして、誰かを優しく包みこんであげられるようになりたい。智恵さんの絵手紙はこんな私の多くの希望をすべて備えもっていて何ともいえないくやしさが胸にこみ上げてきた。一体、書くって何なんだろうか。今、私はこの作文を書いている。でもなぜか言葉が浮かばない。私はまた、くやしくなってきた。私がこの作文をかくことによって人々は何を感じとるのだろうか。一つ一つの言葉からにじみでてくる私の人格や気持ち、その時のきげんが良いか悪いかまでわかってしまうのではないだろうか、そう考えると言葉って恐ろしいものだと思う。時に人を優しく包み込む暖かい風になり、時にやいばを向けるものになり…、まるで多重人格で人をだますさぎ師みたいだ。でも私は言葉が必要だ。言葉がなくては生きていけない。私にとって言葉とはいつも一緒にいる親友みたいなものだ。

B　心を伝える

言葉というものには基盤なんてないという事を思わされた。

この智恵さんの絵手紙の中では、絵がメインである。でも、絵で生きている心を言葉がもりあげていると思うのだ。この言葉という縁の下の力持ちがいるからこそ、絵という存在が際立《きわだ》って目立つ。それで、自分の心が他人に伝わるのであろう。

絵手紙に添える言葉は智恵さんのように自由で、本当にどんなものでもいいのだ。その場所、その時…に思いついたのか、自分の気持ち。生まれてきた言葉がそのまま相手の心を射る。そして、その言葉が心を知ることのできるＫＥＹになるのだ。

絵手紙は智恵さんだけでなく、世界中の誰もがかけるものだと思う。自分の心を映し出す鏡なのだから。もしかして、私達、生きているもの全てがこの一秒・一瞬に心の中で絵手紙を描いているのではないだろうか。心を知ってもらいたい誰かへ向けて。

C　私にとっての絵手紙は

言葉にそなわっている力ってなんだろう。その答えといえるものを智恵さんの絵手紙から得ることが出来た。言葉とは、人の心に伝える手段であり、伝わった言葉によってその人の心を動かす事もある、というものだと私は思う。実際、私は智恵さんの絵手紙を見て、「言葉って素晴らしいものだな。」と感じた。

智恵さんは、自分が見たものを自分の絵で表わし、それに自分が素直に思ったことを絵手紙にたくしている。一日一日のつみ重ねがどんどん重なって、これからももっと智恵さんの夢はふくらんでいくんだろうなぁ、と考えたらなんだか自分がすごく惨めな気持ちになった。智恵さんは、自分にとって素直に気持ちを表わせるものを見つけた。私は…やっぱりないと思う。ビデオを見て、絵手紙を書いていた智恵さんが輝くように美しい姿で私の目にうつった。今は、智恵さんにとっての絵手紙のように、素直に自分の心を表わせるものがないけれど、いつかは見つけたいな。


（傍線筆者）


さて、BとCであるがAと同様に山路智恵の生きる姿勢を取り上げているが、心をこめたことばのもつ伝達機能について記述している。Bの「相手の心を射る」、C「伝わった言葉によってその人の心を動かす事もある」の箇所である。このことは、送り手と受け手の相関関係を示すもので、後述する「むかつく」等の若者ことばの使用の考察に関連している。

次のDは、「外見的なカッコよさ」を気にする一般的な中学生と山路智恵を比較した作文である。ことばに直接は触れていないが、自分たちを超えた存在としてとらえている。

D　本当のカッコよさ
山路智恵さんの姿に「本当のカッコ良さ」とは何かということを改めて考えさせられた。

山路さんや僕らの年代、中高生は、外見的なカッコ良さを非常に気にする年代だ。派手な服や、変わったクツ、帽子など、外見をカッコ良く見せるための道具が街にはいっぱいあふれている。それを身につけた人々が街中を「カッコ良さそうに」歩いていく。

でも、それが本当に「カッコイイ」のだろうか。山路さんは、そんな疑問を僕らになげかけてくれた。

絵手紙を書いている山路さんの顔はとても美しかった。何の迷いもなく、思ったことをそのまま和紙に表していた。「やらされている」といった雰囲気はなく、本当に楽しそうだった。この姿が本当の「カッコ良さ」ではないだろうか。人間、自分のしたいことを、一生懸命して、それを純粋に楽しんでいるときの姿が、一番カッコ良く、輝いているのではないかと思った。

(2)「言葉の力」に思う（二次一時）

この時間のねらいは次の二つである。

・「言葉の力」を読んで、筆者の考えが説明できる。
・感じたことが発表できる。

作品は短いが筆者の考えと具体例が明確に書き分けられているので、学習者にとっては理解はしやすい。友だちの作品によってことばを考え始めたときである。

音読しながら、心に残った表現に線を引かせた。そのあとの学習者の考えである。三行作文に書かせたものであるが、ほとんどの生徒がそれを超えている。

「言葉なんてただの偽り」と思っていた。でも私は大岡さんの言う「言葉の本質」を理解していなかったんだと気付いた。確かにどんな立派なことも言える。でもそれを考え、発することで、どのような気持ちでどのように発するかが大切なのだ。同じものを朗読しても読む人によって全然感じ方が違う。それもみんな「言葉の本質」かもしれない。

表現は違っても、「どのような気持ちでどのように発するか（言うか）」という点に近い意見が多かった。「人に

ものを伝えるための口先だけの言葉が言葉ではなく」と書いている生徒もいた。題の「言葉の力」を考えようとした生徒は、

・その人が言うから価値がある。誰が使っても美しいというわけではない。そういう事を感じた。でも「ありがとう」そして「さよなら」等のあいさつは誰が言ったとしても美しいと思う。心をこめて言ったなら。

言葉というものは文章にあるように桜の花なのだ。見えている部分しか意識していないように、ふつうの言葉だと聞いている部分しか理解しないが美しいと感じる言葉はその桜の幹が光輝いているのではないだろうか。

・美しい言葉・良い言葉・きたない言葉いろんな言葉があるけれど、「あ」から「ん」までの音を組み合わせるだけでいろんな言葉ができます。またその出来上がった言葉で人は感動したりキズついたりするけれど、言葉の本当の力とはどんな物なのだろうか？

大岡信の言う「ささやかな言葉」に注目し、「僕たちが普段使っている言葉も、見直してみる必要がある」と言語生活に思いを馳せた生徒もいた。これは、実の場に戻っていく学習として重要なことである。学級をその方向に向かせる指針となった。

言葉はささやかなもの一語をとっても大きな意味がこめられているんだということが分かった。それを意識して使ったときに、はじめて「美しい」などと感じるんだと思った。僕たちが普段使っている言葉も見直してみる必要がある。いくら美しい言葉を使っても、その意味が分かっていなければ、「言葉に使われている」だけだと思った。（傍線筆者）

では、ことばが単なる記号でなく、人や心と関わりがあると考えるようになった学習者は、次の「みみをすます」という長詩をどう受け止めただろうか。

『子どもが生きる　ことばが生きる　詩の授業』（国土社の教育選書18　谷川俊太郎 他　国土社　一九八八・六）に

「I　詩と出会うということ、詩を読むということ」の章がある。「みみをすます」の授業の批評である。その章の最後に作者の谷川俊太郎が、

…詩というのは、そういう一種の言葉の形、言葉の響きの質というものがあって、それは、意味がわからなくて何度も何度も読んでいるうちに血となり肉となるところがあると思うんですね。そういう言葉の形とか響きというものをどうするかということが、今の日本の教育のなかでは、ちゃんと考えられていないというふうに僕は思っているわけです。もちろん、子どもがわけがわからなくて退屈しちゃうことは問題なんだけども、ある程度わからないことがあったって、それは、何か自分のからだのなかに入ってくるということは信じていいんじゃないかと思いますけど。（五一～五二ページ）

と語っている。この点に注目した。

⑶「みみをすます」の音読（二次二時・三時）

この二時間のねらいは次になる。

二時 1．表現や間をよく考えて、「みみをすます」を音読することができる。 2．音の表現に着目し、オノマトペをつくることができる。 三時 1．「みみをすます」の音読を通して、筆者の思いを想像しながら感じたことが書ける。 2．表現・ことばに触れながら、感じたことを発表することができる。

二組では一斉音読をしたあと、オノマトペが入りそうなところに、作ったそれを入れ、八人で群読させた。二時は二百字で初発感想を書かせた。その中の数編をプリントにし、三時の初めに活用した。群読発表のあとは三行感想でしめくくった。

音読（群読）と感想を書くことだけに留めたので、時の流れのなかで起こった様々な出来事に対する深い意味の認識に欠けているのは否めない。

六月十六日（二時）の学習記録には、音読に入ったあと、説明したことが残されている。主題とねらいのあとに次のように続く。

みみをすます　谷川俊太郎

一．言葉の世界を感じる
　　　考える

(1)「みみをすます」とは
・自分から聞こうとする　聞きとりにくい音をじっくり聞く
・よけいなことを考えず耳だけ集中する。

「耳を傾ける」⇩熱心に聞く、注意して聞こう
　　　話を聞こう

一九八二年六月に「みみをすます」が発表

・おし　……しゃべられない人
・いざり……足が立たない人
・めくら……目の見えない人
（以上）使ってはいけない

6／12　編集長が「みみをすます」に期待していたもの（電話インタビュー）※

二、オノマトペを書き込む

「みみをすます」と「耳を傾ける」の意味を学習者に確認している。今は使用しない差別用語が書かれているので、成立した年月と合わせて理解させた。そのことも含めて、六月十二日、福音館書店編集長に電話インタビューをした。

概要は次のようなものである。

この作品に期待していたもの
和語という平仮名で表現されている世界をつくる。

私たちの日常語は漢語の成語と和語である。漢語は「かたい」「よそもの」という感覚もある。

漢語では「音の響き」「意味の深さ」がむずかしい。

ことばの響き（音の響き）を考えていた。

それで、谷川俊太郎氏と意気投合した。作り上げるのに十年かかっている。

平仮名だけでどれだけできるか。

詩のできあがってくるのを待っていた。
「おし」「いざり」このことばしか和語にはない。
ことば狩りのあった時期によく質問があったが、詩をていねいに読んで下さいというとさらなる質問はなかった。

生徒の感想に進もう。

〈二時〉

耳を澄まして聞く音

みみをすますは、ずっとみみをすますことから聞こえた、見えた、小さな事がたくさんかかれていた。また全部平がなにしてあることから一語一語を大切にしているように思えた。すたすた、ぽくぽくなどのオノマトペや、とどろき、せせらぎなど美しい言葉が、きれいだった。きのこぐもの所の辺に、戦争などが感じられた。たくさんの思いが深く書かれていたような気がした。

心を澄ます

耳を澄まして聞くものが、実にたくさんある。谷川さんが、目に見えないものも耳をすませば聞こえるということをも知っていたのだろうか。

日常生活のあわただしさから離れて耳をすましてみたい。そして、地上にあることも無いことも、普段耳をふさいでしまっているものも全てを、心で聴いてみたい。

耳を澄ますことは、心を澄ますことになる。

時の流れ・命の鼓動

みみをすますといろんな音が聞こえてくる。普段みすごしてしまっている時のながれというか生命のこどうとか、たまには、耳をすまして、そういうものに語りかけて（？）みようじゃないかということが感じられてよかった。

（傍線・傍点筆者）

二時では少し理屈っぽい感想であるが、三時になると群読を取り入れているので音の響きを具体的にとらえた感想になっている。

〈三時〉

音も生きている

ア　「オノマトペ」の表現の時、すごく言葉が響いていました。音も生きているんだな、と思いました。おとがこんなにひびいていたら絶対誰でも耳をかたむけていると思います。

イ　楽しい音や悲しい音やむなしい音なんど、いろんな音が感じられた。それぞれの場面に合ういろんなひびきが聞こえる。

ウ　耳をすますと数々の平仮名で書かれた音がなんか優しくしてくれる気がした。もしかしたら聞いたことあったかもしれない時の音、「星のささやき」、そして明日の音。

ことばの響き
エ　ことばのひびきが言葉によってそれぞれちがうのは、言葉が生きていて、個性を持っているからだと思う。何でもいきているものは、それだけで輝きを発するものだと思う。
オ　ことばのひびきはとても多くの言葉を使っていていい。また最後の「あしたのまだきこえないおがわのせせらぎ」というのが気にいった。
カ　和語のみの文なので聞き手にも読み手にも一字一字響いていて、この文章的に暗い感じ（むなしさ）があるので、重い感じになっている。
キ　言葉の響きは時々、言葉本来の意味より優先的に美しく感じられたり、理解できたりすることがある。まさしく〝それ〟がこの『みみをすます』の言葉となり、文となり、又、日本語（和語）が持つ美しさとなるのだろう。

ひとりと数人による読み分けやオノマトペの繰り返し、オノマトペの音とことばの重なり等によって、グループによる読みはふくらんだように思う。アのように「音も生きている」という表現が生まれた。また、際立たせたい箇所の読みの工夫は聞き手に気に入った表現として印象づけたことがわかる。それは「時の音、明日の音」（ウ）と表現しているし、「あしたの／まだきこえない／おがわのせせらぎ」（オ）を挙げている。中学生にとっては「あした」は未来に続く大切なことばである。

また、詩の内容からカのように重く受け止めている生徒もいる。

音楽の好きな中学生は音の響きを自然な状態で体に取り入れているように感じたのである。

これらの感想のなかにある「普段耳をふさいでしまっているものすべて」に注目したい。若者ことばの「むかつく」を考えさせ、耳をふさがないで本質に迫らせるために、もう一度この学級の若者ことばの使用頻度を調べた。いよいよ「むかつく」考である。

2　〝むかつく〟と私――「むかつく」考（三次一時・二時）

○使っている代表的な若者ことば（六月十七日　挙手）
・むかつく（ムカツク、ムカつく）　三十三名
・キレる　三十二名　・うっとおしい　二十六名　・バリ　十八名
・はずい　七名　・はがい　二名　・その他　三名

単元前の事前調査で挙がった使用頻度の高い若者ことばの一カ月後を示している。「むかつく」はもっと使われるようになっていた。ことばへの関心が「ある」と答えた人数は十一人から二十八人になった。つまり、29％だったのが74％になったということだ。

五月下旬に少年Aの事件（当時は「淳君事件」）があり、犯人はまだ捕まっていなかった。推測でしかない記事が大量に飛び交っていた。神戸全体が重い感じだった。その影響は生徒の心にも及ぼしていたと思うのである。六月二十五日の神戸新聞のコラム正平調には「家族や周辺住民の不安を思うと、いたたまれない。じりじりした思いにかられる。」とある。この時間に書かせた「〝むかつく〟と私」の二百字作文の冒頭に、「私は最近、多少なりとも常にイライラしている」と書いた生徒もいた。

(1) 〝むかつく〟と私（三次一時）

〝むかつく〟と私

ねらい　・「〝むかつく〟と私」の題で、日常生活の場面をとらえて二百字で作文が書ける。
配布した資料
① 文化庁国語課の調査結果（産経新聞'97・4・18）
② 二年二組の実態

記録をみるとどうやら〝むかつく〟の類義語を考える活動は、三次三時（美しいことばと〝むかつく〟）を新たに設け、そこで考えさせたようである。一部変更である。

〝むかつく〟を考える資料で用意した類語（コピー）

A. 若者用語（風俗流行）（『現代用語の基礎知識』'97）
否定の気持ち
きもてー、むっかー、うざったい／うざい／うごっこい、うっとい　めんどい　超たり　きっつー、さぶい　しゃばい　あぶない　ださださ　やばめ　グロい　むずい

B. 角川『類語新辞典』――怒り――
怒る、腹が立つ（腹を立てる、腹立つ）、気に障る　小腹が立つ　小癪《こしゃく》に障る、虫の居所が悪い、腹の虫が承知せぬ　気色ばむ　剥《むく》れる　冠を曲げる、膨れる、むかつく、立腹　向っ腹　腸《はらわた》が煮えくり返る、癇癪、八つ当たり、激怒、憤る、嘆く、憤慨

C．角川『類語新辞典』——上機嫌ｂ怒気——
腹立たしい、忌忌しい、胸糞《むなくそ》が悪い　業腹、怒気、お冠、むしゃくしゃ、むかむか、むかっと、かっと　かっかと

D．〝むかつく〟はいつ頃出てきたか（①胸がむかむかする『医心方』天養二年、②はらが立つ『字源』）

では、「〝むかつく〟と私」の作文で、「むかつく」を考えてみよう。

A．——なんかむかつくわ——

「あ～も～なんかムカツクねん」こんな感じで、〝ムカツク〟を使う。しかし、その意味というのは特にない。一日10回くらい使うが、どれも「腹立たしい」時に使っているわけではない。心の中がモヤモヤしていて、いろんな悩みとか、イヤなこととかたまって「うまく言えないけど、なんかムカムカする」という時に簡単に「ムカツク」の一語で表現する。長たらしく、その気持ちを表現するのが、しんどくて、いやだからつい「ムカツク」を使ってしまう。（男子）

B．——言葉を伝える——

「ムカツク」ということは、私白身よく使う。また人が使っているのもよく見る。「ムカツク」は私たちの中の流行語なのだろうか？

ムカツクについては、プリントが落ちるとムカツク、けんかをするとムカツク、いやな事を言われてもムカツクといろいろあり、一つにはまとめられない。しかし、共通していることはムカツクの意味だ。私の中で、ムカツクは腹が立つと同じ意味を持っている。ムカツクが流行語や若者言葉と言われ、大人の間でけなされているのかもしれない。

しかしこの言葉は「腹が立つ」というよりずっと自分の気持ちを人に伝えられるのだと思う。（女子）

C．――はば広く使えます――

僕の場合、「むかつく」という言葉にこめる度の強さというのがいろいろ変化する。友達との会話のなかで、チョッとだけ腹立つことがあったら、「むかつくなぁ」と言うのは多い。関西の人は、「お前ホンマあほやなー」とかよくつかうけれども、その「あほ」というのと同じような楽な感じで「むかつく」を使うのがまず一つ。で、本当に腹立ったりするとき、たとえば周囲の人に今から自分がやろうとしていることを「はよやれ」といわれる時などにこめる「むかつく度」はかなり高い。

「むかつく」は腹が立ったり、自分に不都合なことがあったりしたときに、その度に関係なく伝えるので、とても便利だと思う。

（男子）

（原文のまま　傍線筆者）

自分にとって嫌なコト・モノ・ヒトに対して「むかつく」が使われている。自分自身にもむかついていることがわかる。本来の胸がムカムカするに近い状態で、一語ですべてを包括して使うのがAである。本人が書いているように「腹立たしい」時に使うとは限らないようである。

B、Cは「腹が立つ」の代用語である。このことばより本人の気持ちに近いらしい。Cは関西弁の「あほ」のニュアンスと対比させながら述べているのが面白い。「むかつく度」の段階があることがわかる。同じ「むかつく」でも、高くなると、言い方に〝きつさ〟が増してくることを示している。いずれも微妙な違いを一語で表現していることがわかる。

次の二例では、自分の気持ちをしずめるために使用する点は先の三例と同じであるが、「むかつく」と言われた側の気持ちに触れている点が大きく違うところである。

D.　――自分の気持ちを……――

ぼくが「むかつく」という言葉を使う時といえば、自分がある人にいやな事をされたり、言われた時などに○○く《さ》ん《ん》むかつくなぁとか友達に言って自分の気持ちをしずめる時なんかに使います。どうしても、自分にいやなことをしてきたり、言ったりしてくる人は日に一人はだいたいいますが、自分の心だけにむかつくと思っていても、気持ちがおさまらないのでみんなも、むかつくという言葉を使って気持ちをしずめるのだと思います。（男子）

E.　――私はむかつく――

私は最近、多少なりとも常にイライラしている。そんな時さらに腹の立つ出来事が重なると、私のストレス（ストレスとイライラはつなげていいと思う）はゲージＭＡＸに達し、その興奮を少しでもおさえるためにも、「むかつく」が自然と出てしまう。

具体例をひとつ。ある日私はかぜ気味でのどが痛かった。にも関わらず、私の父は無神経にたばこをぷかぷかふかしまくる。

「いい加減にしてよ、むかつくなあ。」と自然に出てしまうが、私は別にこの言葉に対して反感はいだいていない。「むかつく」たしかに私は日に二、三度は絶対使うけど、言葉にして相手に伝えることによって、少しでもストレスが減ってゆくのなら、どんどん使ってよいと思うが、言われた当人に不快感を与えるのもまた事実だ。（女子）

最後に、「ムカつく」をあまり使わないと書いた生徒の一例を挙げる。「ヒト」に対しては絶対使わないと断言している。彼は、書きながら考えていることが二段落の文章でよくわかる。「ムカツク！」と発せられた奥に潜む拒絶感を鋭く指摘しているし、「使うまい」と意志を示し、理由として「餓鬼っぽい」と言う。少し背伸びをしているようにも見えるが、これを読んだ生徒は「ええカッコーをしてる」で片づけはしないだろうと判断した。

F．――ムカツクの深い意味――

僕は、「ムカつく」ということばはあまり使わない。時々使う程度だ。それも、人に対しては絶対に使ってはいない。使用する場面は、ものごと（例えばＴＶゲーム等）がうまくいかなくてイライラしている時は自分に対してと、そのゲームに対して「ムカつく」の一語を発する。それと、石に躓《つまず》いたときは、石に対しても言ったりする。

だが、今こうして意味を考えてみると、「ムカつく」ということばはその場その場の判断でそのできごとや人、物などを全て拒絶しているような気がする。つまり、「ムカつく」だけで、そのことから逃げているように思えてくるのだ。だから僕は「ムカつく」という言葉はあまり使わないし、これからは一回も使うまいと思う。これを使わない理由はもう一つある。このことばの響きが餓鬼っぽいのだ。僕は餓鬼っぽくはありたくないし、逃げたくもないので「ムカつく」は使わないようにと思う。

（男子）

（傍線筆者）

(2) 若者のことば〝むかつく〟考（三次二時）

〝むかつく〟と私――若者ことば〝むかつく〟考

ねらい・〝むかつく〟のことばの感覚について、意見を発表することができる。

その日の資料

① 前時の「〝むかつく〟と私」のプリント一枚

② 「むかつく」についての聞き取り調査

③ 保護者のアンケート結果

前時の「〝むかつく〟と私」から選んだ作文を学習材に、「むかつく」の言語感覚について意見を発表させた。言われると不愉快な語であるが、ノートにあるよう「サラッと使ってしまう」、しかし、「悪いことばの王様」であるという意見が出た。「ムカツク」を生徒が使うのは、自分の思いどおりにならないとき、不利、不都合、不愉快、邪魔、相手が嫌い、イライラする、納得が行かない等が多い。使う側は軽い気持ち、瞬時の気持ちを表しているけれど、先のDのように一方で人を拒絶しているのは確かで、言われると一瞬たじろぐのである。どこに相手との接点を求めてよいかわからない。だから、言われた生徒は無視するか、強く出て言い返す。そうでなければ、心の中で悔しく思う気持ちをためこむか、苦笑せざるを得ないだろう。Cの「むかつく度」を活用して、人間関係を示した板書にした。

それでは、大人はどう思っているのだろうか。この授業のために、前もって保護者にアンケートを実施した。それを集約したものを子どもたちに伝えた。その資料を示そう。

その時間の授業ノート

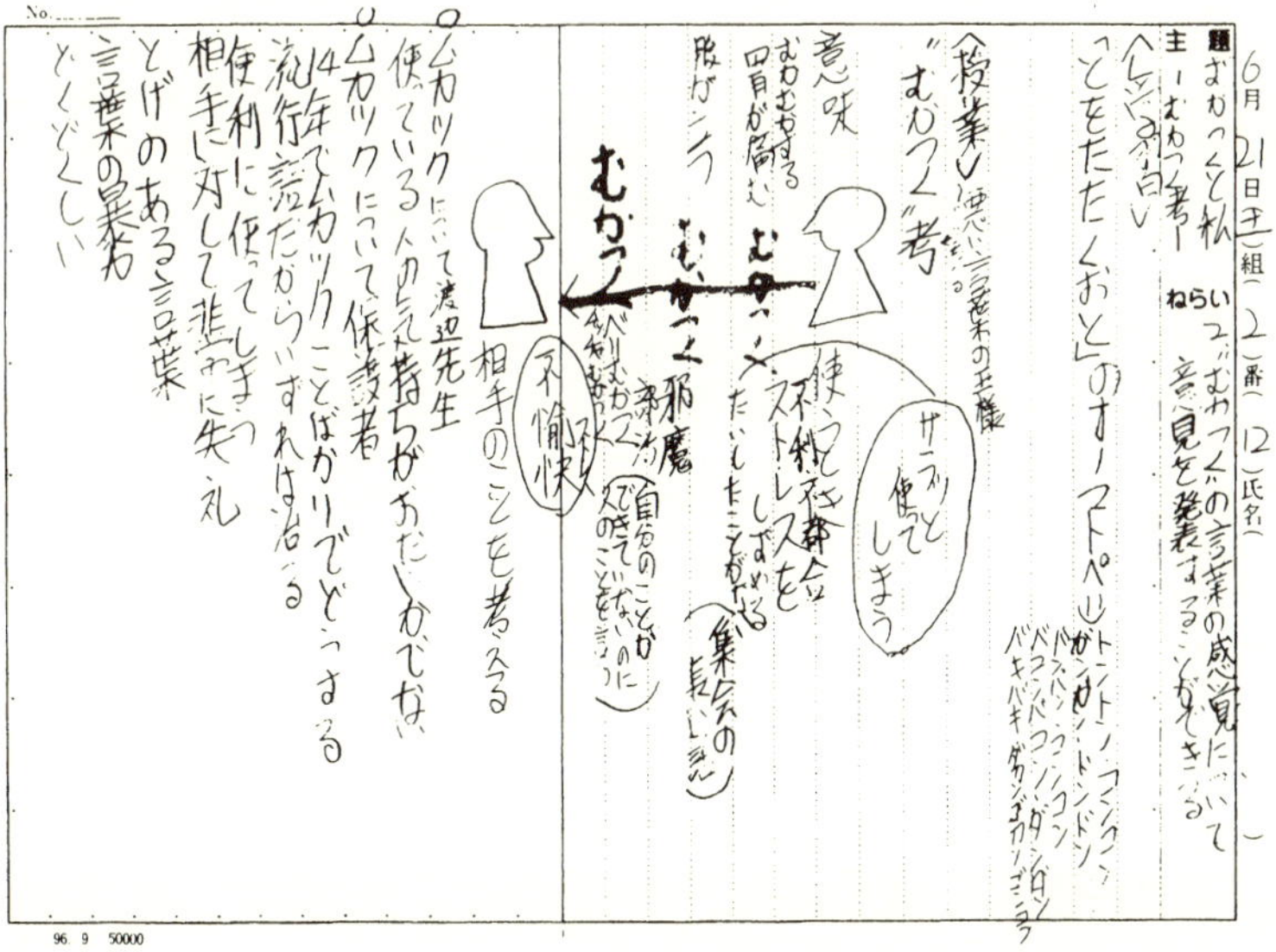

(2) ねらい

① “むかつく”のことばの感覚について、意見を発表することができる。

主な発問・助言	指導上の留意点・評価
	○リーダーには、ことばをはっきりと言うように指導する。 ○発表の向きを忘れている場合は、注意をする。 ○リーダー学習の内容で、補足する必要があれば説明する。 ○事前調査結果で、学級の43％の生徒が使う“むかつく”を採り上げた理由を説明する。
○先日、みなさんが書いた「“むかつく”と私」の作文をプリントしました。今日は、これをもとに、よく使う人、使わない人それぞれの人に意見を聞いて、“むかつく”という言葉を考えてみましょう。	○事前に200字で書かせた作文の中から、具体的に書かれているもの、意見が書かれたものをプリントし、本日の学習材として活用する。 ○「腹が立つ、癪に障る…」などの別の表現を挙げさせる。 ・納得のいかない叱られ方をしたとき ・忙しいのにさらにしなければならない提出物を課せられたとき などが発表できているか。 ○他のクラスの生徒、上級生、教師の何人かに使うかどうか、どんなときに、どんな意味で等と聞き取り調査を行っておく。 次のようなことが発表できているか。 ・若い年齢層ほど無意識に使用し、深い意味や相手のことを考えずに使用している。 ○事前に調査したものをプリントしたり、模造紙に書いたりして、わかりやすく提示する。 ○新聞の資料も思い出させる。
○今日の学習は、みんなの経験の作文、録音テープ、保護者のアンケートを一つの情報源として言葉に対する感覚をみがこうとしました。	次のようなことが発表できているか。 ・人の心を不快にさせる表現である。 ・別の表現におきかえたほうが、品性の上でもよい。 ・本質的に女性語ではない。目上の人には使わない。 ○今日の学習方法が、小集団で言葉に取り組む方法の一つであることを話す。

5．学習指導過程……（3）次（2）時
⑴　主　題　“むかつく”と私　―若者ことば“むかつく”考―
⑶　学習指導過程

時間	学習の流れ	生徒の活動
0	始	
	リーダーの出す問題を解く（L）	○教科リーダーを中心に学習を進める。 ○答えをノートに書いたあと、発表する。
	本時の学習の進め方を説明する	○教師の説明を聞いて、今日の学習の進め方を確認する。
5	「“むかつく” と私」の作文を読んで、どんなときによく使うかを考える　①	○書いた本人が音読する。 ○どんな表現に言い換えることができるかを考える。
8	発表する	○自分の使用頻度を思い出しながら、使う場面を整理してみる。
18	“むかつく”考 聞き取りの録音テープを聞く②	○10代～50代の世代別で使用頻度と言葉に対する感覚について、すばやくメモする。
	感想を発表する	○録音テープを聞いた感想が率直に発表できる。
25	“むかつく”考 保護者のアンケート結果を知る③	○保護者はどのような言語感覚をもっているか、アンケートから読み取る。
35	“むかつく”考 言葉の感覚について感想を書く	○①～③の情報や友だちの意見をもとに、言葉の感覚としてどうなのかをまとめる。
	発表する	○今日の学習のまとめなので4～5人の生徒が発表する。
47	本時のまとめと次時の予告をする	○教師の説明を聞き、次時の学習用具の確認をする。
50	終	

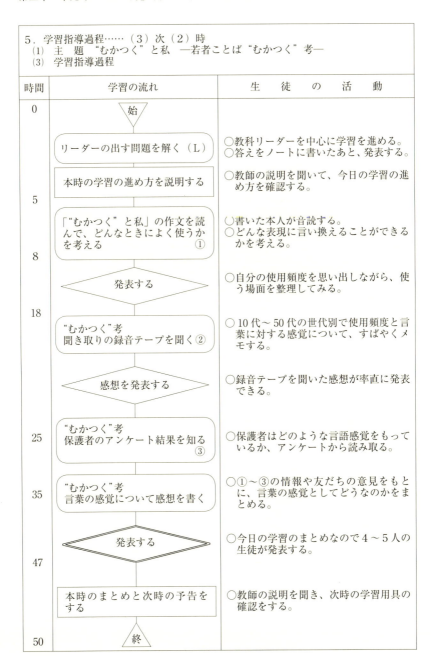

(3) **二組の保護者の反応**（35名回収）

1. 自分の子供は　ア. よく使う　十三名

イ. たまに使う　十九名

ウ. 使わない　三名

2. 使ったときは　ア. 注意する　十八名

イ. 注意しない　十七名

〝むかつく〟という言葉について、どんな感じを持っておられますか。

この言葉を子供がよく使い始めた頃は気にもなりましたが、親も（年齢などによっては）よく使うこともあり、また、使用している人口そのものもかなり多いことから、反感（発）意識がうすれているのは事実です。〝むかつく〟は腹が立つ、納得いかないなどの言葉に置きかえることができると思いますが、そう感じてしまうことが多い年齢層であるのかもしれません。彼らが日常的に使用する語いの数がたいへん限られることも日々痛感しています。

＊＊＊

言葉についての感じではないかもしれませんが、少し話をしただけでも使われるくらいそんなに腹がたったりイライラしたりするものかと不思議に思います。十四年程生きているだけなのに、〝むかつく〟ことばかりで今後どうするのでしょう?!　口に出さず胸の中で消化してほしいものです。

＊＊＊

決して美しい言葉ではないと思います。できたらこのような言葉は使ってほしくないと思いますが、子供の場合、会話の相手に直接言っているようには思えません（親の勝手な思いこみかもしれませんが）、日常の様々な不条理に対し、ささやかな陰のウップン晴らしで口にしているだけのようなので、ま、仕方ないかなと、見過ごしてしまっているのが現状です。

＊＊＊

「むかつく」と言った時に「そんなことで、いちいち、むかついてどうするの。」と言うのですが、本来の「むかつく」の意味より、少々腹は立つけれども「むかつく」と、一言、言ってしまうと、気が治まるような感じを受けます。

＊＊＊

最初耳にした時は何と毒々しい悪意のある言葉だろうと驚き、まさか自分の娘が使うようになるとは思ってもみませんでしたが、慣れてしまえば、さほど深意のある使い方はされないようであり、一時の流行語であり、いずれは消える言葉と思えば気にならなくなりました。自分でも便利に使ってしまっています。

＊＊＊

むかむかする、はきけがするといった意味で、感覚的は、かなりひどい状態をイメージします。最近のように人に対して面とむかって平気で使うのは、その方に対して非常に失礼なことだと思います。

＊＊＊

・使われると、気持ちのいいものではない。
・使われることによって〝むかつく〟という言葉で言葉のいじめにあっている感じがする。
・バカにされた気がする。

＊＊＊

非常に不愉快。無神経で傲慢な感じがします。

＊＊＊

感じが悪い、言われると気分が悪くなる。

自分に対して〝むかつく〟ということばを使われた時、どんな気持ちになるか、それを考えて、使ってほしいと思う。

＊＊＊

「むかつく」「バリ〜」「チョー」「ゲーセン」「マクド」等の若者言葉は若者同志の共通語であるのならば、その使用も若者間に限り仕方のない事だと思います。ただ「むかつく」という言葉に関しては、少々の事にでも使われるため「吐き気をもよおす程腹立たしいの？」と聞いてみたくなります。言われた相手が傷つかないか心配になるほどとげのある言葉だと思います。大人に対して若者言葉を使用した場合は即、言い改めさせるべきです。言葉は人と人との意志の疎通をはかる大切な手段、それも人間関係をスムーズにすべきものなのに、若者言葉では意思の疎通がはかれないどころか、知らない内に言葉の暴力で傷つけ合っているのではないでしょうか。

＊＊＊

（原文のまま・傍線筆者）

使われることによって、不愉快、不快感がある、ことばのいじめ、バカにされた気がする、ことばの暴力、とげのある言葉、語彙の貧困という回答に対して、便利で自分でも使ってしまう、一時の流行語、いずれは消えることばであると述べている。しかし、この勢いは果たして消えるだろうか。母親の年齢層で、すでに使い始めているのである。先に挙げた文化庁の調査結果では、「むかつく」を使う年代別では十六－十九歳が94％、六十歳以上では27％とあった。

保護者の意見やこの資料を学んだ生徒は、

なんとなく使ってしまう〝ムカツク〟

その通りやなぁと思うが、それでも僕達は「ムカツク」を使ってしまう。「相手に対して失礼」「とげのある言葉」「言葉の暴力」「どくどくしい言葉」――そりゃそうだ。何と言われても、〃ムカック〃を使っているかぎり僕達は、何も言い返せない。

〃ムカック〃という言葉を意識してではなく、なんとなく使っている僕達は、いつのまにか知らない所で人を傷付けてしまっているのではないか。


と書くようになった。単元の終わりは「我が家のことば」をテーマにした作文のグループ交流にした。モデル作文には35回生の「神戸弁戦争続戦中」（拙著『ことばと心を育てる』溪水社所収）を使った。

⑷　「我が家のことば」を書く（第三次三時・四時）

ここには、二組の五編を選んでいる。心を開いた中学生の生の声である。会話が生き生きとしている。言葉を巡ってのささやかな抵抗や親との攻防戦が描かれている。

Aには今回の中心になった「むかつく」のことばを娘が使うことを断じて許さない父親がいる。反抗できない娘は最後の二行にいつか使ってはいけない理由を聞くと述べており、「なんで使ったらあかんの？」と小さな抵抗を示すのである。

Bは巧みな比喩を使いながら、三世代家族の中で我が世の春とばかり若者ことばやいわゆるきたない神戸弁を駆使している中学生が息づいている。しかし、恥ずかしく己れの自尊心も傷ついていることを自覚している。題を「考えて見る言葉」とつけていることから、それがよくわかる。

Cは「ささやかな抵抗」の題のとおり、関西弁の母と娘の攻防戦である。会話を通して、だんまりを決めこむ娘に、だんだん感情的になる母親の姿も書いている。この年頃に、よく見られる光景である。「私の母に白旗を挙げさせていた」の表現が旨い。

Dでは昔の父親が顕在である。父親にまだまだ頭が上がらない息子。「むかつく」などのことばなど発せられるはずもない。しかし、反抗期の中学生らしく心の中で「むかつく」のである。

最後のEは、いわゆる転勤族の家庭の言語の悲哀になるだろうか。外国語のみならず国内での方言を習得しなければならない姿が表現されている。

作文の中の「むかつく」気持ちを吐き出しながらも、愛すべき家族を見つめている。一方、父親や母親が我が子のことばのしつけを行っていることも見えてくる。

A. なんで使ったらあかんの?
「むかつく」

この言葉は、お父さんの前では、言えません。なぜか、お父さんは、『むかつく』という言葉が大嫌いです。

私が、弟とケンカして
「むっちゃ、むかつく。」

と言った事があります。その時お父さんは、急に恐い顔をして、

「何が、むかつくんや?」

と、質問された事があります。そして、その後に一言。

「むかつくってどんな意味か言ってみなさい。意味が分からなかったら使うな。」

小学生だった私は、むかつくという意味を詳しくは知りませんでした。

それでも私は使いました。

学校でも、みんな使っているから、まぁいいやと思ったからです。学校では、

「むかつく。」

って言っているけど、お父さんの前では、

「腹立つー。」

とか、

「さいあく」

など、「むかつく」と言わないように心がけていました。

しかし、私は、日頃使っているので、ついつい、お父さんの前で、

「めっちゃ、むかつくー。」

って、言ってしまいました。

そしたら、

「何がむかつくんや。どこで、そんな言葉覚えたんや？」

って言って、ほっぺたをつねられました。

「何で、むかつくって言ったらだめなの？」

私は、心の中で思っていたけど、口に出すことはできませんでした。

中学生になった今、いつか、絶対、使ってはいけない理由を聞いてみるつもりです。

B．考えてみる言葉
私の家で言う略語・例えば「はずい」「むずい」。その度に祖母は、

「難しい言葉遣うなぁ。」

と言う。いろいろ言いながらも、家族全員が今では私のむずい言葉を理解してくれているらしい。うちの家には言葉

に国境なんかは、ナイのだぁっ!!それで、はしゃいでいるのは私だけだが初めの頃はずっと厳しかった…。

小一の頃、この学校に入学していろんな人と話すようになった。このころから、私はいろんな言葉を光のような速さで吸収していったのだった。家に帰って神戸弁を使ったら、

「ゆかちゃん、言葉が汚ない。」

と毎回注意された。でも、私はめげずに使い続けた。母と祖母はあきらめたらしく、何も言わなくなった。(父と祖父は何も注意しない。)

そんな苦労の末にできあがったのが今の私の言葉。少し〝まんが〟の影響を受け、男言葉(!?)が多くなってしまった。「〜じゃねぇの」や「てめぇ」などである。家では怒られないし、学校には怒る人がいない。これこそ、言葉の天国でも言うべきものか。だが、私自身この言葉をなおそうと思う。なぜなら、言っていて恥ずかしいからだ。よくわからないけど、何か心が「嫌だ。私はこんなんじゃない。」と叫ぶのだ。でもでも、「かっぱえびせん」みたいに、食べたら止まらない…覚えたら忘れられないもんなんだ、これが。この忘れにくいことを勉強に生かしたら、どんだけいいだろうか、なんて考えてもみる。

私の言葉——。私が言った言葉で人に伝えたいことを伝えなければならない。私も一回、家の中で言葉について話しあってみたいと思う。人の気持ちを大切にするために。

C. ささやかな抵抗

「うちさー….。」

と私が話をはじめようとすると

「この家にはうちはいません。」

母はやけに言葉にウルサク、二年前まで関西弁も禁止されていた。

「これ・・・やんか。」

「もう一度言い直しなさい。」

と言い直させる。でも負けっぱなし。というわけにはいかない。それで私は何か策を考えなくてはならなかった。

「ねえ……やん。」

とこりずに関西弁を使った。

「もう一度言い直しなさい。」

「……。」

私は口をつぐんだ。子供っぽいが母にできるささやかな抵抗だった。言い直しはしない。と心に決めていた。でも母には負けた。

「もう一度言い直しなさい。」

「……。」

「もう一度言い直しなさい。」

「……。」

母の声は段々大きくなり
「もう一度言い直しなさいって言ってるでしょ。」

と母の爪に挟まれた物は私の肉だった。ここまでされたら言い直すしかない。腕にくっきり爪跡が残って私は言い直す。でも関西弁禁止令は解除された。それはたーった一人の人のたーった一言だった。

小六の個人懇談の時、私は早く帰れるー。と喜んで足早に帰ったが母はやれやれ、なんでこんな所にと学校に来ていた。６－３の教室で母は
「家で関西弁を使うんですけど――。」

「でもそれも方言の一つなので・・・。」

と先生は私の気付かぬ所で私の母に白旗を挙げさせていた。おかげで今は関西弁に文句を言われなくなったのだがう・・ちと言う言葉は禁止されている。私のささやかな攻撃もまだ続いている。誰か応戦してくれないかな。誰か大砲でも撃ってくれないかな――。と思うのだがまだ当分ささやかな攻撃を続けるしかなさそうだ。

D. 父の存在

我が家では十七時がくると母をのぞき、兄と僕は口をつむ《ママ》る。十七時がくると、いつも兄と僕は、

「もうそろそろ帰ってくるで」

「はやく二階に行こう」

この言葉が十七時とともに流行の言葉となってしまう。父は十七時にだいたい仕事のある日は帰ってくる。父はぼくたちにとっては恐ろしい存在なのである。身長一八〇センチメートルぐらいの長身。この長身からでてくる言葉は、迫力がすごい。そして、言葉といっしょに手もときたまでてくる。どこでこんな筋力をつけとんねんと思うほどである。そのために、反抗はできない。でも注意されると、「むかっ」とくる。でも怖いのでいつもがまん。もうわかっただろうが我が家では、父が恐ろしい存在である。そのためにしゃべりかけるのはむずかしい。いつも最低限のことぐらいしか言わない。それも全部敬語のようにていねいにしゃべっている。ついでに我が家の父は、礼儀にもきびしい。例えをあげてみると、幼い時に、はしのもちかたで注意されたことがある。でもその時は、

「うるさいんじゃ、このくそじじい。」

このように思っていた。でも今考えれば、あのときに注意されなかったら、あのはしのもち方がくせになっていたと思う。我が家では父の存在がすごいようになってきた。でもときどき「むかっ」とくるときもあるが。

いつか父にくちごたえする日を夢みて。

E．言葉の移り変り

ぼくの家族はほんとうによく転校する。生まれてから二才までは大阪、二才から幼稚園卒業までは外国にいて小学校一年から三年までは四国にいて小四でやっとここ兵庫にきた。

そんな中一番問題になったのが言葉の問題である。

初めの外国に行った時は二才の後半だったからある程度日本語はしゃべれたがまだどこに行ったかわからなかった。

いままで家でしゃべっている時は父さんも母さんも「～やねん」と「～やなー」などと大阪弁でしゃべっていた。

でも向うに行って一年たったら我が家の言葉が急変した。

いきなり親父が外国語の練習のため外国語で話し始めた。

もともと親父は練習しなくてもペラペラではないけどだいたい話せたのにその言葉にさらに磨きがかかった。

「ペラペラペラペラ」…「何ほざいとんやこいつ」と思った。

ぼくは元から幼稚園をほとんど外国語がわからないままいっていたので何かマイケルっていう奴がペラペラ横でしゃべってたので「うるせーなー」といって無視したら、ケンカになった。ぼくはそこで「外人は強いなぁっ」と初めて思い知らされた。

次に四国へいった時、この時家族の人はみんな何か外国語がまじっていてわけがわからなかった。

四国でもやっぱり言葉でこまってしまった。四国には四国で四国弁という物があった。

四国では「～やけん」というのが四国弁だった。

「こいつら何しゃべっとんか」と思った。

ここでも言葉にこまったが次に親父が「こんどは兵庫県という所に行くんだ」といわれた。ぼくは「一人でいけ!!」と思った。

ぼくはそのころ四国弁になれていて「～やけん」としゃべっていたのでここでも言葉でこまった。

でもこの時も家族で関西弁を話すように努力した。
いろいろな言葉の問題でこまったがそのたびに家族ですばやく対応している。
このような点では家族はいいものだな、と思った。

これらの作文を小グループで交換し感想を書き合うことでこの単元を完結した。それは、一つに単元の初めに比べると何だか顔つきが穏やかになったこと、二つめにそのときどきのことばに関する三行作文や二百字作文等の「友だちに学ぶ」による交流で自然にことばを考えるようになったこと、三つめは「我が家のことば」を書くことで普段思っていることが吐露できた上に、作文交流で今の心情をも交換できたように見えたからである。『ことばはこころ』の内容は「日本語」を上手に使いこなすためにはどうすればよいのかという具体的な方法である。夏休みに入るまでの授業時間を考慮し、現時点のことばを考える学習者の様子を判断し、打ち切ることにした。

(5) 「学習記録」の「あとがき」から

最後に単元終了後に学習記録をふり返らせた「あとがき」を示しておこう。単元で印象に残った一つは山路智恵である。二つ目は、自分たちがことばの資料になった「むかつく（ムカツク）」であった。考えざるを得なかったし、考えてみれば面白いものだったというのが本音のようである。

「ちょっとしたことでもすぐムカツクというようになってしまったこの口をどうしようと思っていた」とか、「初めは納得いかず、反論的な意見を持っていましたが、最後にはうなずけるぐらい理解できた」と記している生徒もいた。取り上げた「むかつく」考は成功だったと考えられる。

あとがき
　こうやってノートをまとめてみると「よく勉強してるやん」と感じる。「はじめに」にも書いたが、自分なりに見直してみると、「ああ、この時たのしかったなぁ」とか「うわぁ、ごっつい字、汚ないなぁ」とかその時その時の思いがよく表れているなぁと思う。
　さて、この学習で、僕が一番心に残ったこと、それは、毎日毎日絵手紙を書き続ける、山路智恵さんの姿である。僕は走ることが大好きだが、果たして彼女のように三千日も続けることができるだろうか。そして彼女の絵手紙に対する思いのように、自分の好きなことに対して、いつまでも純粋な気持ちでいられるだろうか。いろんなことを彼女から学んだ。

（中略）

〝むかつくと私〟では、日本語がガタガタと音をたてて、くずれていくような気がした。言葉を縮めたり、英語と混ぜてみたりして、勝手に新しい言葉を作り、それを使う。「それも使う」という、ＴＰＯによって使い分けるのであれば、まだマシだが、どこでもかしこでも、変な日本語を使っているようでは、困る。
　だいたい「若者言葉」という言葉も変だ。といいつつ僕も〝ムカツク〟を使っている。この言葉が流行しはじめたころ（いつごろかは分からないが）、それまで「腹立つ」を使っていた僕だが、簡単で、スッと言える〝ムカツク〟をだんだんと使うようになってきた。今まで、できるだけ正しい日本語を使うようにこころがけてきたが、その〝正しい〟と思っていた日本語も、変であることに、この学習のおかげで気がついた。だからかもしれないが、最近、一つの言葉に対して「ん？　今のおかしくないか？」と思うことが多くなり、また〝ムカツク〟を使う回数が少なくなってきた気がする。友人・上級生に対しての言葉も、気をつけて使うようになった。
　我が家の言葉では、いろんな家族の、〝我が家独特の言葉〟を知ったが、それは他人に「使うな」と言われても使う言葉だと思うし、大事にしなければいけないものだと思った。僕も、我が家ではあまり言葉にこだわらず、〝我が家言葉〟を大事にして使っていきたいと思う。

いろんなことを感じたこの一学期の国語だったが、けっこう楽しかった。そして、国語は決して「覚える科目」ではなく、「感じ考える科目」だなぁと改めて思った。

まとめにかえて――「むかつく」その後

単元終了後、急速に「むかつく」の使用は減少した。保護者等の大人の意見の影響もあるだろう。言われた側の気持ちを考えることをし始めたのである。例に挙げた「あとがき」以外にも自分の「むかつく度」は今どれなのかを考えるようになったとあった。

さて、この学年から三年たった53回生はどうであろうか。単元「からだことばと文化」を二年生の秋に行った。『からだことば』（立川昭二　早川書房）を読書しながら、「すごい」の一語で驚きや感動を表現することから、例えば、「目を見張る」「胸が高なる」などの慣用句を使うことによって、ことばの関心を高めようとした。

この本の中に、「腹がたつ」「頭にくる」「むかつく」を比較した章がある。十代の若者の「むかつく」使用は「からだのなかに一度も取り込まないで反応する」「はじめから断絶や亀裂がある」、瞬間的ということに反発があった。

「頭にくる」は頭痛、「腹が立つ」が腹痛になるかどうか、私は「むかつく」なのでわかりませんが、私は「むかつく」と本当に肺のあたりがむかつきます。「頭にくる」と堪忍袋の緒が切れてカチンが流れ出る。「腹が立つ」がたまると腹わたが煮えくりかえって煮えたものが出る。

それなら、「むかつく」もたまりたまってキレて、むかむかが出てくるんだと思います。「瞬間の吐き気」「デジタル」で終わってしまうわけがない。人間なんだもの。

（女子）

と怒りをぶつけている。


一番使うのがムカツクである。でも、よく考えてみると「腹たつ」を使うときがある。言われた言葉によって使いわけてしまうかもしれません。例えば。母に何回も「勉強しなさい」などと同じことをくりかえされたらムカムカきて「もー。腹たつねん」と言ってしまう。でも、友達とか一げきの言葉で言われたら、一しゅんにして〝ムカツク〟と言ってしまう。母や四十～五十代の人としゃべるときは、無意識に〝腹立つ〟と言っていることが多いような気がする。それはなぜかわからないけど。

でも、年代によって言葉がちがうのはわかる。（女子）

私はよくむかつくを使います。どんな時？っと聞かれても答えられません。だっていろんな時に使うからです。〝腹が立つ〟とか〝頭にくる〟というのは、すごくまじめで何か重たいです。むかつくは、冗談で言うときや、真剣に言う時とかいろいろあると思うんです。だから、すごく使いやすいし軽い感じがする。

私は考え方が、筆者とちがうと思う。そりゃあ三十代以上の人達からみたら、変に思うかもしれないけど、〝むかつく〟もちゃんとした言葉でできている。だから筆者とちがう考え方です。（女子）

僕はささいなことでむかつきます。たとえば、道をわたろうとしたら信号が赤になったり、家のマンションのエレベーターが目の前で行ってしまったりそんなことです。でも、それは一しゅんのむかつきです。

ぼく思うに、「むかつく」というのは一しゅんの間の事でちょっとすれば忘れてしまういかりで、頭にくるはある一定時間のいかり、「腹が立つ」は継続的ないかりだと思う。だから僕は、一瞬のいかりしかないのかもしれない。（男子）

私は、むかつくという言葉をよく使う。

特に考えて使うわけじゃないけれど、ぱっと口にするのがむかつくという言葉。具体的な場面も分からないほど、無意識に口にしてしまう。嫌なことがあっても、怒ることがあっても全部ひっくるめて、むかつくを使ってしまう。

でも、むかつくを使っている時、私はそれほど怒っていない。けれど、腹がたつや、頭にくるを使う時は、本当に怒っている時です。だって腹が立つや、頭にくるは、その言葉自体に重みがあるような気がするからです。

（女子）

（原文のまま）


いろんな感情を引っくるめて、やはり瞬間的に出てしまうようである。この学年は女子が二十五人、男子が十五人で構成された学級編成だった。「むかつく」は「ムカツク」になり始めていた。しかし、50回生ほどトゲトゲしいと感じるものではなかった。「ムカツク～」のように冗談っぽく言う、作文の中には陰口で使うという表現は見られなかった。使う生徒は何に対してもポロッとこぼれるように出るようだった。

「むかつく」を私たち五十代～六十代の世代は恐らく使わないことばである。聞くのもイヤ、中学生に言われると耳障りで腹が立つ、なぜそうなのかと意を決して理由を聞かねばと思う。「意を決して」ということ自体、気分が悪い。

しかし、使っていた世代が父親になり母親になり、一つの表現語彙として「頭にくる」と同様に定着していくのかと思った。「むかつく」一つを取り上げたが、時代の移り変わりの中で徐々に浸透していることを実感した。ことばの新しい使い方として定着していくと認めつつ、ことばが自分の都合のよいように使われ、相手への思いやりや優しさを失っていきつつあるのではないだろうかという危惧をもつのである。

山路智恵に多くの生徒が魅了されたことで、自分の想いを正確に伝え、他人を動かす豊かなことばを持たせたいと思った。それには、ほんとうのもの、よいものに出会わせる、読書の世界を広げ、日本人が培ってきたものを話題にし、ことばを交わす必要があると考える。

〈若者ことば参考資料〉

米川明彦著『若者ことば辞典』（東京堂出版　一九九七）
井上ひさし他『日本語よ　どこへ行く』講演とシンポジウム（岩波書店　一九九九）
北原保雄編『問題な日本語』（大修館書店　二〇〇四）
立川昭二『からだことば』（早川書房　二〇〇〇　P.21～P.30）

参考 3

学習記録──考える力（思考力）・書く力（表現力）を育てるために──

総合単元学習では書く力を育てると学力もあがるだろうと仮説を立てて実践しようとしていたので、点検がし易く学習者の学びの足跡が残るにはどうすればよいかが当時の国語科の議論の柱だった。しかも一つの単元を学び終えたとき、学習者が振り返って自己評価ができるにはどんな形式にするのがよいだろうか。国語科教師は一人ひとり、各自が学んできた国語ノートを思い出し意見交換をし続けていた。新しいことを生み出す苦労や楽しさとともに高揚感のある日々だった。そして、使用する学習者の意見を取り入れ、完成したのが附属住吉中学校独自の「ひとり学びノート」である。

大きな特徴の一つはルーズリーフ形式にして点検し易くしたこと、二つは二百字原稿用紙をセットにして、「書く」ことからの解放感をもたせたことである。次に、ここに行きつくまでの経緯と「ひとり学びノート」の活用を示しておきたい。

(1) 私の学習ノートの記憶

中学校時代、国語の語句調べを予習し、自主的にノート作りを楽しんでいた。もちろん授業内容は記録する。とりわけ言葉の意味調べに目覚めたのは小学四年生で「考察」を調べたのがきっかけである。なぜ「考察」が記憶に残っているかといえば、今まで学んできた言葉は具体的でわかりやすかったのに、突然、抽象的な言葉との出会いとなったからである。恐らく国語の教科書に載っていたのだろう。子ども向けの国語辞典で意味を調べる。真昼の明るい窓際の机に向かっていたのに意味がすっきりと頭に入ってこない。もやもやしたじれったいような、それでいて奥深い感じがした。辞典の文字から今までと違う難しい言葉の世界、すぐに理解できない、形も見えず想像できない言葉の出会いに不安だった。

こんなことがきっかけとなり、中学校は小学校と違うという両親の話もあり、中学校に上がると意味調べを積極的に行い、ノートの書き方を工夫したものだ。『中学時代』の雑誌を買ってもらえるようになり、付録の特集にあったノートの書き方を参考にしたように思う。

全くの偶然であるが、戦前の明石の家の前に住んでおられた方（私は赤ん坊だったので記憶はない）が神戸市立歌敷山中学校で私の担任となり国語を教わることになった。意味を尋ねられたときに答えられる楽しさはもとより、祖母や両親から「あの坊ちゃんが瑛子の先生にね」と言われ、学ぶことに励んだのだろう。また、教室が足りなかったのか、先生のご意思からか図書室での授業が多く、お陰で友達と競って書棚の本を読んだものだ。先生が何かの折に書いて下さった一言も励みとなった。

ノートで忘れられないのは、進学した兵庫県立長田高等学校で二年間担任だった林歳明先生の国語である。現代国語や漢文を教わったが、ノート作りに熱が入ったのは、今でいう学習の手引きに相当する予習プリントが配られたからである。Ｂ５の大きさで青色のインクが鮮やかな、先生の手書きのプリントを私たちはいつしか心待ちにするようになった。それをノートに貼って言葉や表現の勉強をした。「文中、何々を二字の熟語で表すと何になるか。また、文中、別の表現で何と表しているか。」等、表現の置き換えや類語を文章中から探すことが多かった。予習プリントをノートに貼り、予習で考えたことが結果どうなるのかを学ぶ楽しさがあった。国語を学び、考える道《みち》標《しるべ》が明確にわかる授業だった。

林先生には高校三年生の時、大学受験用の国語問題集を解いて、特別に見てもらう機会を得た。答えだけでなく考え方や理由が赤インクで書かれた大切なノートだった。「勉強したい者は個人指導をする」という学年の方針の声かけがあったようで、何人かがいろんな先生のお世話になったはずである。

(2) 学習記録を意識する

初めて学習記録といえるものに触れたのは、神戸大学教育学部附属明石中学校での実習中だった。数学の授業見学をした折に、教室の後ろに並べてあった「数学時誌」を見つけた。学び手が順番に授業記録を書き、注意すべきポイントや類題、授業の感想が書かれていた。

その後、神戸市で中学校教師としてスタートして三校目の神戸市立垂水中学校で再び「数学時誌」を目にすることになった。どこでも初任者だった私は教科を超えて励ましの言葉をかけられ、育てられた。何かと世話になり、実践の記録を見せて下さったのが数学の森脇操子先生だった。「面白いよ」と手渡されたのが「数学時誌」だった。数学教育で当時一つの指導方法として奨励されていたのかもしれない。

私はすぐに工夫して「国語時誌」を始めた。休んだ生徒に授業内容がわかる書き方をするだけでなく、裏には関心をもった新聞記事、近頃考えていること、好きな詩、本の紹介、授業の感想等を書くように指示した。男女別々に一冊ずつ回す。記録者は必ず提出し、私が一言感想を書き次の生徒に渡す。枠の中に収まらない場合は、用紙を貼りつけて書きつづった生徒もいた。子ども達は前の記録を読み、自分の番では何を書き記すかあれこれ楽しく悩み、私はいつもどんな記録になっているのか待ち遠しかった。この「国語時誌」は垂水中学校に在職中ずっと続けることができた。

(3) 学習ノートの模索

垂水中学校から附属住吉中学校に移ってしばらくの間は、大学ノートを使った授業だった。国語科では最年少だったが、打ち合わせでは自由に発言できる雰囲気だった。教科書教材がその学年にほんとうに適切かを議論し、三省堂三年生に掲載されていた「大門峠の見える村」（田中冬二）の詩の言葉一つ、表現を吟味した教材研究を行い、一年生でも可能であると結論づけた。このことは、これ以降の教材選択や教材研究の基礎をなしたと思っている。また、書くことで力をつけることができると判断し、国語科としてレポートを課題とすることが多かった。問題点の一つは、他の仕事があり学校で処理できないので大きなカバンにレポートを入れて、たびたび家庭で点検することになることだった。二番目はレポートを生徒間で交流し相互評価するのに時間がかかることであった。この処理の方法が話題になった。

33回生の二年生を担任していた頃（一九七六年頃）、シュタイナーの教育が子安美智子らによって紹介されるようになった。内容に目を見張る思いがした。何度も出てきて関心があるのに全くわからなかったのがノートだった。そんな折に、筑波大学の指導主事講座を受講できる機会に恵まれ、大学の先生から院生の研究の一端を教わった。けれど、そこにはノートの記述がなかった。

この出張では、同僚の国語教師が私の授業を代わりにしてくれることになったが、それでも何時間かは自習をさせなければならない。それで、出張が二学期だったこともあり、「秋」を課題研究のテーマにした。それに基づき各自が立てた学習計画に沿って調査研究させたのである。記録用紙はA４のペン・筆両用の和紙十枚。秋の雲を研究テーマにした男子生徒は、秋の雲（例えばうろこ雲、いわし雲）の絵と説明、関連ある俳句や短歌、詩を書写し、創作随筆を加え、見応え読み応えのある冊子に仕上げた。また、生物の好きな女生徒は、秋の植物を標本にし、短い詩のような言葉を添えた作品集二十ページを作り上げていた。自習ながら個性的な記録ノートが何冊も生まれたことに驚いた。今でいう総合学習のまとめに近いものではなかろうか。

それから何年かして、帰国子女学級にドイツのシュタイナー学校で学んだ男子生徒が編入してきた。あるとき、その学校の教育が詰まったノートを見せてもらえる機会が訪れ、お宅に伺った。なぜなら、学校に持って来られない大きさだったからである。A3以上の画用紙をつづったノートの第一ページは数字の「1」。一本の大きな木が描かれ、本人の好みの青が背景に塗られている。そして、それに彼の創作（想像）した言葉が添えてある。「2」「3」はもちろん木が増え、言葉は物語化していく。高学年のノートは数式も加えられるが色彩的である。このノートを見て、私は関連ということと数字の1が単なる数字でないことを考えさせようとしていることを感じた。算数・国語・美術が一ページに収められ、恐らく物語は連続しているのだろう。

しかし、私たちが考え実践し始めた総合単元学習には応用できないことがわかった。なぜなら、「書く力」を育てることは、思考力を育てることになり学力も向上するはずだと考え、国語の力の中心に置いていたからである。

(4) 総合単元学習用のひとり学びノート

35回生の三年生の頃（一九八三年）に、初めてノートを作った。どんなノートが単元学習にふさわしいか国語科の打ち合わせで議論し、たたき台になるノートが提案された。教師は年代が異なっているので、それもよかったように思う。表は毎時の主題、ねらい、授業記録欄、目盛りの入った空欄、裏はひとり学び欄と三行の今日の感想欄にした。特徴は、二百字原稿用紙を作ったことである。両面使用で、表が二百字、裏は縦の罫線が入っている。これはアイディアとして自慢のものになった。この大きさがB5のノートの表の空欄にぴったりと貼りつけられるという画期的な原稿用紙だったからである。白い欄は体の慣用句の漢字一文字表現や詩のイメージ表現など幅広く活用した。

この二百字原稿用紙を考え出すのにはずいぶんと苦労をした。四百字では市販のものがある。学習者が書くことをいとわず、その長さで力がついていく。指導者が苦労と思わず点検できる。両者が使いこなせる字数は何字なのか、各自が調べることになった。私は『知的生産の技術』（梅棹忠夫、岩波新書　一九六九）や当時よく読んでいた元NHKアナウンサーの鈴木健二の本の書名を忘れたが、意味ある一まとまりの話は大体百八十字～二百字であるという放送原稿の話を目にした。お互いに同じようなことを考えてきたり見つけてきたりで、二百字に決定した。これなら「書くこと」の抵抗が少なく、一まとまりの考えを書く指導として適切だというのが決定理由だった。

それは、私たちおとなの掌にのる大きさである。ハンドバックに入る大きさである。実際、書かせて明日返却したいのに学校で処理できないときは、帰宅途中の電車の片隅に座って本当に左の掌に載せて読んだ。書いた内容を早く知りたいという気持ちがあったからである。

この「ひとり学びノート」の使い手である学習者からの要望を受け、一本の線の引き方や目盛の改良を加えて現在のノートが定着した。一時間に一枚、すぐに提出し、点検し返却できるルーズリーフノート形式である。

(5)　「ひとり学びノート」を使いこなす

①　ノートの点検

この頃、『大村はま国語教室』（筑摩書房）が刊行され始めた。神戸大学教育学部で、浜本先生を中心に院生と附属住吉中学校の教師を交えて、土曜日の午後勉強会が開かれた。大村はまの実践を学びながら、附属の単元学習を模索し、方向を定めようとしていた。大村はまの学習ノートがルーズリーフ形式であったことも学んだ。

「ひとり学び」ノートは学習記録のノートである。一時間に一枚と決めて、確実に記録として書いているかを調べた。ある時は主題とねらいだけを、またある時は板書の記録が残されているか点検した。附属住吉中学校では全教科の主題とねらいをシラバスの冊子にしてもたせており、生徒が行う五分間のリーダー学習で必ず本時の主題とねらいが確認されていた。見通しをもって授業に臨めるわけだが、教師にとってもねらい到達のために様々な指導の工夫が要求された。よいノートのとり方は学習の手引きとして配布し、全体のレベルをあげるようにした。

② 友だちから学ぶ――書く力を育てる

「ひとり学び」ノートはノート五十枚と二百字原稿用紙五十枚がセットになっている。折にふれ二百字原稿用紙を活用した。新しい単元で意見を書くことが多くなると、どんどん使ったものである。ものの見方や考え方がユニークな作品、文章は拙くてもキラッと光る表現が目についた作品、鋭い感性が出ているものなどを選び、分類し、教師の一言を書いて「友だちから学ぶ」の学習プリントを作った。次時の初めに、このプリントに掲載された生徒が音読する。読むことの力もつく上に、言葉や漢字の修正を本人が行う小さな機会でもある。何よりも友達間の刺激や学びの場（時）となった。つまり、書くことの切磋琢磨の場と言えよう。プリントは学習材になり、思考や表現の学習の手引きになった。プリント作りのときに、教師の直感の率直な一言は非常に有効であることを子どもたちの反応から学んだ。

こんなことがあった。「僕はまだ一度もプリントに載せてもらったことがない」というつぶやきを耳にしたのである。自分ではずいぶん注意していたのにと配慮の足らなさを思い知ったことがあった。どんな作文を選ぶか、誰を選ぶか。上手に書けているけれど心に響かない、ただ書いているというのは選ばなかった。しかし、それからは書いているときに助言をし、書きあぐねていたり、書き終わって安心したりしている生徒にすばやく目を注ぎ、授業中に指導するようにした。

原稿用紙を使わないときでも、「今日の感想」欄か「ひとり学び」欄は必ずといってよいぐらい活用した。特に振り返りに相当する「今日の感想」欄はわずか三行であるが、授業の感想以外に、次時への意欲、段取り、友達の作品や発表の感想、グループ学習の成果、与えられた役割の達成度、読書日記、創作のための制作日記等臨機応変

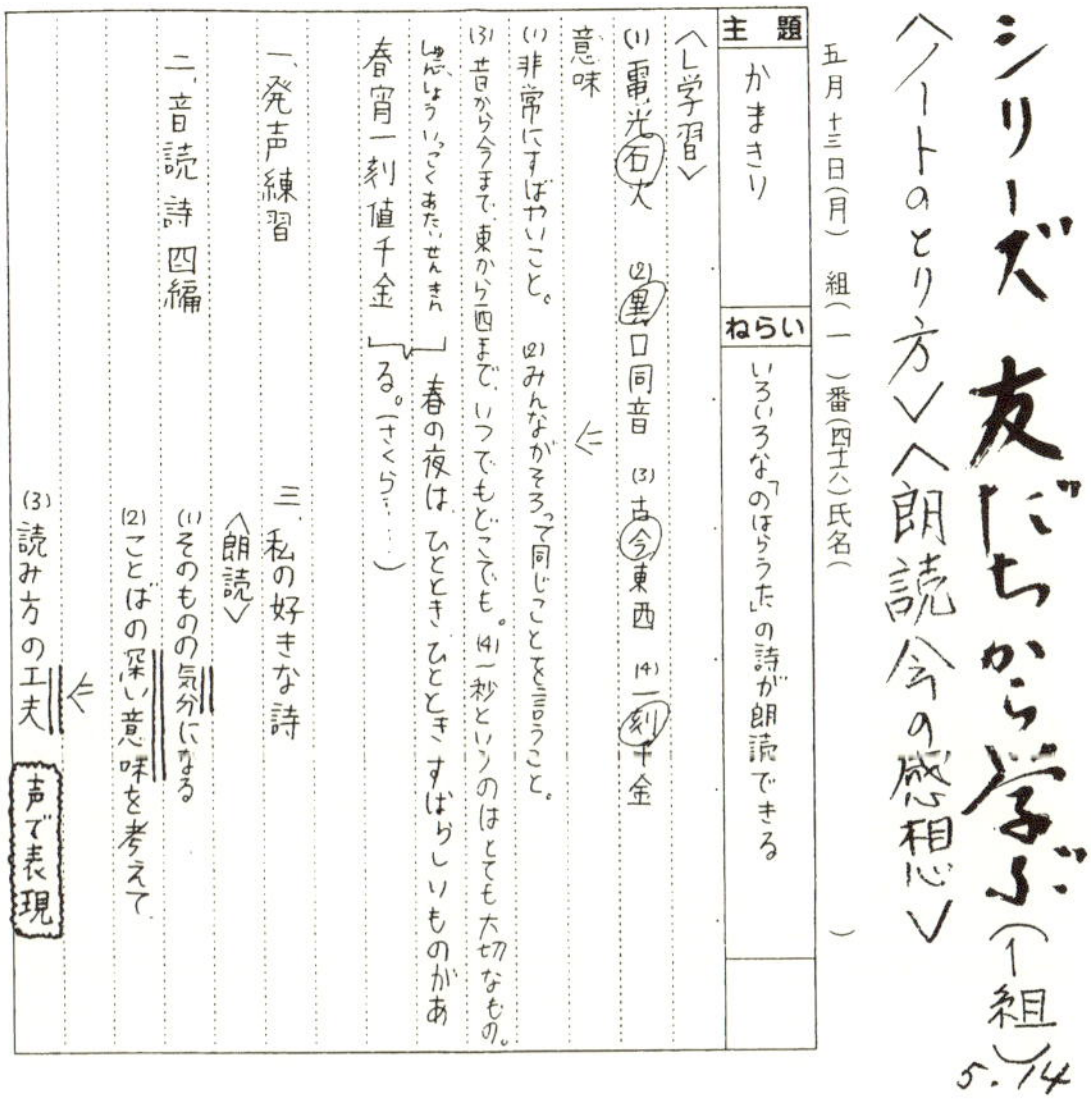
シリーズ　友だちから学ぶ（1組）
〈ノートのとり方〉〈朗読会の感想〉
5.14

五月十三日（月）組（一）番（四十六）氏名（　）
主題　かまきり
ねらい　いろいろな「のはらうた」の詩が朗読できる

〈L学習〉
(1)電光石火　(2)異口同音　(3)古今東西　(4)一刻千金
意味
(1)非常にすばやいこと。(2)みんながそろって同じことを言うこと。
(3)昔から今まで東から西まで、いつでもどこでも。(4)一秒というのはとても大切なもの。
春宵一刻値千金《しゅんしょういっこくあたいせんきん》　春の夜は　ひととき　ひとときすばらしいものがある。「さくら…」
一、発声練習　三、私の好きな詩
〈朗読〉
二、音読詩四編
(1)そのものの気分になる
(2)ことばの深い意味を考えて
(3)読み方の工夫　声で表現

ひとり学びノート（表）「ノートのとり方」のモデルに使用したもの

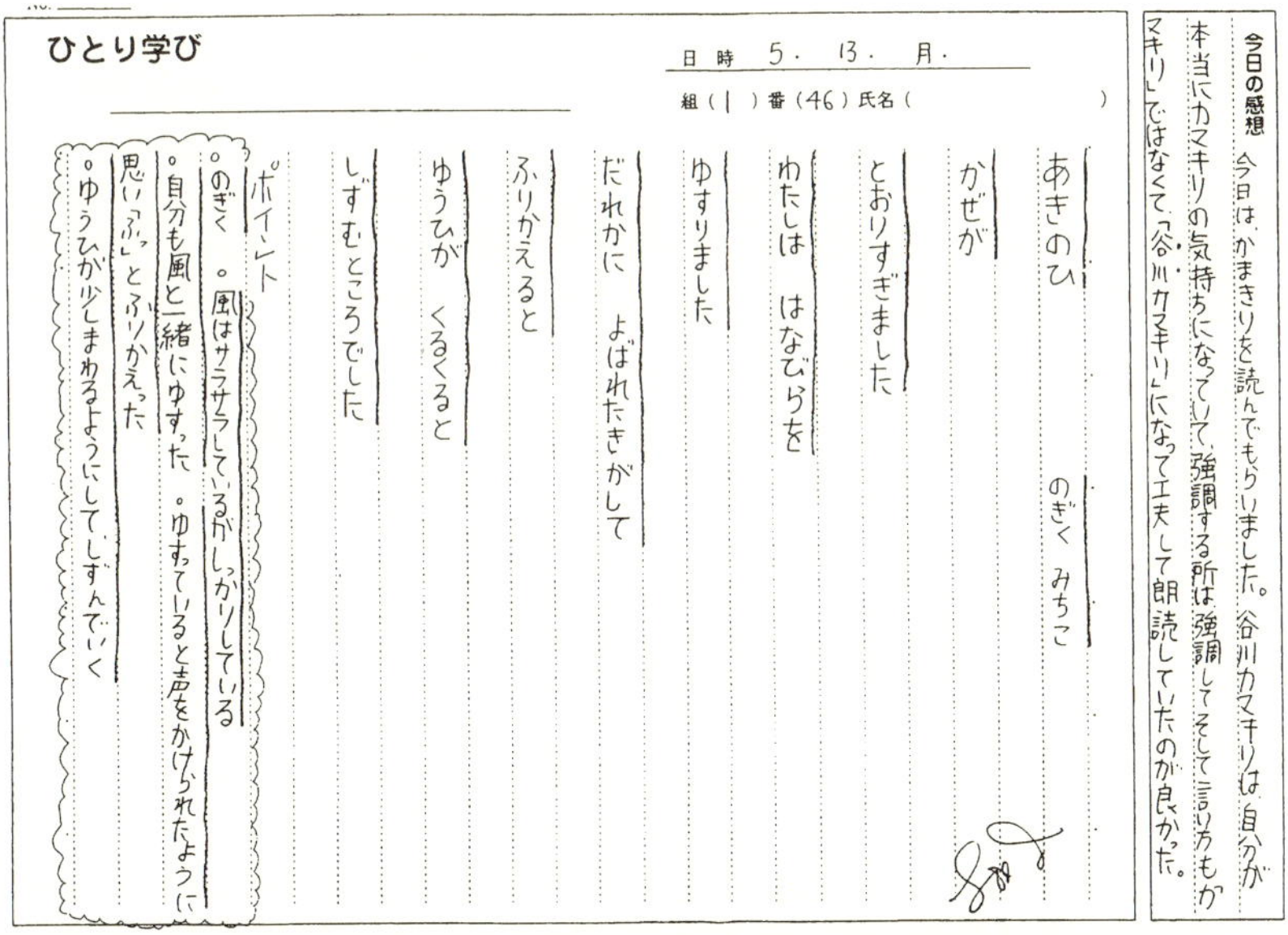
今日の感想
今日は、かまきりを読んでもらいました。谷川カマキリは、自分が本当にカマキリの気持ちになっていて、強調する所は強調して、そして言い方も「かマキリ」ではなくて「谷川カマキリ」になって工夫して朗読していたのが良かった。

ひとり学び
日時　5．13．月．
組（1）番（46）氏名（　）

あきのひ　のぎく　みちこ
かぜが
とおりすぎました
わたしは　はなびらを
ゆすりました
だれかに　よばれたきがして
ふりかえると
ゆうひが　くるくると
しずむところでした

ポイント
。のぎく　。風はサラサラしているがしっかりしている
。自分も風と一緒にゆすった　。ゆすっていると声をかけられたように思い「ふっ」とふりかえった
。ゆうひが少しまわるようにして、しずんでいく

ひとり学びノート（裏）　右はし３行が振り返り欄

の指示によって様々に活用することができた。自分のが載るかどうかが学習者にとっては重要ではあるけれど、私の意図が浸透するにつれ、だれそれさんが載っていると目が向くようになり、学びが広がった。B5の用紙には縮小して十人は載せることができるので、記録とともに学習材として大切なプリントになった。

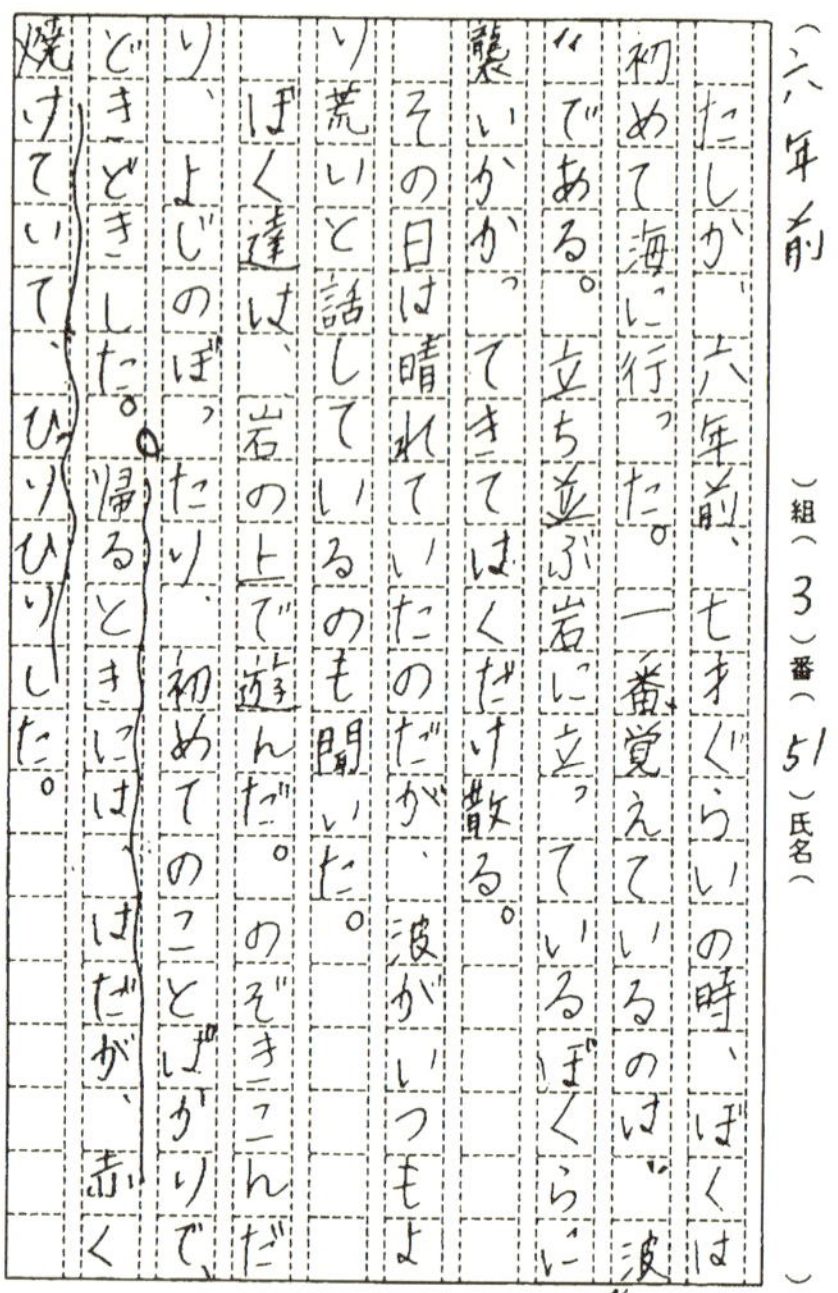
(六年前) 組(3)番(51)氏名( )

たしか、六年前、七才ぐらいの時、ぼくは初めて海に行った。一番覚えているのは、波々である。立ち並ぶ岩に立っているぼくらに襲いかかってきてはくだけ散る。

その日は晴れていたのだが、波がいつもより荒いと話しているのも聞いた。

ぼく達は、岩の上で遊んだ。のぞきこんだり、よじのぼったり、初めてのことばかりで、どきどきした。帰るときにははだが、赤く焼けていて、ひりひりした。

200字原稿用紙を使った「ことばでスケッチ」

先に示した単元「『千と千尋の神隠し』の扉を開く」や「夢を支える人々」でも、生徒がこのプリントを心待ちにしていた。プリントを配ると、教室は一瞬静かになり、食い入るように読み始める。「○○くんは面白い。よう考えるなぁ」という声がする。すると、「どこどこ」と。思いがけず自分の文章が載っていた場合の何と嬉しそうな顔。作品を見つけた仲間の「載ってるやんか」の一言で、照れくさいような恥ずかしそうな顔を見せるのは何とも微笑ましいものだった。音読をさせると、「おー」という驚嘆の声が上がるときもある。一年生なら、それが学習の伸びるときである。そのような生徒はさらに張り切って自分の考えを書いていくことで、学級から期待され、ますます個性が発揮され好循環となる。そんなときは、特別に連続してプリントのトップに載せ、華をもたせるようにした。

プリントはできる限りB5におさめた。それは、ノート整理がしやすいようにするためであったが、B4にしても上手な生徒は折り方を工夫して何のプリントかわかるようにしていたのには、こちらが教えられた。

(6) 大村はまの「あとがき」に学ぶ

総合単元学習で大村はまの学習記録から学んだことは多い。一つめは毎時の板書は時系列で書くようになったことである。それ以前は、構造的に仕上げていた。大村はまの板書は、一時間の学習活動が学習者にわかるように順序よく、しかも魅力的な短い言葉になっている。活動する学習者に寄り添う、授業の主体の変換と言えよう。

次に学んだのはノートの整理と提出のためのまとめ方である。表紙づくり、作品としての題と由来、目次、あとがき。全集の内容を参考に、初めはそっくり真似をしたが、学習者や単元に応じて、授業時間や成績提出との関係で子どもに無理のないように変化させていった。

三つめは「あとがき」である。「あとがきに学ぶ」を読み、大いに活用した。単元の終わりにはひとり学び欄二ページ程度の「あとがき」(振り返り)を必ず書かせた。

・まっさきに思い出されること　・とりわけ勉強になったこと　・収穫　・自分自身の考えや態度の変化等を参考にした。「発展として勉強したいこと」は、「自然の不思議――クジラから考える――」の単元では、「あとがき」に「実際に調べに行きたい」と書いた生徒が夏休みに下関に出かけたり太地でクジラを観たりした。

この振り返りの「あとがき」はポートフォリオのまとめの文章になるので、箇条書きでなく必ず文章化するのが重要である。結局、説明文の書き方を体得させることになり文章力を伸ばすことができた。記録として残しておくことや学習の成長の跡(考えの変容、調べたことの付け加え)を見る楽しみが非常に大きかった。

(本書所収実践のページに子どもの振り返りを掲載している。)

(7) 学習記録の評価

単元は十五~二十時間に及ぶこともあったので、学期末ぎりぎりの提出か、ときには、休暇明けということもあった。一冊にまとまると、保護者に学習の足跡を見せるために、「保護者評」を二百字で書いてもらうこともした。

学期末の成績に入れることができる場合は、「ノートの整理」＋「あとがき」の総合評価を行った。これを「今学期の国語の成績」の一部として生徒にも連絡した。実質的にその学期中の成績に入れることは無理という時期もあったが、提出はさせた。

単元の初めから振り返ってプリントを整理したり、ノートにページを打って目次を考えたりすることが復習になり、徐々に「あとがき」の思考を育てることになったと考える。それだけでなく、次回からもっと書き方を工夫しようという意欲や段取りの力につながっていった。ノートまとめの時間を一時間とることが多かったが、生徒の悲喜こもごもの表情（プリントがあるとかないとか）は、なかなか興味深いものであった。

第四章　単元「おくのほそ道を歩く」（第三学年・十五時間）

一生徒の質問から生まれた実践

はじめに――この単元の背景

この単元は平成十三年（二〇〇一年）六月に、中学校三年生（53回生）を対象に実践したものである。この学年独自の単元は「ことばを見つける」「生きることの意味」（第一学年）「夢を支える人々」「からだことばと文化」（第二学年）「現代を読む」（第三学年）である。そのうち千年の釘を学習材とした「夢を支える人々」では、協同学習力が育った実践で、学習者はもとより実践者自身も今までと違う手応えを感じたものである。これを機に、当時の神戸大学発達科学部伊藤篤助教授から協同学習[1]について校内研修会で話を聞くことができ、また、個人的にも指導を受けた。

しかし、「おくのほそ道を歩く」の実践のときはまだ手探りの状態であった。その手探り状態を通して、学習者の学びの意識を支えることができた単元である。ここでは、男子生徒Yの発言（質問）によって、計画カリキュラムを変更し、協同的な学びを取り入れることで達成感のある学習になったことを示したい。※

※協同学習を取り入れたこの学年の到達は、『人を育てることばの力』所収の「現代を読む」（第三学年）になる。

一、単元の構成

1　背景

本単元は、三年生の古典練習単元とするつもりで、配布していたシラバスどおりに進めようとしていた。ところが、突然に生徒Yが「先生、古典を勉強して何の役に立つのですか。『おくのほそ道』を勉強しても社会に出て役に立たないと思います」と言ったのである。学級に一瞬の沈黙が流れたようだった。

もちろん、返答はしたものの、彼を納得させられる明解な説明をすることは、過去の学習への取り組みや話し合いから困難である。それは、帰国子女を前にしたときと同様の戸惑いであった。

彼の問いは、勉強は何のためにするのですかと尋ねられたときに、子どもを納得させられる明解な返答に窮するのと同様の問いであった。

生徒Yの質問の中にあった「役に立つ、役に立たない」の判断基準では、中学校における多くの学習がすぐに役に立たないものの部類に属することになるだろう。しかし、反対に多くのものは一生を通して生きる上での潤いや糧になる。

Yが学習に参加し、彼自身の気持ちが変わり、学級生徒が「よかった」と思うためには、どうすればよいだろう。練り直したり、先送りにしたりする時間はなかった。私たちの学校では、附属校の使命として、公立校ではまだ週四時間の国語がすでに週三時間になっていたからである。急遽、方法を変えることにした。すぐに役に立たなくても、学んだことで楽しみが増す方法を思いついた。自分自身、二十代の終わりに初めて白河の関を同僚と訪ね、それ以来、機会があるごとに『おくのほそ道』ゆかりの地を訪れ、芭蕉を知る楽しさを味わってきた。その楽しさに近いのは、みんなで紙上「おくのほそ道」を歩くことだろう。

2　単元のねらいと単元名の変更

「おくのほそ道」はどの教科書にも掲載されている三年生のいわば必修教材である。採用箇所については、多少差があるものの、冒頭部分や「夏草や」の平泉は長年に渡って採り上げられてきた。以前、昭和六十二年（一九八七年）十一月であるが、「旅に生きる――松尾芭蕉と宇野重吉――」[2]の単元を実践したことがある。時代は隔たっているが、生命をかけた旅という点では共通しているので、古典を通して「生きる」ことを考えさせた単元であった。そのときは、たまたまＮＨＫ特集で「舞台・いのちの限り・宇野重吉公演二万キロ」が放映されたのを視聴したことが単元作りに大きい影響を及ぼした。

国語科の同僚と話し合っていつもシラバスづくりは二月に行うが、今回は同僚作成案を中心に展開するつもりだった。次が、そのときの単元名と単元のねらい、単元の展開である。

〈計画カリキュラム〉

(1)　単元名

「古人の旅」

(2)　単元のねらい

①　古人の生き方、考え方について理解し、自分の感想や意見がもてる。

②　注釈や古語辞典を活用し、自分の力で古文を現代語に訳せる。

③　すすんで朗読したり暗唱したりしようとする。

3　単元の展開

一次　東下り

一〜二時「伊勢物語」と時代背景

①伊勢物語が成立した時代について、当時の人々の生活の様子、社会の動きなどの点から説明することができる。

②伊勢物語の概要について説明することができる。

三〜四時　東下り

①男が旅に出るまでのいきさつや旅の目的について説明することができる。

②旅の途中における男の心情について、言葉やことがらをおさえて説明することができる。

③物語文に挿入された二種の歌について、歌われた心情を読みとり、表現技巧のよさに触れながら鑑賞文を書くことができる。

二次　夏草や

一時　俳諧の特質

①季語・季節・句切れ等が言える。

②冒頭の原文をすらすら読むことができる。

二〜四時　冒頭の文

①発端の部分から、旅へのあこがれ、奥州の旅の目的、人生の考えが説明できる。

五時　出立

①　見送る門人たちとの惜別の思いをとらえ、「行く春や」の句の内容が説明できる。

六～九時　平泉

①　平泉の地理、歴史との関連を知ることにより、芭蕉の感慨に共感できる。

三次　古人の旅

一時　古人の旅

①　二つの作品に描かれた「旅」について比較することができる。

②　それぞれの旅と現代の旅を比べ感想が書ける。

全面的に変更するに当たり、まず、『伊勢物語』は和歌の学習と一緒にすることにした。そして、『おくのほそ道』だけで単元化することにしたのである。過去に、一年生の単元「宮沢賢治の世界」で課題研究を熱心に取り組んだ子どもたちが、三年生の修学旅行で学級別行き先選択をする際に、即座に賢治ゆかりの花巻を選んだことがあった。これは学習の追体験と言えるだろう。

このことから、先に思いついた、学級全員で「おくのほそ道」を回る方法に、調べ学習を取り入れると恐らくうまくいくだろうと判断した。調べ学習といっても、授業時間数が限られているので十分に時間をとることはできない。

そこで、子どもたちが『おくのほそ道』を学ぶ状況（他の分野との関連）を思い巡らした。

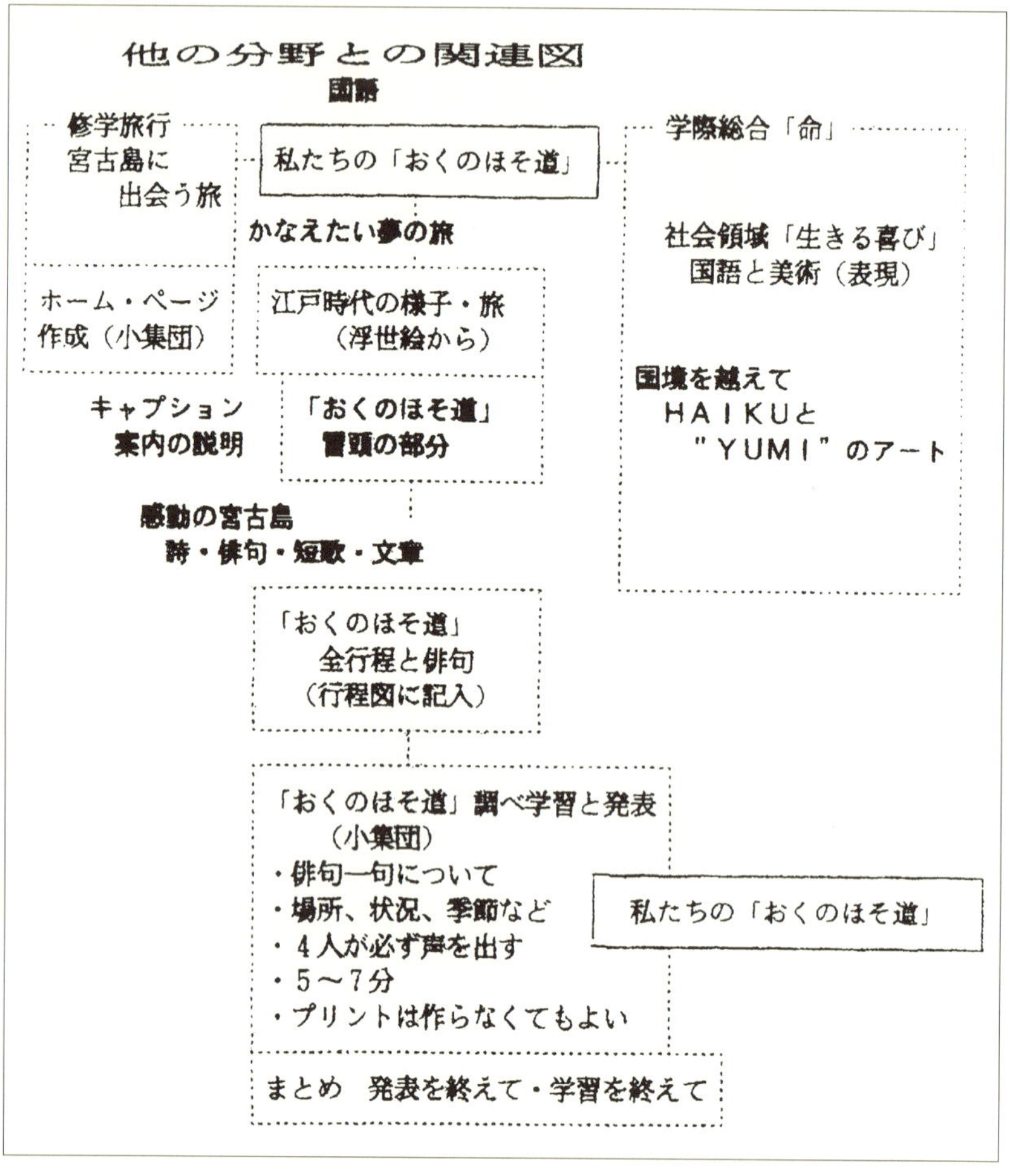
他の分野との関連図
国語
修学旅行
宮古島に
出会う旅
私たちの「おくのほそ道」
学際総合「命」
社会領域「生きる喜び」
国語と美術（表現）
国境を越えて
ＨＡＩＫＵと
"ＹＵＭＩ"のアート
かなえたい夢の旅
ホーム・ページ
作成（小集団）
江戸時代の様子・旅
（浮世絵から）
キャプション
案内の説明
「おくのほそ道」
冒頭の部分
感動の宮古島
詩・俳句・短歌・文章
「おくのほそ道」
全行程と俳句
（行程図に記入）
「おくのほそ道」調べ学習と発表
（小集団）
・俳句一句について
・場所、状況、季節など
・４人が必ず声を出す
・５～７分
・プリントは作らなくてもよい
私たちの「おくのほそ道」
まとめ　発表を終えて・学習を終えて

4　他の分野（領域）との関連

単元の終わりまでを想定して関連図にしてみると、右ページのようになる。

①　五月の修学旅行「宮古島に出会う旅」との関連

この修学旅行は、宮古島の自然と文化に出会うことをねらいとし、一年生の三学期に、いくつかの候補地（北海道、東北、東京、沖縄、宮古島、韓国）を推薦するプレゼンテーションの後、生徒・保護者・教師による投票結果で決定したものであった。この方法は初めての試みだった。Yは友人と韓国のプレゼンテーションを行った。

修学旅行のまとめは、学年文集用に全員が掲載される作文以外に、四人の小集団によるホーム・ページづくりを行うことにしていた。国語科としては、添付する写真のキャプションや案内用の説明文の指導をした。今回試みた修学旅行先決定の方法によって、修学旅行実行委員を中心に生徒と教師の合作の修学旅行となり、その意義は大きかった。つまり、責任をもたせることが徹底できたので、成功したときの達成感が大きかった。夢をみんなの力で実現したという自信や生徒同士、生徒と教師の信頼関係は得難いものになった。

これらのことで、「旅」というキーワードを学習者が共有できると考えたのである。

次に、総合学習との関連を見てみよう。

②　総合学習――学際総合「命」との関連

「学際」とは、二つ以上の種類の、また異なる学問の分野がかかわり合うことと手許用の『角川最新国語辞典』

にある。附属住吉中学校では、この年、二・三年生を対象にした総合学習に学際総合を設けた。「複数の教科にまたがる学習内容を、いくつかの隣接する教科が協力して実施する総合学習」と定義している。複雑な要因に起因する今日的課題を、複数の教科の視点で追究していく総合学習である。

人間・身体・社会領域に分かれ、担当したのは社会領域であった。学際総合のテーマは「命」であったが、それに関連して社会領域は「生きる喜び」となった。この領域では、国語と美術、社会と英語、数学と体育の教師の組み合わせとなった。社会・英語は言語侵略の問題を、数学・体育はエイズ問題を、国語・美術は「国境を越えて、生きる力の根源」を扱った。それは「HAIKUと〝YUMI〟のアート」と題して共通項を文化・芸術と考えたものである。ユーゴスラビアで俳句を生きる支えにしている人たちの句集や芭蕉の心が生きていることがわかる映像の「HAIKU」(NHK・二〇〇〇・十二・三十一)を活用した。

生徒は希望によって三領域のどれかに所属し、十二時間学習するのである。学年の三分の一の生徒が社会領域を選択することになった。日本から遠く離れた紛争の地であっても、日本の俳句(HAIKU)を心の拠り所にして生きている人々がいることから、生徒たちは、俳句が価値あるものという誇りをもつことができるだろうと思った。①と②から学習者自身になって考えてみると、楽しく旅をする「おくのほそ道」でありたいだろう。その楽しさの中に、芭蕉が身近に迫ってくるようにしたいものだと考えた。

5　新しい単元名と実施カリキュラム

(1)　単元名の変更

「おくのほそ道」をみんなで回るという考えはあったものの、すぐに「おくのほそ道を歩く」という単元名を思いついたわけではなかった。『おくのほそ道』だけで単元名を作ることにしたので、最初は単純に「おくのほそ道」と書いた。しかし、これでは学習者の心に「私たちの修学旅行」の「私たち」のような心構えが全然芽生えてこないことがすぐにわかった。

それで、一人ひとりの「おくのほそ道」というつもりで「私の『おくのほそ道』」とした。けれど、これでも学級全員の力を借りなければ学習が成立しないという意識にならないと思い、「私たちの『おくのほそ道』」と提示した。

次に示す実施カリキュラムは、授業をしながら考えていったものである。「『おくのほそ道』を三日間で歩く」とあるのは、発表にかかる時間を考えてのことである。次々に一句ずつ発表していくと、実質的に三時間、日数で言うと三日間かかることになる。三日間で芭蕉の歩いた「おくのほそ道」を歩くことができるのである。その意気込みは学習者にも伝わったようであった。単元「おくのほそ道を歩く」が決まった。

(2)　新しい単元のねらい

①『おくのほそ道』における芭蕉の俳句や場所について、関心をもつようになる。
②小集団で調べたり、発表したりすることを通して、協同する力を育てる。
③注釈や古語辞典を活用し、自分の力で古文を現代語に訳せる。
④進んで朗読したり暗唱したりしようとする。

(3)　実施カリキュラム

一次　私の旅と芭蕉の旅
一時　私の旅と芭蕉の旅――かなえたい夢の旅――

① 芭蕉の行程地図が理解できる。
② 私のかなえたい夢の旅が二百字に書ける。
二時 私の出会った宮古島
① 宮古島の感動を文章や詩、俳句、短歌に表現して、作品を作り上げる。
三時 宮古島の感動
① 私の感動が文や絵に表現できる。
② 「私の出会った宮古島」が完成させられる。
四時 芭蕉の歩く道と俳句
① 浮世絵から江戸時代の人々の生活が説明できる。
② 地図に『おくのほそ道』の主要俳句が書き込める。
五時 『おくのほそ道』の俳句
① 地図に俳句を書き込み、情景を想像することができる。
② 冒頭部分を書写し、すらすらと音読することができる。
六時 『おくのほそ道』の行程
① 旅への思いと目的、旅じたくが説明できる。
② 書き込んだ俳句の季語と季節が言える。平泉の部分が視写でき、すらすらと音読できる。
二次 グループ研究
一時 俳句の技巧の理解とグループ研究の俳句の選択
① 小集団で話し合って、発表のための俳句を一句選ぶことができる。

二～五時　調べ学習と発表準備
①　小集団で協力して資料を集めることができる。
②　資料をうまく活用して、まとめる準備ができる。
六～八時　私たちの『おくのほそ道』の発表――三日間で歩く。
①　聞き手によくわかるような発表ができる。
②　発表会用メモ欄に、メモがたくさん書ける。
九時　まとめ（ひとり学び――ふり返り）
①　ひとり学び欄に、ふり返った感想がまとめられる。

6　この単元で育てたい主たる言語能力や見る力など

発表会までには、四人の小集団で何度も話し合いを重ねる必要があった。リーダーの指示どおりに活動するのではなく、自分の考えや意見を積極的に述べるグループ学習が、学習者の達成感を生むはずである。それでないと、四人の中の一人が、例えば単なるカードの持ち役に終わる可能性も出てくるからである。それで、発表の際の条件の一つに、具体的な活動として**「四人が声を出すこと」**を思いついた。このことは小さなことであったけれど、役割分担の意味としては有効に働いたように思う。また、これなら、生徒Yも納得してグループ学習に参加するだろうという予想をしていた。

(1) 話すこと

① 自分の立場を明らかにして話す。
② 相手を説得できるような根拠に基づいて話をする。
③ 自分の言いたいことが正確に伝わるように話の組み立てを考えて話す。
④ 目的や効果を考えた語句の使い方を工夫し話す。
⑤ 改まった場面で話すことに慣れる。

(2) 話し合い

① 話題の展開をとらえて、積極的に話し合いに参加する。
② 話し合いにおけるそれぞれの発言の共通点と相違点を聞き分ける。
③ 話し合いが目的に沿って効果的に展開するように話す。
④ 自分の考えを修正し新たな考えを生み出すような話し合いの流れを作る。
⑤ 相手の立場や考えを尊重して話し合う。

(3) 聞くこと

① 自分の考えと比較しながら聞く。
② 豊かに想像しながら聞く。
③ 話し手の意図がどこにあるかを正しく聞き取る。

(4) **書くこと**

① 自分の意見の根拠を明らかにして書く。
② 結論を先に述べ、裏付けられる事例をあげて意見を書く。

(5) **読むこと**

① 役立つ本を探し、本の中から自分の課題に合ったところを的確に探し出す。
② 本の一部を読んで、その本の記述の特色を知り、筆者の着眼点を理解する。

(6) **見ること**

① 描かれている人や物について、想像したり推測したりする。
② 細部まで見落としのないように観察する。

7　実施カリキュラムにおける指導の手だて

(1) まず、芭蕉の「おくのほそ道」の旅を理解させる伏線として「私のおくのほそ道」の夢の旅を、二百字で書かせ交流を図った。全く実現不可能に思える旅もよしとした。

(2) 次に、修学旅行宮古島の感動を詩、短歌、俳句、文章に表現させ、絵を添えることで印象の強さを実際に記録として残すことにした。天候に

「宮古島に出会う旅」生徒作品(F男)

恵まれたこともあり、海の様々な青色に注意を払うようにした。ダイビングをした生徒は、潜って見た海の青さの感動が特に強かった。

(3) ともすれば忘れがちな芭蕉の生きた江戸時代の生活を理解させるために、浮世絵「東海道五十三次」「名所江戸百景」（国語科の同僚から借用したもの）を小集団に一枚ずつ渡して絵を読み解かせ、学級全員に当時の様子の片鱗を知らせることにした。

(4) 実際に芭蕉が旅した「おくのほそ道行程図」を渡し、重要な場所に俳句を記入させた。『カラー版国語の資料』（正進社）を参考に、季語・季節・解釈を理解させた。なお、冒頭部分は一斉学習で行った。

(5) 調べ学習が成立するかどうかは図書室の資料によるので、あらかじめ調べておいた。小集団四人のうち、手持ち無沙汰になる生徒が出ないようにする配慮は大切である。先に述べたように、全員が何らかの役割を果たすように指導した。次に、この単元実践のポイントを挙げよう。

二、指導の実際

中心は生徒Yが所属する三年二組である。三年一組が先行学級なので、その学級の取り組みの情報を二組に伝えることで、二組の学級の意欲を高めるようにした。

というのも、二組はその頃、学級開きとしては軌道に乗っておらず、小さな不平があちこちにあり、あまりよい雰囲気ではなかった。二百字作文用紙に「グチ」を書かせて、解消に努めたことがあった。

何か子どもたちを楽しい方向へと思いついたのが、「かなえたい夢の旅」であった。

1　私の旅――かなえたい夢の旅・時空を超えて

私たちが旅行をしたとき、名所旧跡を訪ねたり、土地の名物を味わったりするのが通例で、それが旅の楽しみである。また、その地で出会った人々とことばを交わすのも面白く、予定していなかった出来事に遭遇するのは旅の醍醐味でもある。私が同僚と三人で初めて白河の関を訪れたとき、想像していたのとは違う大樹のある何もない跡で、いささかがっかりしたのを覚えている。しかし、雲巌寺に行き那珂川で泊まって鮎を食べたとき、芭蕉もこんな鮎を食べたのだろうかと話題になった。

そんなことを思い出し、これからの「おくのほそ道」の学習では次のような事柄を想像させると、また調べ学習の俳句も違う捉え方をするのではないかと考えたのである。旅へのあこがれである。

①　行きたいところ（場所・国）
②　何を使って（交通の手段）
③　道中何をするか
（あるいはむこうでどんなふうに何をするのか）

生徒A
①　京都の嵯峨野
②　徒歩（もしくは牛車）
③　夜の空気を楽しみに。消え入りそうな三日月を頭上に、熱燗にした「瀧鯉」を飲む。浴衣に帯をゆるく着付け、ぽ

んやりと月を眺めながら。

生徒B
① イギリス
② 気球
③ ホームズの足跡をたどって、ベイカーストリートを歩きたい。ピーターパンに出てきたビック・ベンや、あの大きな橋（名前は忘れました）を渡りたい。マザーグースを読んで、マザーグースの気持ちにひたる。イギリスの紳士の礼儀を学ぶ。エリザベス女王の住む宮殿を見る。

生徒C
① モンゴル
② 飛行機
③ 春にモンゴルのステップ地帯に行って、地平線を見たい。冬だったら草原で、星空を見たい。

生徒D
① 西オーストラリア
② 空飛ぶ絨毯
③ 友達作り→現地の学校へ入学
海→宮古島にも負けない美しい海と先が見えないくらいまで遠く続く砂浜で、パチャパチャしたい。

星→空飛ぶ絨毯で南十字星をさわりに行きたい。

恋→現地で争うくらい超ハンサムな男の人と恋に落ちる。

この「かなえたい夢の旅」は学習者を芭蕉の旅に近づけるために有効だった。例のように、時代を超えた旅や思いがけない乗り物（牛車、空飛ぶ絨毯）利用があって、その思いつきに発表し合う前から言いたくて仕方がない様子で、見せ合う姿があちこちに見られた。

2　江戸時代の生活ぶり　浮世絵からわかったこと

同僚から借りた浮世絵（広重「東海道五拾三次」（日本橋、庄野、白雨）「名所江戸百景」（大はしあたけの夕立）の中から、小集団が一枚ずつ選んで、風俗やくらし、情景を読み解かせたものである。手許にないので、全部の作品名を挙げることはできないが、生徒の学習記録にはわかったこととして次のように書かれている。

一－Ａ　働いている人の様子がよくわかる。
一－Ｂ　人々のにぎやかな集まりがある。
二－Ａ　橋が中心に描かれている。着物は地味。
二－Ｂ　赤坂・町の様子が伝わってくる。
三－Ａ　大名行列!?
三－Ｂ　雨が描かれている。
四－Ａ　渡し舟・客ひき・米俵
四－Ｂ　狐火。火の玉。
五－Ａ　川を泳いで渡っている。
五－Ｂ　右から左へ書かれた看板。橋が半円のよう。

浮世絵はすでに美術や社会の授業で学んでいたものの、当時の生活ぶりを推察する学習は初めてで、その日の三行感想には興味深いものがあった。

・江戸時代というのは本当にあったんだなあと思った。
・今とはずいぶん生活に違いがある。川に橋がかかっているのは当然なのに、昔は渡し舟を使ったり、自分で川を歩いたりとたいへんだ。
・浮世絵を見て、「昔は旅人が多かったんだな」と思いました。絵を見て一番多く描かれていたのが旅人だったからです。女性が描かれている絵が少ないと感じました。傘もあまり見られませんでした。
・いくら農作業に慣れているとはいえ、やはり指先では冷えるらしい。「おお寒い」とばかりに手を火にかざし、座り込んでいる。そういった浮世絵に目を引かれた。あとは夕立で蓑をかぶり、駆けていく人々の姿のもの、二つとも思わず笑ってしまった。
・どんな絵でも、それぞれ生活があらわれている絵だった。細かいことでその時の情景がわかるというのがとてもいいと思った。なんでもない、庶民的なことでも絵になるものらしい。

3　「おくのほそ道」の行程図に俳句を書き込む

行程図（B4）に有名な俳句を書き込んでいく単純な作業である。しかし、熱中して真剣になり始めたので、単に資料から俳句を写すだけでなく、きっと思い巡らしたり、新しい発見をしたりしているに違いないと、書き込みが終わった日に心に浮かんだことを率直に三行で今日の感想を書かせた。

・こんなに広い地域を芭蕉はいったい何年かけて歩いたのかなぁ。松島は島だと思っていたのに、地名だということを初めて知った。景色がキレイらしいので一度は行ってみたい。
・失礼なことかもしれないけれど、あまり苦労して歩いた理由がわからないと思いました。これからの学習で勉強したいです。
・芭蕉はどうやって、こんなにも長い距離を歩いたのか……!?と思いました。この道をたどってみると行ったことのある場所などが出てきて楽しい。一度行ってみたくなりました。
・本当にいろいろな所に行ったんだなぁと思った。これだけ歩いたら体もボロボロになったと思う。
・ひとり旅と二、三人で旅するのとどっちがいいだろう？　私が気づかなかった見所とか感じ方をする人がいるほうがいいから、私だったら絶対一人は道連れにするな。
・俳句を地図に書き込んでいく作業が単調だけど楽しかった。地図を見ていると、おくのほそ道がかなり広範囲にわたっていることがよくわかった。
・季節を書き込んでいると、芭蕉はほとんど夏に回っていることが分かった。本当に足腰が強いんだなと思った。
・これだけたくさんの俳句をよく作ったと思います。ずっと歩きっぱなしで疲れているなか、さらに頭をひねって奥の深い俳句を作るとは、芭蕉はかなり器用な人なんですね。
・俳句を書いていてよいと感じたのは「石山の石より白し秋の風」で「石より白し」というたとえがよいと思いました。他の俳句でもこのような例えを探してみたいです。
・行程の終わりになるにつれ、秋の季語が多くて最初のあたりは春、真ん中へんは夏の俳句が多かった。これは芭蕉の旅のペースやどこに、いつ、着いたのかがわかる手がかりだと思う。「ねぶの花」はいつの季語なんだろう。
・今日書き込んだ俳句の中で、一番気に入ったのは「閑さや岩にしみ入る蝉の声」です。私はこの俳句を誰に教えてもらったかはわからないけれど知っていました。「岩にしみ入る」っていうのが改めていいなと思いました。

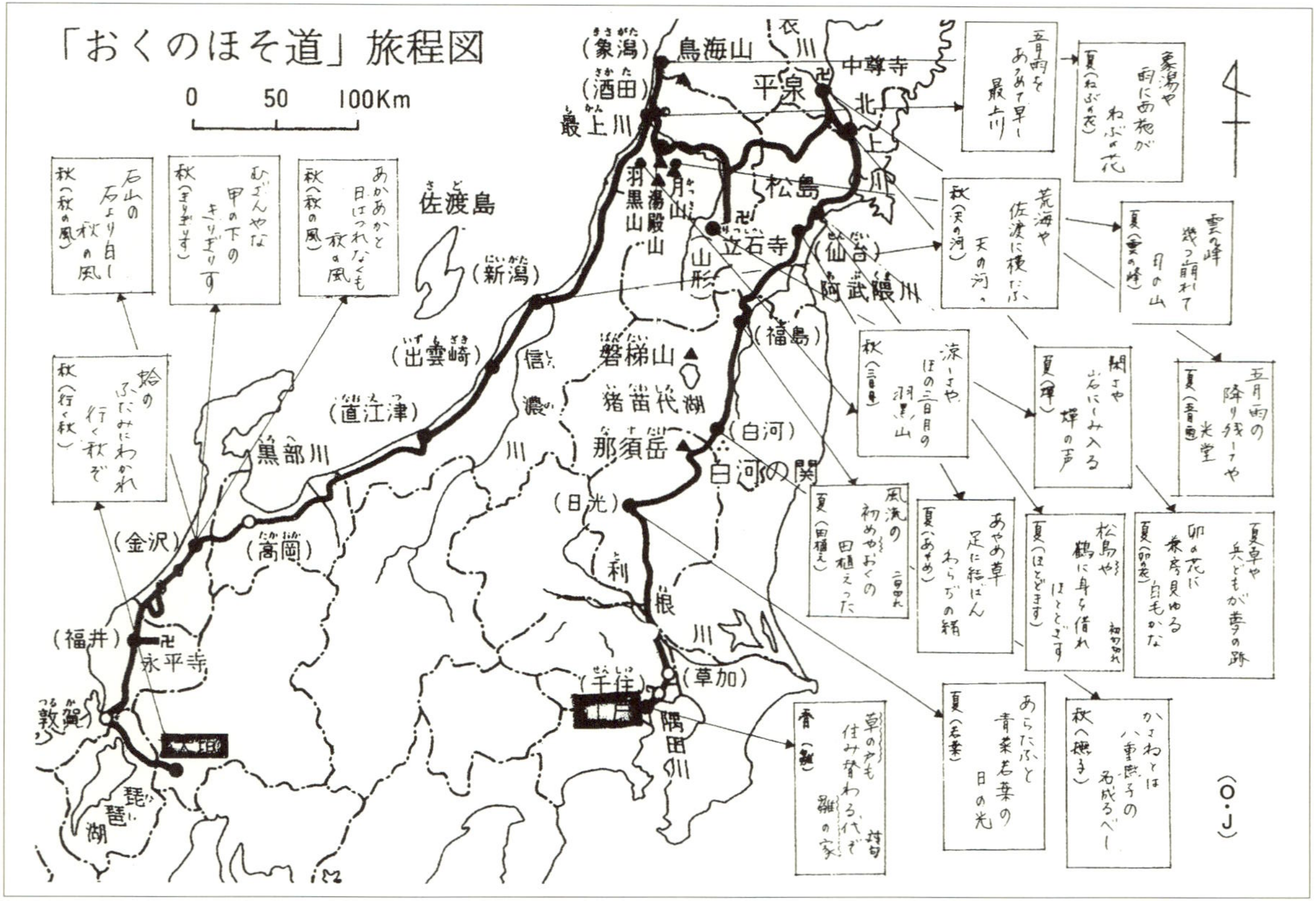

「おくのほそ道」旅程図
0 50 100Km
佐渡島《さど》
（新潟《にいがた》）
（出雲崎《いずもざき》）
（直江津《なおえつ》）
黒部川
（高岡《たかおか》）
（金沢）
（福井）
永平寺
敦賀《つるが》
琵琶湖
（象潟《きさがた》）
鳥海山
（酒田《さかた》）
最上川《もがみ》
平泉
中尊寺
衣川
北上川
羽黒山
湯殿山
月山《がっ》
松島
立石寺
山形
（仙台《せんだい》）
阿武隈川《あぶくま》
（福島）
磐梯山《ばんだい》
猪苗代湖《いなわしろ》
信濃川
（白河）
那須岳《なす》
白河の関
（日光）
利根川《と》
（草加）
（千住《せんじゅ》）
隅田川
秋（秋の風） 石山の石より白し秋の風
秋（きりぎりす） むざんやな甲の下のきりぎりす
秋（秋の風） あかあかと日はつれなくも秋の風
秋（行く秋） 蛤のふたみにわかれ行く秋ぞ
夏（ねぶの花） 象潟や雨に西施がねぶの花
五月雨をあつめて早し最上川
秋（天の河） 荒海や佐渡に横たふ天の河
夏（雲の峰） 雲の峰幾つ崩れて月の山
秋（三日月） 涼しさやほの三日月の羽黒山
夏（蝉） 閑さや岩にしみ入る蝉の声
夏（五月雨） 五月雨の降り残してや光堂
夏（田植え） 風流の初めやおくの田植えうた
夏（あやめ） あやめ草足に結ばん草鞋の緒
夏（ほととぎす） 松島や鶴に身を借れほととぎす
夏（卯の花） 卯の花に兼房見ゆる白毛かな
夏（夏草） 夏草や兵どもが夢の跡
春（雛） 草の戸も住み替わる代ぞ雛の家
夏（若葉） あらたふと青葉若葉の日の光
秋（撫子） かさねとは八重撫子の名成るべし
（O・J）

資料集から書き写すという単純な作業であったが、併せて季語を指摘し季節を記入させたので、だんだん夢中になっていった。

歩いた距離に対する驚きはもとより、毎日重いカバンをもち坂道を登る登校のしんどさと比較して、芭蕉の健脚ぶりや身体の疲労を思いやる感想を何人もの生徒が書いていた。また、書き込んでいくにつれ変化していく季語から、過ぎゆく季節に思いを馳せる生徒もいて、この方法を進めていこうと改めて思ったのである。

このような行程図作りや感想から、芭蕉という人物への関心、俳句への興味、俳句と場所と季節、歩くペース、季語への関心など、徐々に「おくのほそ道」への関心が高まってきたことがわかる。

4　調べ学習における俳句

〈一組の生徒が選んだ俳句と目標〉

一－A　涼しさやほの三日月の羽黒山

・すばやく羽黒山の資料を調べることができる。

一－B　五月雨をあつめて早し最上川

・最上川周辺について調べる。

二－A　雲の峰幾つ崩れて月の山

・「雲の峰」ではじまる俳句を探す。

二－B　閑さや岩にしみ入る蝉の声

・俳句に出てくるせみの種類を知る。

三―Ａ　松島や鶴に身を借れほととぎす（曾良）
・芭蕉が松島をたずねた時の気持ちがわかる。
三―Ｂ　夏草や兵どもが夢の跡
・句について理解を深めることができる。
四―Ａ　蛤のふたみにわかれ行く秋ぞ
・蛤と大垣の人々について知る。
四―Ｂ　石山の石より白し秋の風
・芭蕉のその時の気持ちについて調べる。
五―Ａ　荒海や佐渡に横たふ天の河
・芭蕉のその時の様子をしっかり調べることができる。
五―Ｂ　風流の初めやおくの田植うた
・選んだ俳句の資料をわかりやすくまとめることができる。
〈二組の生徒が選んだ俳句〉
一―Ａ　蛤のふたみにわかれ行く秋ぞ
一―Ｂ　涼しさやほの三日月の羽黒山
二―Ａ　五月雨をあつめて早し最上川
二―Ｂ　あかあかと日はつれなくも秋の風
三―Ａ　荒海や佐渡に横たふ天の河
三―Ｂ　『おくのほそ道』と松尾芭蕉

四－Ａ　あらたふと青葉若葉の日の光
四－Ｂ　夏草や兵どもが夢の跡
五－Ａ　閑さや岩にしみ入る蝉の声
五－Ｂ　五月雨の降り残してや光堂

先行学級一組の様子から、時間の制約や行事等で目標を決めることは二組では省略した。先に示した行程作りにおける感想以外にも短い文章ながら核心をつくものもあった。例えば、「松尾芭蕉は風景と自分の考えを一緒に俳句で表している。それはすごいと思った。」と、ある男子生徒が述べているのは、ドナルド・キーン[3]が「芭蕉は木啄や雨に自分の感情を移入することによって、傑作を作り上げることが何回かあった。」と言っていることに近い。

次に、調べた俳句を発表するに当たっての提示内容を示す。

1、調べ学習は二～三時間（目標や内容がはっきりしてから図書室へ）
2、発表時間は五～七分
3、小集団の四人全員が声を出すこと（役割を果たす）
4、原則として行程図に書き込んだ俳句の中から一句選ぶ。季語・季節・切れ字、技法、その時の状況、俳句の背景、見える（聞こえる）もの、その土地の特徴などに注意を払う。

5　調べ学習のための資料

①　図書室で利用した芭蕉関係の本

実践当時、参考資料は必ず記録にとどめるようにと指示しなかったので、使ったと思われる本は推察である。現在、本の入れ替えがなされており、これ以外にも活用した本があったに違いない。

・『新編日本の旅』（北陸信州、東北編）（小学館　一九七〇）
・井上靖・野田宇太郎・和歌森太郎監修『文学の旅』（千趣会　一九七三）
・風間泰男監修　旺文社編『日本の歴史人物ものがたり』（旺文社　一九八一）
・朝倉治彦編集『日本名所風俗図絵』奥州・北陸の巻（角川書店　全十八巻別巻一　一九八七）
・富士正晴『現代語訳　日本の古典15　奥の細道』（学研　一九七九）
・農山漁村文化協会『全国の伝承　江戸時代人づくり風土記』（組本社　全五十巻　一九九一）
・石森章太郎『マンガ日本の歴史36　花ひらく江戸の町人文化』（中央公論社　一九九二）
・長谷川孝士監修『コミックストーリーわたしたちの古典10』（シナリオ　柳川創造　漫画　村野守美　学校図書　発行年不明）
・高橋治『おくのほそ道』（講談社　少年少女古典文学館第二十六　一九九四）
・『教科書にでる人物学習辞典　増補新版』第七巻（学習研究社　一九九八）

②　全員がもっている国語資料集

宮腰賢監修『カラー版国語の資料』（正進社）

③　指導者から提供した参考図書の一部
・　雑誌『太陽』特集おくのほそ道
・　野呂希一、荒井和生『言葉の風景』（青菁社　二〇〇〇）
・　宮田雅之『宮田雅之切り絵画集おくのほそ道』（解説ドナルド・キーン　中央公論社　一九八七）
・　歳時記
④　インターネット検索

6　調べ学習の小集団への個別指導例と調べ学習中の感想

・「岩にしみ入る蝉の声」の蝉は何という蝉か。
・「五月雨」から雨の語彙（雨の名前、雨の降り方による名前）を集めて発表に加える。
・「最上川」の当時の役目（稲舟のことなど）を調べる。
・松島の景色（写真）をどう感じたかをまず話し合ってみる。
・「雲の峰」の意味を尋ねられたことを受け、それを使った俳句を探すよう示唆した。また月山の山の様子を説明する。
・「ねぶの花」が神戸のどこで見ることができるかを話す。
・結論が出ない場合（羽黒山…）の解決法のしかた。

感想（一組）
・雲の峰で始まる俳句は思っていた以上に多く、一茶だけでも五句もあった。その句の意味を知るのにはもう少し家で調べてみる必要がありそうだ。

・今日は前集めてきた資料をノートにまとめ、自分のねらいどおり手ぎわよく羽黒山のことを調べました。もうすぐで羽黒山博士になってしまいそうと思いました。

・今日は、松島についてかなりわかりました。松島は一つ一つ浮き島がたくさんあってその上には松がうねり立っている。夜になると、月が水面にうつって揺れている。とても美しい所だと思った。

プリントは作成しなくてもよいと話してあったので、一組の発表はすべて口頭で行われた。右のような具体的な感想をもった小集団は、短い準備時間にもかかわらず、聞き手の興味を引く発表となり、評判がよかった。例えば、右に出てくる松島を取り上げたグループは、指導者が貸した松島の写真を使い、写真を見て四人で話し合った印象を加え、聞き取りやすい声の調子で説明を終えた。聞き手に行きたいという思いをもたせた。

また、多くの生徒がよい発表だったと書いていたのはニュース形式にした「閑さや岩にしみ入る蝉の声」である。このグループはインターネット検索で立石寺や蝉論争（にーにー蝉をとる小宮豊隆、油蝉をとる斉藤茂吉）のことを調べている。多くのグループがアドリブを交えながらの話だったので、発表の下原稿が残っていないが、このグループは走り書きのメモが残っている。次がそれである。

ねらい　①　芭蕉の様子などインターネットで調べたことをまとめる。
　　　　②　図書室から新しい資料を見つけだす。
　　　　③　俳句に出てくる蝉の種類を調べる。

こんにちは。今日も五分間俳句の時間がやってきました。

今日の一句は松尾芭蕉の「閑さや岩にしみ入る蝉の声」です。立石寺の住職さんと松尾芭蕉研究所長に来てもらいました。

それでは、質問にいきたいと思います。
○立石寺はどこにありますか。
天童市と山形市のちょうど中間にあります。
○この寺の宗派は何ですか。
天台宗です。中には黄金大仏を納めています。
○この寺の環境は。
山頂までは、一〇一五段の石段があります。全山が奇岩怪岩でおおわれており、死者をとむらう霊山として人々の深い信仰を集めています。

つづいては松尾芭蕉研究所長さんにこの俳句について説明してもらいたいと思います。

この俳句は初句切れです。ここに出てくる蝉の種類は二種類の説があり、それは「ニーニーぜみ」と「あぶらぜみ」です。

太陽暦ではこの俳句は七月十三日に作られました。

（メモはここまでになっている。）


このグループの吸引力は冒頭の部分である。教室という場を一度に、教養番組ワイドショーに変えてしまった。三年生にもなると、単に面白いだけでは学習としての価値に乏しいことはわかっている。だから、このグループでは聞き手が満足する内容、独自に発見した事柄（ここでは蝉のこと）を入れている。五月頃、校舎の北斜面ではハルゼミが鳴き始めるので、蝉の考察に興味をもったという感想が多く寄せられたのである。

さて、このように取り組んだ一組の様子を少しシラけていた二組に伝えるとどのような反応を示しただろうか。即座に「負けられへん」という声があがったのである。

二組では発表用のプリントを用意した小集団もあったが、好評だったのは、次の三つのグループだった。

一―B　羽黒山三日月論争
「涼しさやほの三日月の羽黒山」について芭蕉研究の権威である教授へのインタビュー
三―A　日記と蕪村君と一茶君
「荒海や佐渡に横たふ天の河」ある日の授業（劇形式）
三―B　辞世の句をめぐってニュースと現場からの実況中継放送
「旅に病んで夢は枯野をかけめぐる」

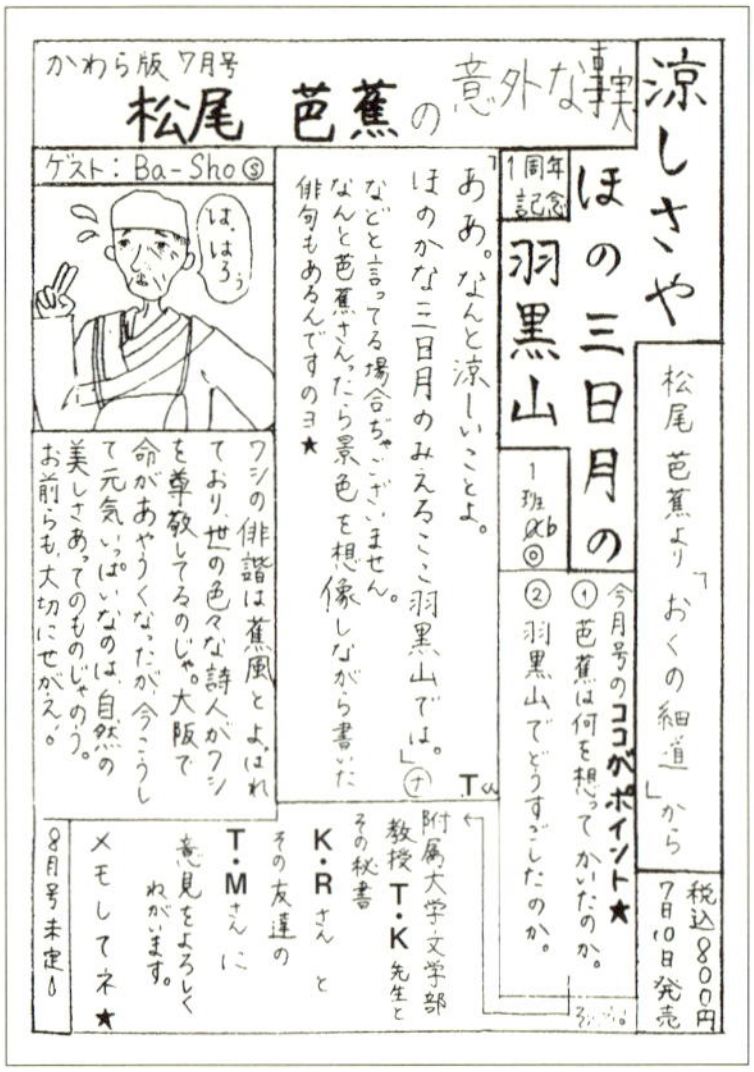

二組においても発表の練習をする余裕はなかった。けれど、好評だった三つの小集団には工夫があった。

一―Bは、『宮田雅之切り絵画集おくのほそ道』が気に入り、切り絵（p. 49）から俳句を選んだと思われる。「羽黒山三日月論争」は芭蕉はどこで三日月を眺めたのだろうという素朴な疑問が端を発したものであった。小集団内の話し合いでは決着がつかず、発表までもつれ込むという面白さがあった。いつも女子生徒の発言をおとなしく聞いているだけ（この小集団は男子一名に女子三名）という男子生徒が、自分の意見を言い始めたことで、話し合いが活発になったのである。この句の宮田雅之の切り絵では羽黒山の杉木立ちの果てがないような石段を一人の山伏が松明を持って登っている。木立ち越しに三日月が見える。しかし、十分に学習していない時点では、芭蕉が感じた「涼しさ」や「三日月」を見た場所はわからないのに違いない。

学習者の持っている資料集の訳には、「ああ、なんと涼しいことよ。ほのかな三日月の見えるここ羽黒山では」と書かれている。芭蕉は木立ちの中から三日月を見た印象を詠んだという意見と羽黒山と三日月を外から見たという二つの意見だった。それぞれきちんとした考えを主張し、結論には至らず、それを発表にもち込んだのである。

男子生徒を附属大学文学部教授と見立て、その秘書と友だち、司会者と、役割を決めて発表を行った。簡単な「松尾芭蕉の意外な事実の瓦版」も用意していた。意見が一つにまとまらないと相談を受けたとき、それなら「論争」としたらどうかと提案したのがずいぶん気に入ったようで、四人の学習意欲が高まっていく姿が微笑ましかった。石段を登っていく途中から見た三日月なら寂しい感じが強いと言っていたが、実際の羽黒山は杉木立が深々としており、私が黒川能の薪能を八月に鑑賞した場所でもずいぶん涼しかった印象がある。山頂で見たならくっきりと形が定かである。「ほの」とあるので途中かとも思われる。発表に関しては、

> 最初はどうなるかと思いましたが、T君が自分の考えを言ってくれた時点で「できる」と思いました。小集団の中で意見が分かれるとは思っていなかったけど、人の意見を認めながら自分の考えを言うのはとても難しいながらもきちんとまとめることができて嬉しかったです。

とふり返っている。話し合いの細かい意見交換が残っていないのが残念である。

生徒Yが所属する小集団（三-A）の俳句は「荒海や佐渡に横たふ天の河」である。二年生のときに選択国語「季節のことばの散歩道」で俳句作りに参加していた二名の生徒がいる。そのことで、取り組みは意欲的になった。紙芝居に表現する予定が、調べ学習で見つけた本が面白く、それを発表用に日記を入れた劇にまとめていた。荒波が押し寄せる出雲崎からはるかに眺められる佐渡ガ島の流人への思い、旅の疲れから持病が出たという芭蕉の日記に

私たちの「おくのほそ道」　二組　発表記録

2001 7・11

35番 氏名（K・H）

小集団	1—A	1—B	2—A	2—B	3—A
スピーカー					
俳句と発表内容（メモ・大切なこと）	〈蛤のふたみにわかれて行く秋ぞ〉 意味……そらとわかれるのをおしんでうたった句 季語↓行く秋　季節↓秋 芭蕉の150日間にもおよぶ奥細道ㇳ旅が終わる 「行く秋ぞ」 晩秋 （掛けことば）ふたとみが分かれる 人がわかれる 行く春や 鳥啼き魚の目は泪　対句	〈涼しさや ほの三日月の羽黒山〉 ああ何と涼しいことよ ほのかな三日月のみえる羽黒山。 （芭蕉は景色を想像しながら書いたものもある） 季語↓三日月　季節↓秋 （松尾芭蕉の俳句は、自然の美しさい深い）	〈五月雨あつめて早し最上川〉 江戸時代は最上川で舟がよく行きかっていた この句をうたったのは六月三日で陽暦に直すと七月三日 季語↓五月雨　季節↓夏	〈あかあかと日はつれなくも秋の風〉 芭蕉は三重県に生まれる ↓ 東京に出て俳句を勉強 （晩年10年は旅にでることが多かった） 季語↓秋の風　季節↓秋 大阪で生涯をとじた	〈自己評価〉 練習の時はもっともりあがって、アドリブばっかりだったけど、"それでは他の班とちがいすぎる"という思いがあったせいかすこし盛り上がりにかけた
感想と評価	少し声が小さくて聞きとりにくかったけど内容は濃かったと思う。	教授など決めて色々な人の意見を聞いているのが面白いと思いました。三日目をどこから見たかという視点が面白かった Ⓐ	最上川の情景をくわしく調べているのがよかった。周りの暮しの様子などがわかった気がした。 Ⓑ	プリントがとてもていねいで分かりやすく、くわしく書いてあった Ⓑ	ちょっとうちあわせがいいかげんだったかもしれない Ⓑ

仕立てた。そして、先生役の芭蕉になった女生徒が生徒役の男子生徒一茶君と蕪村君（生徒Y）に、俳句の季語と季節、句切れ、佐渡ガ島の意義等について質問していく形式だった。ボケ役を引き受けたYであったが、苦手な国語なのに、みんなの前に出て受け答えをしていると思うと感慨深いものがあった。芭蕉と一茶と蕪村が同時期にはいないという指摘があったものの、四人の活躍には大きな拍手が送られた。

もう一つ好評だったのは、三－Bのニュースと実況中継放送にしたてた芭蕉の死だった。

三年二組の発表メモは右ページになる。発表を終えたあと単元の「振り返り」を書かせた。学習記録の指導はほとんどできなかったが、ノートも簡単にまとめさせて提出させた。Yも提出した。この「振り返り」をもとに、この単元のまとめを次に示したい。

おわりに——まとめ

「振り返り」を読むと、いくつかに分類することができた。できるだけ、学習者の言葉を使いながらまとめてみたい。

(1)　発表の学習として学んだこと

・ニュース形式にすることで、歴史をたどるテレビと同じように、自分のなかで俳句に対する思いや感じ方が大きく変わった。頭のなかで、その当時の風景が浮かび上がる。その句が忘れられなくなる。

・四人が声を出す条件をクリアすること、例えば、ニュース形式であれば四人で会話をしているようだったので、わかりやすかった。

・始めは先生が詳しく説明してくれたらいいのになぁと思っていた。

↓自分たちの力で得た情報だから、よく頭に入っていく。またそれを発表し合うことによってみんなで分け合ってよい。

普通なら俳句の意味を理解するという学習しかないところを
↓自分たちで調べる、発表する、聞く、メモすることなどが学べた。

・メモしやすいスピードの発表の仕方を鍛える必要がある。

これ以外に二百字作文「三日間で歩いたこと」の中から選んでみた。Aは自分たちの発表についての反省である。Bの「芭蕉に会ってきたような気がします」やCの「自分が芭蕉になって旅をしているような気持ちになれました」の一文は、そう願っていたものの、実際に子どもたちの文章の中に見つけて嬉しい気持ちになった。これに関連のあるのは、次の(2)と(3)である。

A　発表の仕方

僕たちの班は発表の準備が完全にはできていなくて、思ったよりいい発表ができなかった。それに比べ他の班はとても工夫がしていて、聞く側を楽しませてくれた。僕が特に気に入ったのは三－Aです。劇風でとても楽しかった。けど、内容もしっかりしていてとても勉強になった。発表の仕方を少し工夫するだけでこんなに違うものなのかと思った。今回の授業でおくのほそ道について、かなり知識が増えてよかった。

B

私は、この学習を通して、江戸時代の芭蕉に会ってきたような気がします。もちろん、この目で芭蕉を見た訳ではないのですが『おくのほそ道』という一つの紀行文の中で、芭蕉のみつけた感動や情景が、俳句という形式で伝わってきたのだと思います。

C　心を解く俳句

いろいろな俳句の発表を聞いていると、本当に自分が芭蕉になって旅をしているような気持ちになれました。私は最初芭蕉があまり好きではなかったけれど、俳句を知っていくにつれて芭蕉の鋭い季節感がわかってきてそれほどきらいではなくなりました。

やっぱり一番好きな句は「五月雨をあつめて早し最上川」です。私自身、「雨」が好きなので気に入ることができたのではないかと思います。

(2)　三日間で芭蕉の歩いた道を辿っていくのが、とても楽しかった

・情景や雰囲気がわかった。場所によっては全然雰囲気が違うことがわかった。
・すごい道のりを歩いたことがわかった以外にかなり疲れていたことが伝わってきた。
・芭蕉が詠んだ句は一人ひとりとらえ方が違うと思った。それはいいことだし、句を聞いて想像する場面も違うと思う。
・楽しさがよりいっそう増えた。深くじっくりたどれた。まわれた気になった。
・私の「おくのほそ道」のとらえ方や意気込みがはじめから終わりにかけて変わっていったのが自分でよくわかる。

(3)　芭蕉が歩いたところに行きたくなった

・それぞれの俳句にはどれも深い意味があり、それらは人生を表しているような気がする。
・大人になったら、いろいろな所を旅してみたい。

・芭蕉と同じ所の風景を見てみたい。自分の目で確かめたい。
・ぜひ「おくのほそ道」を歩いてみたい。
・きれいな景色に心を奪われそうになった。

(4) **芭蕉は偉大な人だ**

・図書室で本を開いていると、とても偉大な人だと思いました。旅をしたからだけではなく、何人もの人が芭蕉を尊敬していたからです。人が死んだときにどれだけの人が泣いたかというのは、その人が人に与えた影響と比例するそうです。芭蕉がなくなったとき、たくさんの人が泣いたそうです。
・俳句に一生懸命取り組んで、あげくの果てに旅に出ている。(夢の旅)
・いくら疲れても旅をし続ける姿を想像してみると、好きなことはどんな苦しいことでもやりとげられるのだと思った。(自分がしていることと比較して)

(5) **芭蕉はすごい人だ。優れた人だ**

・忍耐力、気力、体力、想像力
・発想の豊かさに驚いた。
・一日に28キロも歩いた。(速いスピード、毎日何か新しい発見)
・歩いた距離に興味をもった。
・一句一句に命を賭けていた。
・一つ一つの場所でその風景を大切にしている。その場所で句を作っているだけでなく、まわりの風景や生き物も一体となるように考えている。

・「旅は芭蕉の人生そのもの」だということを知った。

(6) 俳句への興味・関心が出てきて、もっと知りたいという気持ちになった

・一人で追究するとなかなかたいへんかもしれない。しかし、分担して調べることによって、一句の内容が濃くなり、理解も深めることができる。

・始めは、面倒くさそうで気乗りがしなかった。資料が集まりだすと芭蕉の俳句の面白さがわかってきた。芭蕉の俳句はその情景がある程度浮かび上がってくる。心情も伝わってくる。それが俳句の醍醐味だ。

・5・7・5の少ない文字で、人を感心させたりできる日本の誇るべき文化だと思った。

・始めは全くやる気なしでつまらなそうと思っていた。調べることで興味が湧いてきた。

・たった17文字で自分の感じたことが伝えられる。やっぱり日本人でよかったと思うのはこういうときである。

・その土地を様々な角度から表現している。「涼しさ」や「五月雨」のような気候に関する季語が多いように感じた。また、歩くことで発見できるものを見逃すことがなかっただろう。

多くの生徒は、最初この単元への興味や関心が低かったと思われる。思い返しても、図書室で本を探す姿にはけだるさがあった。Aの「めんどくさい」という表現にぴったりの状態だった。しかし、着眼点を指導したり、本を教えたりするなかで徐々に学習が学び手のものになっていった。次のA〜Cからはその変化が見られるのである。

A
はじめは正直めんどくさかったです。でも今は、少し夢中になっています。私が読む本の中に、時々芭蕉が出てくる

ものがありました。その時、何も知らなかった私は、そこのページをとばして読んでいました。今考えると、おしいことをしたな、と思います。

芭蕉はなぜこんなに俳句が作ることができるのでしょうか。私だったら一つつくるだけでも、ものすごい時間をかけてしまいます。私も、いつか日本を歩いてまわってみたいです。

B

はじめ、この学習をするときは、発表などしないで、先生が説明してくれればよかったのにと思っていました。また、地図に俳句を書きこむときに、この俳句がどこで書かれたかなんて知らなくてもよいと思っていました。また、松尾芭蕉はおくのほそ道を書いたということだけで、そのくわしい内容は別に知らなくてよいと思っていました。しかし、調べてみると、芭蕉のことが、ただ説明しているよりはよく分かりました。また発表することで、さらに発表する力も上がりました。発表もそれぞれ特ちょうがあり、工夫して発表して、とても分かりやすかったです。これからもこのような授業をしていくとよいと思います。

C

芭蕉は様々な場所でたくさんのことを感じてたくさんのことを残してくれたんだなぁ。と思いました。こんなにたくさんのところへ行って途中でやめなかったことが意志強いなぁ。とみならいたいです。はじめは正直言って、長い年月を使って、たっくさん歩いてヒマ人やなぁ。もっと家族につくしたら良いのに。と思っていました。でも9班の発表を聞き、一班の発表をして、松尾芭蕉にごめんなさい。と思うようになった。今では尊敬しています。特に最後までやり抜いたということに立派だと思います。自分の考えたことや感じたことを紀行文に、俳句に表すというのは難しいと思います。私はいろんなことを考えたり感じたりするんですが、それを芭蕉のように文字や言葉で表現するのが苦手です。ところで、私は「蛤のふたみにわかれ行く秋ぞ」の俳句が気に入りました。蛤がわかれるのと人がわかれるのが掛詞になっていて蛤がわかれるのがなんとも言えません。

自分のやりたいことを成しとげた芭蕉に拍手を送りたい気持ちです。

次のD～Eは十分な勉強ではなかったにもかかわらず、芭蕉の人間に迫っている振り返りである。いずれも女生徒であるが、Dはバイオリンが弾ける生徒で、吹奏楽部に所属しているので、芭蕉の一つのものを追い求める姿に自分を重ね合わせ共感していることがわかる。

D

「松尾芭蕉はなんでこんなにポンポンポンポン素晴らしい俳句を作ることができるのだろう」という疑問は結局解決できなかったけれど、きっと俳句が好きで好きで仕方なくて、勉強をたくさんして、俳句もたくさん作って上手くなった人だと思います。私ははっきり言って俳句が好きな方ではないので、俳句のおもしろみのようなものはわかりませんが、好きなことに対して一生懸命に取り組む姿勢はわかるつもりです。松尾芭蕉は俳句に一生懸命取り組んで、あげくのはてに旅に出るなんて、よく考えたら大変なことです。松尾芭蕉のそういうところは本当に尊敬できます。私も松尾芭蕉のように、何か一つのものに対して懸命に取り組む姿勢を見ならいたいです。

E

みんなが調べた情報の中には人間くさい芭蕉もいて、最初より芭蕉が好きになりました。俳句を詠むのになやんだり、旅の疲れでぐったりしたり、でも行きたくてしかたない所が歩いた道が「おくのほそ道」だったんでしょう。そんな情熱的な芭蕉の姿を思い浮べるととっても楽しいです！

私は芭蕉が歩いた関東のあたりにはあまり行ったことがありません。去年、私以外の家族は1泊2日で日光のあたりに行ってきたのですが、私は留守番をしていたので関東は未知の世界です。今回の学習で改めてそれに気づき、芭蕉のことも学べたので関東に行く準備ができました。うちの一家だとゆっくりすることができないので、いつかじいちゃんとばあちゃんと旅行にいけたらいいなあ、と思いました。

F　おくのほそ道と私

学習する前私は、おくのほそ道のことをほとんど知りませんでした。発表で一句選ぶ時もどれを選ぼうか迷いましたが、せめて有名な俳句について良く知りたいと思ったので「閑さや岩にしみ入る蝉の声」を選びました。調べていくと蝉の種類や、この俳句は三回も書き直されたこと、芭蕉が道をまちがえたことまで分かり楽しく勉強ができました。また、みんなの発表を聞いていると、よくまとめられていたし発表の仕方が前よりも上手になっていたように思いました。
芭蕉はねばり強い人だと思います。あんなに長い間旅をするのはつらくて普通の人ではできないのではないでしょうか。けれど、それだけ芭蕉は旅と俳句が好きなんだったと思いました。この学習は楽しかったです。

Eの生徒には、彼女の好きな俳句の場所へぜひ行ってほしいと思う。「人間くさい芭蕉」を探してほしいものだ。Fは台湾からの帰国生である。いつか立石寺に行ってこの句碑と出会い、再び蝉の種類や「しみ入る」の表現を味わってくれることを願いたい。

短い時間をうまく活用して、重要なことを把握し、それを伝える学習は、今回すべての小集団ができたわけではない。しかし、江戸時代に戻り、見たことも行ったこともない場所について想像をめぐらし、果ては芭蕉の生き方まで考えられたのは、やはり四人で行った学習の成果だった。この学習は二学期の「現代を読む」の新聞の全面広告のプレゼンテーションとして、大いに役立たせることができた。

(7) その他

学際統合で、「ＨＡＩＫＵ」のＶＴＲを視聴した感想を、次のように書いた女生徒がいた。印象に残ったことばやＨＡＩＫＵ、またその背景、情勢などを自分が求めようとしているものと関連づけて書くようには指導した。彼女の頭の中には、国語で学んでいる芭蕉の俳句が確かにあった。ＶＴＲの中にある死亡した男性が残したノートには、独学で勉強した芭蕉の俳句と日本語の初歩が書かれており、涙を誘う場面があった。

日本人と同じように俳句を愛する人が、あんなに遠い国に何人もいることを知って、何か不思議なつながりを感じた。でも、彼らの俳句は芭蕉や一茶のように素直に美しさを表しているものは少なく、悲しみやにくしみ、いかりなどがあふれていた。〝戦争〟〝死の国〟〝血に濡れた〟こんな言葉が使われた俳句が日本人のものであるだろうか。少なくとも私は聞いたことがない。

戦争はみにくいと思った。にくしみからまたにくしみが生まれていた。VTRの中でアルバニア人に追われ難民となった女の人が「殺し合いをするかくご」と言っていた。悪循環もいいところである。そんな事を言っているうちは戦争は終わらないと思う。〝民族のちがい〟なんかでまだ戦争があるなんて今の私たちには考えられない。苦しい生活をしいられて、なお俳句に未来への希望をつづった人もいた。聞いていると顔がゆがんでくるような俳句もあった。

頭がごちゃごちゃしてまだまとめきれないが、ただただ悲しい気持ちが残るビデオだった。彼らが俳句を通して訴えようとしてた事を私たちはどう受けとめたらいいのだろう。紹介された俳句の中で私が一番記憶に残ったのは〝冬の闇あそこに一瞬　海のにおい〟

最後に、もう一度その後の生徒Yについて触れておこう。二学期、スピーチの学級代表に選ばれ、文化祭で発表した。九月十一日のアメリカの同時多発テロは中学三年生に、戦争と平和を考えさせる機会を与えた。「イマジン」が再び歌われるようになったことを背景に、彼は彼のやり方で平和を訴えたのが仲間の心に響いたに違いない。次が、その原稿である。

彼は、三学期には自ら副委員長となり、卒業前の学級を女性の委員長とともによくまとめ、元気に卒業していった。

ビートルズのメッセージ

ビートルズはもっとも世界で一番有名なバンドです。そしてこのグループは、ぼくたちにとてもすごい印象を与えてきました。そして今でも多くの人達に強い印象を与えています。ビートルズが残してくれたものはまだぼくたちの中で生きています。これを次の世代の人達にも伝えられたらいいと思います。ビートルズの中で最も目立ったのはジョン・レノンとポール・マッカートニーでした。彼らは数々の素晴らしい歌を書いています。その中でぼくの印象に残っている歌があります。

それは、「ペニーレイン」という曲です。この曲はポール・マッカートニーが作った曲ですが、これは少年時代、ポールがこのペニーレインという通りに立って感じたものがそのまま歌詞に出ています。ぼくは、この曲を聞くととてもなつかしい思いで胸がいっぱいになります。ぼくも昔はイギリスに住んでいたので、なつかしく感じられせつなくなります。でもなぜこういう気持ちになるのかは、わかりません。ペニーレインの中でこういう歌詞があります。「ペニーレインはぼくの耳と目のなか」とても不思議な歌詞です、何か強い印象が伝わってきます。ほかにもたくさんの名曲があります。

ビートルズの歌ではありませんが、ジョン・レノンの名曲「イマジン」という曲があります。この曲は平和というものを強調しています。タイトルは、想像という意味ですが、歌詞の中には、たくさんの世界へのメッセージそして思いがつまっています。この曲で人々はすごく胸を打たれました。ですが、今また平和な世界をおびやかす大きな動きが出てきています。

それは、アメリカとアフガニスタンの問題です。もう戦争になってきています。もしジョン・レノンのこのメッセージ「想像してごらん。国なんてないとそんなにむずかしいことじゃない殺したり死んだりする理由もなく宗教さえもない。想像してごらん。すべての人々が平和な暮らしを送っていると」が実現したらすばらしいと思います。

今回の事も宗教の問題なども関係しているので、もし宗教が関係なかったら、もっとおだやかになっていたかもしれません。

ジョン・レノンは戦争防止の運動もやっていました。これは、何百人、何千人、何万人という人に伝わりました。このほかにポール・マッカートニーも平和への願いをこめた歌を作っています。このようにビートルズから学ぶものそして伝わるものがたくさんあります。このことをぼくたちの次の世代の人たちにも伝えていかなければなりません。忘れてはいけません。特にビートルズはすごいパワーをもって音楽で、人の心に入り、人の心を打って、動かしたことを。

注

(1) D・W・ジョンソンら『学習の輪　アメリカの協同学習入門』（二瓶社　一九九八）
(2) 遠藤瑛子『ことばと心を育てる』（溪水社　一九九二）
(3) 宮田雅之『宮田雅之切り絵画集　おくのほそ道』（中央公論社　一九八七）

参考文献

レズリー・ダウナー『芭蕉の道　ひとり旅——イギリス女性の「おくのほそ道」——』（新潮社　一九九四）
井上富夫『今昔「奥の細道」尋ねてみよう昔の速さで』（文芸社　二〇〇三）

参考 4

協同学習との出会い――言語活動の充実――

(1) グループ学習（小集団学習）

勤務していた神戸大学発達科学部附属住吉中学校では、伝統的にグループ学習（四人の小集団学習）が全教科の学習の基盤になっていた。年度の初めには、一週間、聞く、話す、話し合うの三つの約束[1]に基づき学習訓練を実施した。その期間中は、全教科の教師が意識して授業を行うことになっているので、毎年、生徒も教師も改めて学び直す機会だった。ここで重要なのは、グループ学習によって学習者中心の考えが長年継続されてきたことである。学習の根幹をなし、支えていたのは校訓の「自主・協力・奉仕」である。これに基づいて学習訓練のねらいが設定されていた。学習訓練が質的変化で協同学習訓練に変わっていったけれど、そのねらいは引き継がれ、年月を経ても何ら遜色はないと考える。（次ページ参照）

国語のグループ学習では、課題の話し合いだけでなく、朗読（音読）会、報告・発表会、読書会、作文やレポートの批評会、意見交換会、歌会等に小をつけたネーミングで言語活動をしばしば行った。学習者にとっては、「小朗読会」のように「小」がつくと緊張感が和らぎ、また「会」をつけることで少し改まるという利点があり、抵抗の少ないスムーズな言語活動になった。これを繰り返すことによってコミュニケーション力も向上していったし、何よりも三年生になっても教室の隅々に聞こえる声を維持できたのである。力がついていくので、筆者も学習者の一員として参加し、柔

軟にグループ指導ができた。

成功するには、明確な課題の提示だけでなく、グループのメンバーの達成感を考えなくてはならない。円滑に内容が深まるようにするために、板書の工夫(明確な指示)だけでなく、学習の手引きの活用が重要である。また、グループ学習の目標が意見の発表の場合なら、四人の役割があった方がよい。司会・発表・記録・時計係等の役割を当てると、学習者に責任感が生まれ、それが自信となり意欲につながるからである。苦楽を共にすることで、他のグループへの対抗意識が育ち、結束も固くなる。時には、葛藤もあるがそれこそ教師の出番である。四人の学習グループの母体となる生活グループ(八人)も活用した。人間関係の向上にも役立つことから、詩(工藤直子、草野心平等)や古典作品(今昔物語、平家物語)の群読を一、二年生で実施した。そこでも発表に向けて、言葉の解釈、声の役割分担、読み方等の話し合いが行われたし、さらに練習、修正の話し合いによって思考力・判断力・表現力を養うことになったといっても過言ではないだろう。実践しながら、修正し新しく考え一歩ずつ進んだことが、協同学習につながることになったと思っている。

〈グループ(小集団)学習のねらい〉

1　人間関係をよくする
- 一人ひとりが、参加する。
- 一人ひとりが、主人公になる。
- 一人ひとりが、発言者になる。
- 一人ひとりの、力で支えあい利用する。

2　お互いの力を伸ばし合う
- 情報を交換することができる。
- 情報を分担することができる。
- 考えを深め、広げることができる。
- 学習したことを確かめることができる。

・一人ひとりが、豊かな人間となる。

・互いに評価しあうことができる。

(2) すべて、「協同学習力がついたネ」のことばから始まった

53回生の第二学年の単元「夢を支える人々」[2]で、千年の釘に挑み続ける白鷹幸伯氏の映像視聴後のことだった。常日頃書かせている二百字作文を点検中に、一人ひとりの考えの軸に千年の釘への情熱や高純度の鉄の威力の驚嘆が書かれていることに気づいた。そこで、ふと思いついたことがあった。それは一つのテーマのもとに作文をつなぐと、一つの評論的説明文になりはしないかということである。つまり、オムニバス[3]形式の映画の作文版である。テーマは「過去を未来につなぐ」である。

誰の作文を一番にするか、次は誰のにするか、結末はどうするか等十二、三人の作文を並べ変えたり、一つの作文を二つに分けたりと作業した。生徒の喜ぶ顔やびっくりする顔を思い浮べながらの力の入った仕事だった。一人ひとりの考えは独立し、それだけで存在感がある。さらに、テーマを軸に視点を明確にして並べると、もうりっぱな作品である。プリントした作品を、一人ずつが緊張感をもって読み上げ、終わった瞬間「すごいクラスや」と学習者の中から声が出た。一瞬の沈黙と感動が、それ以降のシンポジウムの意欲となった。一人ひとりが自分の考えを述べることによって、他の人に大いに役立つことを学習者が知ったのである。この一連の流れは拙著『人を育てることばの力』の「夢を支える人々」に詳しく書いている。学習者の意欲、思考した作文、学級全体の学びの高まり、友だち同士の聴き合い、学び合い等に浜本純逸教授から「協同学習力がついたネ」のことばをもらった。

「えっ！　協同学習？　協同学習力って何？」というのが、当時、平成十二年（二〇〇〇年）十月頃の私の驚きである。協同とは、cooperationと教わった。教育問題に関しては共有する習慣になっている学年教師に伝えたところ、「それ、何、何！」ということで学びの体制に教師が入っていった。『学習の輪』[4]の第一・二章を翻訳した神戸大学

発達科学部伊藤篤助教授（当時）から、やがて全職員が研修する機会を得ることができた。今までの小集団学習とどう違うかという疑問もあったが、私たちは実践者である。協同学習が成立する基本的な構成要素は、「先生がすでに実践している」と同僚から指摘されたが手探り状態だった。教わったのは次の五つである。研修で明確になった五つの用語と考えはその後の支えとなり、実践の展開の広がりにつながった。そして、やがて学校全体が協同学習に動き始めたのである。

(3) 協同学習を構成する基本的要素（説明は旧版『学習の輪』の該当部分を抜粋）

(1) 相互協力関係　自分の働きが仲間のためになり、仲間の働きが自分のためになるということをよく理解できるようになる

(2) 対面的――積極的相互作用　生徒同士が顔をつき合わせて行う相互活動が必要であり、それを通して生徒たちは互いの学習と成功を促進していく

(3) 個人の責任　自分の割り当て分をきちんとこなそうとする　すべてのメンバーが最終成果に責任をもつ　個人の責任は、協同的な学習によってすべてのメンバーが強くなるための鍵である

(4) 小集団（スモール・グループ）での対人技能　協同グループを生産的なものにするための社会的技能を教え、利用する　①互いを知り信頼し合う　②正確で明確なコミュニケーションをする　③互いに受容し支え合う　④前向きに対立を解決する

(5) グループの改善手続き　グループによる取り組みを顧みることで、(a) メンバーのどのような行為が有効であり有効でなかったかを明らかにし、(b) どのような行為が引き続きなされるべきで、どのような行為を直すべきかを決める　グループの成功を喜び合う機会ができ、

仲間の積極的な行動を引きだすことを可能にする

指導者がこの五つを理解すると、学習材の内容理解、調べ学習、発表・報告の工夫等に応用でき、子どもたち全員の言語活動が可能になり、グループの協同だけでなく学級全体の協同も可能になる。

(4) 五つの要素を意識した私の実践

53回生の千年の釘「夢を支える人々」で、自分の意見文をもって臨んだシンポジウムの成功は、学習者が個人の責任を果たすことで学級全体の考えるレベルが向上することを指導者が学んだ。書けない生徒を一人も作らなかったことと、学習プロフィール(5)によって流れを判断しながらの学習者同士の質疑応答や意見をつなぎ合うことが、学級全体の学び合いとなった。

グループから学級への学び合いの広がりは、一人ひとりを育て、グループを育て、学級を育てることになる。53回生の三年生の「おくのほそ道を歩く」という単元（本書所収、第四章）では、シラバスの変更時に協同学習の要素を意識した。四名のグループ毎に芭蕉の「おくのほそ道」の俳句一句を責任をもって調べ、十グループの発表を終えると芭蕉の行程に同行し終えたようにした。各グループの発表方法には同行日記形式、学者を招いたテレビ談話、レポーター形式、議論白熱形式等退屈することがなかった。一人ひとりが必ず「声を出す」という最低条件を示したことで、誰かに頼ったりゆだねたりせずにやり通した姿は一つの成長である。一人ひとりがなくてはならない存在であることを各自が理解したように思う。修学旅行後の気の抜けた雰囲気を全員で切り抜けたのである。グループ内での個人の責任と役割は、学級全体に対するグループの責任と役割になり二重構造が見えてきた。

三学期の「現代を読む」は学習材を企業広告・ACの広告・新聞広告から時代と社会を読み取ることを目的としたので、興味・関心・意欲が高かった。先の「声を出す」に相当するものとして広告の査定（評価）基準を学級討論で決めさせたことである。この内容が新聞社の広告審査項目に、ほぼ合致していたこともあり、学習者が自分たちでも新聞社の審査項目に負けない考える力があると自信をもった。そのおかげで、各グループ内討議の後の、新聞広告のプレゼンテーションでは、発表者二人応援者二人の役割によって話し手・聴き手共に重要な責任とした。取り上げた新聞広告が違うこともあり、学級全体が集中し充実したものになった。次の年度の56回生の実践は、本書の第一章と第二章である。学習内容をグループ内の役割で分担させることができ、目標達成に効果が上がるのが徐々にわかってきたことを示している。

(5)　まとめ　協同学習の広がり

平成二十年（二〇〇八年）一月に学習指導要領等の改善についての答申に伴い、思考力・判断力・表現力等の育成と言語活動の充実がクローズアップされた。現場では、授業改善の方策が練られ、学習者の付けたい力を明確にすることが急務となった。一斉学習からの脱却は自然にグループ学習を模索することにつながり、協同学習や学びの共同体の学び合いが国語のみならずすべての教科で取り組まれるようになっているのは周知のことだろう。

思考力・判断力・表現力を育むための言語活動として、単元を貫く言語活動として教師の意識改革が強く要求されてきている。そのことは、必然的に教師中心の授業から学習者中心の展開にならざるを得なくなったことを示している。学習者自身、共に学び共に支え合い、共に高め合うことになり、私の単元学習の根幹をなす楽しく力のつく国語学習に匹敵するように思う。

学ぶ子どもの思考力・判断力・表現力を育てることは、また、指導者の思考力・判断力・表現力を育むことになる。単なる思いつきで学び合いをさせるのでなく、例えば次のような準備が必要である。

①　一時間の流れが学習者にわかっている。一般的な流れは次のようなものである。

主題とねらい（目標）・課題の提示――個人思考――グループ学習（交流）――全体交流――教師のまとめ――振り返り

②　到達目標は行動目標（例　説明できる）が明確でよいと思う。なぜなら、学習者に到達点がわかるので、見通しをもって授業に取り組めるからである。目標を伝えるとき、指導者の説明があると一段と効果が上がる。

③　一時間の中だけでなく、単元全体の流れ（展開）の中で学び合いの場面をどこに置くか、どのような場面にするか、どのような形態（ペア、四人の討議、ジグソー法等）にするか学習者がわかるようにする。

④　振り返り（一時間、単元の終末）を活用する。一時間の振り返りがたとえ三行であっても、思考力・判断力・表現力を伸ばすのには、短くても非常に効果が上がる指導の場である。また、グループの取り組みのよしあしを判断する一つの手段で、すぐに次時に活用でき、指示もできる。交流から得た成果が学習者自身、実感できるし、反省材料にもなる。単元の終末はポートフォリオ評価に相当するので、説明文の力を育てられる上に、指導者への評価にもなり、次の単元づくりの指針となるはずである。

一、二度のチャレンジで学級全員が向上するわけではないが、実践する中で指導者自身が新たな工夫をしていける楽しみがあるのが協同学習である。国語科の学習指導案の生徒（児童）の実態に、協同学習を取り入れる学習者側からの声が掲載されているのを近頃見るようになった。

○小学校(6)　・一人で悩まずに、他の人の意見が聞ける

・他の人の意見を聞いて自分の意見が変わったり、勉強になったりする

・自分の意見に賛成してもらうことで自信がつく

○中学校(7)　・様々な意見を得ることで自分の知識が増える

・互いに高め合える。他の人と共感し合う一体感がよい。成長の過程を共有できる。

など学習のプラス意見や共に学ぶ喜びが多い一方で、「個人思考の方が考えが深まる」という否定的な意見もあるが、学習で劣る生徒をも共に学ばせていくには、やはりこのやり方で授業を進めるのが現在では有効と考える。

同志社大学文学部国語科教育法では、最初にこの協同学習を構成する基本的要素を伝えた。すぐに活用できる群読の教材研究・発表から始め、春・秋学期通して利用した。結果、一年の終わりのポートフォリオ評価の文章に、グループワークやクラス全体の学習で、全員がリーダー的存在になったこと、一人ひとりが登場シーンを見つけて自分の意見や思いをゆるがせにしない表現をする機会が、信頼関係の上になり立っている、またその心地よさを述べている学生が何人もいた。小学生から大学生まで、学習内容の難易の差はあっても、主体的に仲間と学び自分に実力がついていく実感を味わえることは同じだろう。

国語科総合単元学習では、話す・聞く、書く、読む、観る、調べる等の言語活動を行うので実践しやすかった。

次期学習指導要領の改訂の審議が始まり、アクティブ・ラーニングの言葉が新聞紙上に出始めている。また、テレビでは、課題解決型の事業が紹介された。ライバル同士が意識を超えて、得意なところ（例　かき・わかめ・魚等）できちっとやる専門性を活かした仕事の相乗効果による販路が確保されたという報道だった。復興イノベーションが若い人の目を輝かせたのである。協同学習の考え方がさらに広がっていくことを期待したい。

〈引用・参考文献〉

(1)　神戸大学附属住吉中学校・中等教育学校『生徒と創る協同学習――授業が変わる・学びが変わる――』（明治図書二〇〇九）所収（話し合い（話し方・聞き方）のルール／1結論をはっきり言う　2根拠を明らかにして言う　3協力して話し合う　詳細は省略、二〇ページ参照）

(2) 拙著『人を育てることばの力』（溪水社　二〇〇三）
(3) いくつかの短編が一本に集められ、全体として一貫している映画（角川国語辞典）
(4) D・W・ジョンソンら『学習の輪　アメリカの協同学習入門』（二瓶社　一九九八）
D・W・ジョンソン　改訂新版『学習の輪――学び合いの協同教育入門――』（二瓶社　二〇一〇）
(5) 座席表指導案（倉澤栄吉　元日本国語教育学会会長）を学習者側の資料として活用するために発展した。学び合いに関しては参考になる。『中学校・国語科　今、「国語」を問う――教師のプロフェッショナリズム』（東洋館出版社二〇一三）
(6) 単元「自分の考えを明確にしながら読もう」第五学年二組国語科学習指導案　平成二十七・二・十八　指導者　大東市立三箇小学校　上田鉄平
(7) 単元「自分の『学び』を問う」第三学年一組学習指導計画　平成二十六・十一・二十八　指導者　神戸大学附属中等教育学校　小嵜麻由
※　注(6)・(7)は公開授業研究会で使用された。

第五章　単元「人　あり」（第三学年・十二時間）
中学校における聞き書き

はじめに——研究の目的

本研究の目的は、単元「人　あり」の実践を通して、進路を考える最終段階の三年生に将来や生き方をみつめさせることである。そのために、聞き書きという総合的な言語活動の手法を取り入れた。

実践の時期は平成十年（一九九八年）十月から十一月半ばまでである。単元は中間テストの前から始めた。三年生にとっては、中学生活最後の体育祭を終え、最後の文化祭の合唱練習や学級のイベント（創作劇や影絵制作）に取り組んでいるときである。行事には、すべて最後という言葉がついてまわり、全力投球するものの、一方では一抹の寂しさを味わっている。同時に、文化祭が終わればいやおうなしに自分の進路と向き合わざるを得ないことも十分承知している。進学のための実力テストもある。

神戸大学発達科学部の附属中学校には附属高校がない。そのため、子どもたちは住んでいる地域の高校に進学したり、私学の高校を受験したりする。公立の高校の選抜も地域によって異なっており、総合選抜の高校もあれば、単独選抜の高校もある。だから、生徒の進路に対する悩みは大きい。

こんなとき、人生の先輩である大人の生き方や職業選択の話に耳を傾けることを通して、自分と向き合うことは大切である。

この単元が成立したのは、何よりも、学習者の一人ひとりのために新しい新聞資料が集まったことによる。過去においても、三年生の二学期には生き方を考えさせるために聞き書きの手法を取り入れてきたことがある。図らずも、そのときどき、ふさわしい学習資料が用意でき、単元設定となった。その経験から、二学期のしかるべきときに聞き書きを通して身近な大人と出会わせる価値を認識するようになった。

一、単元の構成

1　背景

(1)　学年の特徴

実践の対象学年は学年全体として入学式以前の集合時からすでに落ち着きがなく、新しい学年主任が大声を張り上げたという逸話が残っている。三年間、どの学年でも大なり小なり生徒指導上の問題があるものだが、一年生のときから次々問題が起こった。

私自身は、驚くような出来事に翻弄されながらも、恐らく教職生活最後になる学級担任を三年間続けたので、生徒への思いや愛着は殊の外深いものとなった。また、保護者からも支援を受けた。附属住吉中学校では50回生とよぶ学年である。

ところで、49回生では、阪神・淡路大震災をテーマに「あれから一年　強く生きる」[1]を実践し、希望こそ生き抜く力と実感したのである。それで、次に担当する学年となった50回生の学年では希望を一つの柱にして単元を設定していくことにした。一年生からの50回生用特別の総合単元は次のものである。

一年生　「夢を開く」　　「宮沢賢治の世界へ」
二年生　「ことばの力」　「『少年H』の時代」
三年生　「人　あり」

この学年で特筆すべきは、二年生の一学期に神戸連続児童殺傷事件が須磨で起こり、世の中を震撼させたことである。いわゆる少年Aの事件で、犯人が中学生であったこともあり、子どもの心には少なからず何らかの影響があったように思う。

「ことばの力」では「むかつく考」として真正面から「むかつく」を考えさせた。「『少年H』の時代」は少年Hの父親が息子のHに時代の真実を伝えようとしたことを手がかりに、親がわが子に語る伝えたい思いを挿入した点が特徴的な単元となった。(2)

何となく疑い深いような、解放されない心を徐々に解きほぐすことをしたいといった思いを当時もっていたかもしれない。大人への不信感を払拭させ、目標とすべき人生の先輩に出会わせるという願いを一つの単元に集約させたように思う。

(2) 聞き書き

聞き書きが国語の授業で実践できることを初めて知ったのは、第12回日本国語教育学会の関西大会（一九八七年）が武庫川女子大学で開催されたときであった。当時の同僚唐崎雅行、桜井圭一と出席した。聞き書きの発表は兵庫県立神戸高等学校の吉田和志教諭が行った。唐崎・桜井両教諭と、方法を工夫さえすれば総合的な言語活動になるので、総合単元学習を実施している我が校の国語科としても取り組んでみてはどうだろうか、中学生にもできるのではないかと話し合った記憶がある。

その結果、翌年の昭和六十三年（一九八八年）に「平和」を三学年共通のテーマとして単元を設定し、聞き書きを一年・二年生に取り入れた。一年生は祖父母等身近な人に、二年生は主として公共施設関係に戦争当時どうしたかを聞き取ることにした。そうなると、三年生が一番困ることになり、「平和という言葉」で意見文を書くことに決定した。これは浜本純逸教授の助言によるところが大きい。

さて、二年生の取材対象施設は足の便のこともあり、次のところに決定した。（施設と関連のあるテーマ設定にしている）ちなみに、二年生と一年生は聞き書きを終えた段階で一時間の合同授業を行い、主として二年生が一年生に取材の苦労だけでなく、話を聞いた感動も交じえて、戦争中どのように人や動物、書物、絵画を救ったのかを伝えた。

① 王子動物園では、動物をどのように扱ったか。
② 酒蔵も焼けたのだろうか。
③ 病院に医者はいたか、薬はあったか。
④ 寺や神社はどんな働きをしたか。
⑤ 創立百十年を迎えた附属住吉小学校の当時の様子を探ってみよう。
⑥ 神戸市立図書館の蔵書の行方はどうなったのか。
⑦ 消防署は、当時どんな活動をしたのだろうか。
⑧ 美術館の絵はどのように保管されたか。

⑨　駅の様子を探る。（阪神、阪急、ＪＲに尋ねる）
⑩　三の宮の高架下商店街の人に、当時の様子を聞く。

このときの一年生のなかから、新聞記者になった生徒も出た。
この単元を契機として、私自身の聞き書きの実践を整理すると次のようになる。

○　42回生一年生「平和への願い」（一九八八年六月）
・神戸高校生が立ち寄る店のおばちゃんの聞き書き、『孫に伝える戦争』（播州地方の中学三年生の聞き書き）
○　43回生三年生「人・生きる」（一九九一年十二月）
・朝日新聞「現代人物誌」
・『私の仕事　全十巻』（理論社）
○　46回生三年生「伝える」（一九九四年十月）
・『木のいのち木のこころ』（小川三夫の聞き書き　草思社）
・朝日新聞日曜版「ひと紀行」
・43回生の聞き書き
・『日本一短い「母」への手紙』（大巧社）
・『日本一短い「母」への手紙』の発案者大廻政利氏への聞き書き（聞き手　遠藤）
○　50回生三年生「人　あり」（一九九八年十月〜十一月中旬）
・学習材は後述
（注）・印は聞き書き用の学習材（　）内は実践年月

2　単元のねらいと学習材

(1) 単元名

人　あり（新聞社の了解を得て使わせてもらうことにした。）

(2) 単元のねらい

① 仕事や趣味で生きがいをもっている人を描いたＶＴＲや新聞記事を通して、その人となりの生き方に関心をもつ。
② 「人　あり」の記事内容を理解し、まとめ方のポイントを指摘することができる。
③ 身近な人にインタビューを行い、仕事や趣味についての情熱・こだわり・誇り・自分を変えた一言などについてまとめることができる。
④ 取材内容を取捨選択し、人物を浮かび上がらせるために構成を工夫することができる。

(3) 学習材

① 映像情報

・「快走！増田明美　涙のロス五輪」（ＮＨＫ　一九九八年、九月）
・「私を変えたあの一言！」（ＮＨＫ　一九九六年、十一月）

一つめの学習材は、元オリンピックマラソン選手増田明美が母校で行った課外授業のＶＴＲである。スポーツアドバイザーとして活躍する彼女から走ることの楽しさと、挫折の苦悩を克服して再出発する生き方を学ぶことができる。二つめは歌手の加藤登紀子、俳優の榎木孝明、作家の阿刀田高の三人が自分の道を選ぶ契機となった一言を紹介している。

②　文字情報

・「人　あり」（朝日新聞日曜版　平成十年一月四日から十月三日まで）

何かにこだわって仕事をしている人が紹介されている。まさに「人　あり」である。そのこだわりと生き方の文章が聞き書きのモデルに活用できる。

大きい見出しはキャッチコピー風で、小さい見出しは仕事・趣味がわかる表現である。これだけで人物を想像する学習ができる。人物の仕事、趣味は多岐に渡っているので、学習者の興味を十分に満たせると考えた。

連載が始まった直後、これは聞き書きの学習に活用できるかも知れないと思ったが、学級の人数分がそろうかどうかわからなかった。ただ、ひたすら日曜版を楽しみに切り抜いていった。注意していたにもかかわらず、新聞がなくなることもあり、数人分は公共図書館に足を運んだこともあった。

次がその一覧である。（＊は不足分を考え、「おーい、雲よ」欄からも入れた。）

「人　あり」（朝日新聞日曜版'98・1・4〜）

1	1・4	飛び立つ一枚の和紙　「桑名の千羽鶴」を伝える　猪飼《いかい》美和子さん	（三重　71歳）
2	1・11	海に生きる遠き友と　砂利運搬船で五度目の冬　飯作《はんさく》建太郎さん	（富山　不明）
3	1・18	死期迫る人と心の対話　行動するお坊さん　藤森宣明《のりあき》さん	（京都　39歳）
4	1・25	味と美声で客を魅了　「歌う豆腐屋さん」　前田保夫《やすお》さん	（岐阜　48歳）
＊5	2・1	震災三年　平野市場に生きる　王川ゆかさん	（兵庫　50歳）

6　2・1　中高年の男子生徒魅了　「ゆび編み」を教える　篠原くにこさん　（東京　50歳）
7　2・8　料理も人もいい味に　調理師を育てる高校教師　村林新吾さん　（三重　37歳）
8　2・15　四、五十年もちますよ　ライカを修理する　安田《やすだ》和彦さん　（東京　38歳）
9　2・22　一生かけて林を残す　消防と「山の職」を両立　渋谷銑一《しぶたにせんいち》さん　（京都　51歳）
10　3・1　「作品」に人生みつけた　宝塚やめ手作りの日々　川崎さゆりさん　（奈良　不明）
11　3・8　世界の「かけ橋」に「国際結婚の会」のレスリー・園美さん　（神奈川　37歳）
12　3・15　夢は博物館の建設　日本バス友の会事務局長　城谷邦男《しろたにくにお》さん　（埼玉　不明）
13　3・22　思いを力に思いを運ぶ　「人権」を歌う公務員　島村一夫《かずお》さん　（徳島　48歳）
14　3・29　孤独な少女とともに　「清周寮」寮長　長谷場《はせば》夏雄さん　（東京　68歳）
15　4・5　面白さ・奥深さで魅了　パズルファンを育ててきた　鍛治真起《かじまき》さん　（東京　46歳）
16　4・12　「知恵比べ」一筋48年　クロスワードパズル製作者・露木重彦さん　（東京　67歳）
17　4・19　滑りの面白さ求めて　テレマークスキーを指導する　望月隆《もちづきたかし》さん　（長野　31歳）
18　4・26　鬼も感激　目に涙　「日本の鬼の交流博物館」館長・村上政市さん　（京都　不明）
19　5・3　心の傷も〝化粧〟を「リハビリメーク」のプロ・かづきれいこさん　（東京　46歳）
20　5・10　シカ食害　日光を守れ　日本にオオカミ復活を、と訴える　丸山直樹さん　（東京　55歳）
21　5・17　人生への新風求めて　本屋の看板娘で青年会議所理事長　柏熊聖子《かしわぐまきょうこ》さん　（千葉　37歳）
22　5・24　通算二万八千通を読破　恋文コンテスト審査委員　白鳥《しらとり》邦夫さん　（秋田　69歳）
23　5・31　気持ち通う親子に　親業《おやぎょう》訓練協会理事長　近藤千恵さん　（東京　不明）
24　6・7　モデルは身近な人　「ハーイあっこです」が900回　みつはしちかこさん　（東京　54歳）
25　6・14　もうけは「生徒の喜び」　宮崎県で木工教室を開く　石塩《いしじお》量太さん　（宮崎　54歳）
26　6・21　恩師の励まし支えに　児童文学者で小学校教師　堀野慎吉《ほりのしんきち》さん　（岐阜　49歳）

27　6・28　「雑踏の中」が舞台　フォークロックを路上で歌う　浦本和宏《うらもとかずひろ》さん　（東京　不明）
28　7・5　伝統野菜に魅せられ　「ふるさと野菜の会」　小野寺和彦さん　（福井　43歳）
29　7・12　無駄な空間が大切　子育てしやすい住環境作りを訴える　矢郷《やごう》恵子さん　（東京　49歳）
30　7・19　老人や病人の味方　市民互助の会「たんぽぽ」会長・桑山和子さん　（埼玉　58歳）
31　7・26　歴史を刻む手伝い　手当した木は忘れない樹木医・丸山道雄さん　（長野　67歳）
32　8・2　生身《なまみ》の体験を共有　女性ライフサイクル研究所所長　村本邦子さん　（大阪　36歳）
33　8・9　多趣味生かす達人　会社勤めの傍ら楽器を作る　宮下正己《まさみ》さん　（佐賀　58歳）
34　8・16　新しい土地に愛着　花の栽培を研究する福島県職員・栗本優美子さん　（福島　32歳）
35　8・23　思ったらすぐ実行　ヒット曲作りから和菓子の世界へ　金塚《かねづか》晴子さん　（東京　55歳）
36　8・30　学習させ山に放獣　クマと人間の共生の道を探る　米田《まいた》一彦《かずひこ》さん　（広島　50歳）
37　9・6　画面で見る作物育成　インターネット農園　浅川正樹さん・藤崎一雄さん　（山梨　33歳　37歳）
38　9・13　子供の心開く食卓　広島県福山市立女子短大教授・鈴木雅子《すずきまさこ》さん　（広島　58歳）
39　9・20　「木」へのこだわり　子、孫まで使える洋家具づくり　木口《きぐち》秀一さん　（岡山　不明）
40　9・27　介護契機に福祉の道　横須賀基督教社会館職員　竹本堅司《けんじ》さん　（神奈川　39歳）
41　10・4　南十字星への願い　定年後、カンボジア寺院を修復する　吉留《よしどめ》正人さん　（ハワイ　不明）
＊42　9・27　身近な自然　子どもに教える　高知県生態系保護協会　中村滝男会長　（高知　47歳）

3　生徒の実態

この単元の事前調査の結果は次の通りである。（平成十年、一九九八年九月二十五日実施　対象三年三組三十九名）

（数字は人数）

① 自分の将来や生き方について考えたことが
　ア．ある（32）　イ．ない（7）

② あなたは将来どんな仕事をしたいか書きなさい。
　男子　教師・医者・警察官・建築士・音楽関係の仕事・趣味を生かした仕事（各1　未定9）
　女子　医療関係の仕事（医者・看護師・薬剤師）（6）福祉関係の仕事（3）・音楽関係（2）・英語が使える仕事（2）・編集関係他（2）・未定（6）

③ あなたには尊敬している人がいますか。
　ア．いる（26）　イ．いない（13）
　男子　坂本龍馬、土方歳三、野口英世、リンカーン、奥田民生、父、担任の先生　他
　女子　父、母、姉、祖父、祖母、ロビン・ウィリアム、同級生のMくん、レスキュー隊や消防士

④ 今までにインタビューを経験したことが
　ア．ある（20）　イ．ない（19）
　○自由研究で買い物袋について
　○震災のときのことについて仮設住宅に住んでいる人たちに
　○コープの仕事について　店長さんに
　○交番勤務の警察官

○　エイズ、公害について読売新聞社
○　そごう百貨店で広報担当の人に
○　六甲アイランドについてカナディアンアカデミーの生徒と先生に

学級の半数以上の生徒が将来や生き方について考えたことがあると答えているのは、時期的なことを考えると当然なことである。「ない」と答えた七名のうち六名までが男子生徒である。このことは、どんな仕事をしたいかを尋ねた②の項目でも、女子生徒の方が回答が多かったことに比例している。悔いのない人生と答えたのは男子生徒が五名、女子生徒は四名である。人の役に立ち、人から必要とされる生き方（仕事）と答えたのは女子生徒に多かった。

さらに、趣味などが楽しめるゆとりある生活を望んでいるのは女子生徒に多い。男子生徒は家族を養うことを考え、慎重なのかもしれない。つきたい仕事でも、女子の方が具体的で人のために役立つ職業を挙げている生徒が多いのは、①の将来や生き方と関係が深いからだろう。

インタビューについては総合学習で経験している生徒が半数以上いることがわかった。聞き書きに対しても関心をもって取り組む生徒が多いと考えた。

4　計画カリキュラム（次ページ）

三次に分けて展開した。一次は「増田明美さんに学ぶ」として、その人となりや支えている言葉に注目させる。二次は「人　あり」の記事を読み広げて、取材した内容でこのように人を特徴づけられることを知る。と同時に、

5．単元の展開と評価							
時	流　れ　図 (学習主題・評価)	目　　　標	評価の観点				
			国1	国2	国3	国4	
4時	① 興味ある仕事	1．興味をもった人の記事をどんどん読んで、その人を表すための書き方の工夫をまとめることができる。	○	○	○	○	
		2．感想を発表し合うことができる。		○	○		
5時	「私を変えた一言！」	1．ＶＴＲを見て、私を変えた一言とその人との関係を見つけることができる。	○		○		
		2．人生でその人の生き方を変えるほどの一言の重みを説明することができる。	○	○			
〔3次〕 1時	〔聞き書き〕 聞き書きの方法	｛1．聞き書きの方法を理解し、身近な人に取材して聞き書きをすることができる。｝	○	○	○	○	
		1．聞き書きの方法が説明できる。	○	○	○		
		2．提示された卒業生の作品を参考に、「取材メモ」に記入できる。		○	○	○	
2時	取材計画	1．質問事項を考え、聞き書きを行うための計画が立てられる。	○	○			
3時	聞き書きの推敲	1．取材メモをもとにして、文章構成を考え聞き書きとしてまとめることができる。	○	○		○	
		2．意見や感想を書き加えたり、文章を推敲したりして完成度の高い作品に仕上げることができる。	○	○		○	
4時	聞き書き朗読	1．その人の気持ちを伝えるつもりで朗読できているか。		○			
		2．聞き書きの苦労、その人(仕事)を選んだ動機が入っているか。	○	○	○		
		3．喜び、生きがい、誇り、その人の言葉を入れた感想が入っているか。	○	○	○		
5時 〈計12時〉	ま　と　め 終	1．単元を終えての感想がひとり学びノート２ページ分書くことができる。	○	○		○	

5．単元の展開と評価							
時	流れ図（学習主題・評価）	目　　標	評価の観点				
			国1	国2	国3	国4	
	始 事前調査	1．あなたは自分の将来や生き方について考えたことがありますか。ア　ある　イ　ない	○				
		2．あなたは将来どんな仕事につきたいですか。	○				
		3．あなたには尊敬している人がいますか。	○				
		4．インタビューの経験がありますか。	○	○			
〔1次〕 1時〜2時	（増田明美さんに学ぶ） 「快走！増田明美…」のＶＴＲ鑑賞	（1．ＶＴＲを見て、その人の生き方や支えている言葉について、考えをまとめることができる。）	○	○	○		
		1．ＶＴＲを見て、心に残った言葉をメモすることができる。	○	○	○	○	
		2．表情や語りかけの姿にも目を向け、考え方・生き方について自分の考えが200字にまとめられる。	○	○	○		
		3．友だちと自分のとらえ方を比較し、足りなかった点をメモすることができる。	○		○	○	
〔2次〕 1時	「人　あり」私の選んだ人	（1．新聞記事「人　あり」を何編か読んで、感想をもつとともに聞き書きの方法が説明できる。）	○	○	○	○	
		1．「人　あり」一覧の見出しを参考にして、興味をもった人を選び、理由を説明することができる。	○	○	○		
		2．見出しの一行から、どんな人物かを想像した予想作文が200字にまとめられる。	○	○	○	○	
2時	私の選んだ人の紹介	1．「私の選んだ人」を読んで、「すごい」という言葉を使わない感想が200字で書ける。	○	○	○	○	
		2．「私の選んだ人」を学習グループのメンバーに要約して紹介することができる。		○	○		
3時	私の選んだ人の分析 ①	1．どんな事柄が人物紹介として挙げられているのかを分析して、ノートに整理することができる。	○	○	○	○	
		2．学習グループ内で発表し合うことができる。		○	○		

聞き書きのモデルの文章であることを認識させる。さらに「私を変えたあの一言!」のＶＴＲの視聴によって、転機となった支えた言葉の力を学ばせる。三次は聞き書きである。

5　指導の手だて

聞き書きに関わる情報力やコミュニケーション能力を養うために、次のような指導の手だてをとった。

(1)　ＶＴＲ「快走!増田明美…」と「私を変えたあの一言!」の視聴から、生き方やその人となりを表す言葉を書き留めさせる。さらに、顔の表情や目の動きまでもよく見て、伝えようとしている思いを発見させる。「私を変えたあの一言!」は実際にインタビューするときの質問項目の一つに活用させた。

(2)　新聞記事「人　あり」は学級の生徒数の用意ができるくらい、長期に渡る連載であった。ここでは、記事内容を理解させるだけでなく、聞き書きのためにどんな質問をするとこのような内容が引き出せるのかを考えさせる。その道に進んだ動機、その人を特徴づける言葉、仕事(趣味)の内容、取材の印象や感想等を記事のなかから見つけ出し、要約して他の人に紹介することを行う。

この学習の前提として、42回分の見出しの一覧表から内容と人物を想定し、関心をもった人を選ばせる。見出しという短い言語表現をもとに想像させることは、言葉の認識力を育てることになると考える。

(3)　事前調査で尋ねた身近にいる尊敬する人、将来就きたい職業の人、一度訪ねたいと思っていた人等を対象に取材させて、聞き書きをさせる。

準備は授業で行うが、実質的には課外活動になるので、事前予約や言葉遣いの指導も行う。

(4)　聞き書き朗読会を開き、取材の苦労や喜び、人との出会いのよさ等を学び合わせる。

6　この単元で育てたい主たる言語能力等

〈見ること〉

①　映像を見ながら、その人を表す心に残る言葉や印象的な画面の様子がメモできる。

②　その人の表情や語り方に注目できる。

〈読むこと〉

①　事実と意見、中心の部分と付加的な部分を区別して内容を的確にとらえ、自分の感想がまとめられる。

②　文章の構成や接続関係などを的確にとらえ、自分の表現に役立てる。

〈話すこと〉

①　自分が選んだ人を紹介するのに、聞き手が思い描けるよう、言葉を選んで工夫して話す。

②　短く生き生きと話す。

〈聞くこと――聞き書きのために〉

①　聞き書きの相手を想定して、どんな質問をすればよいか、項目を適切な順序で書く。

②　聞き書きの相手の話をメモしながら、心にとまった言葉をとらえて、さらに話を聞き出す。

〈書くこと〉

①　取材メモから、人物を際立たせるための適切な題材を選ぶ。

②　メモをもとに、その人らしさが現れるように文章構成をする。

③　効果的で的確な書き出しを意識する。

④　その人を支えた一言や話し言葉を適切に書き入れる。

二、指導の実際

「人　あり」の連載記事を大いに活用しようと考えたので、先に述べたように、読むことを通して話す・聞く、書く活動を取り入れ、生き方を考えるようにし向けた。

1　増田明美さんに学ぶ――「快走！増田明美…」のＶＴＲ視聴の感想（一次二時）

視聴に際しての目標は次の三つである。

1. ＶＴＲを見て、心に残った言葉をメモすることができる。
2. 表情や語りかけの姿にも目を向け、考え方・生き方について自分の考えが二百字にまとめられる。
3. 友達と自分のとらえ方を比較し、足りなかった点をメモすることができる。

このＶＴＲは、「課外授業　ようこそ先輩」（ＮＨＫ）で平成十年（一九九八年）九月十七日に放映されたものである。題は「快走！増田明美　涙のロス五輪　いつも心に天城越え」とある。

元オリンピックマラソン選手の増田明美が千葉県にある母校の小学校で、二時間かけて走る楽しさを六年生四十一人に教える。タイトルの「快走」がそれを表している。対象の六年生には、走ることが大好きな子どもや肥満から大嫌いという子どもも登場する。また、走らなくても生きていけるとしらけた女子児童にも焦点が当てられている。

雨の日になってしまった子どもとの出会い。夏休みがあけてチームを組んで練習したあとの増田明美と一緒の完走。子どもたちは大きく成長した。

これは体育祭で全員が走競技を経験している中学三年生にとって適切な映像であった。小柄だけど明るく元気な増田が様々な表情や姿を見せる。例えば、ハードで鉄人のようなトレーニング、必死の形相で走っている写真は決して美しくはない。苦痛そのものである。ところがオリンピックのマラソン16㎞地点で棄権する姿を振り返り、後の大阪国際マラソンで30位になって完走した自分の姿に涙を流す。その増田が、「楽しく走るとはどういうことか」と話すのは説得力がある。次はそのときの感想である。

①　走ることは嫌いだ。しんどい・つかれるからです。でも、増田さんの話しを聞くと自分が情けなくなった。「本当はもっと走れる」とか「もう、やめたい」などと考えながら走る自分がなさけない。あきらめることは大事かもしれないけどやっぱり一番大事なことは自分が決めた目標を達成させることだ。一生懸命走れば良いこともある。何事にも一生懸命になるとよい結果がでる。

（S男・バレーボール部）

②　「苦しみをのりこえて楽しみがある」っていうのは、本当にその通りだと思う。３㎞も５㎞も10㎞も、結局最後の50ｍが気持ちいいから走っている。途中がどんなにくるしくてもフィニッシュするその一瞬がたまらなく楽しいから次も走ろうと思える。

まず、ガマンできるようになることと、それからよく言われる「素晴らしい選手である前に、素晴らしい人間である」ということを忘れずに、何事もがんばっていきたい。

（M男・陸上部）

③「充実感はあったが勝つためのもので楽しいものではなかった」しかし本当に自分が走るのが好きだということが分かったとき、涙が止まらなかったという。
「苦しみをこえたからうれしい」私はこのビデオを見てそんなことを考えた。もし一度も失敗することがなかったとしたら、この人はきっと走ることを楽しいと感じなかっただろう。増田さんの「完走することが何よりも大切」という言葉をわすれないようにしたい。

（I女・陸上部）

①は自分と比較しながら不甲斐なさを述べているが、増田がそこに至った思いを捉えていない。②と③は陸上部で実際に走っている生徒である。体験から、自分の生き方の指針となるべき言葉を捉えている。多くの生徒は①に近く、心に残った言葉まではメモができていないことがわかった。しかし、目標に向かって生きている人に関心をもったことは確かであった。

④　私も走るのは好きではない。でもそれは、苦しいとか良いイメージを持っていないから。増田明美さんのように、走ることに対して良いイメージを持てば私も楽しく走れるような気がした。「気持ちがはずめば、体もはずむ」と増田明美さんは言っていたけど本当にその通りだと思う。走っているときに自分だけの、テーマソングとかあって気持ちから入っていけば走るのが苦しくないのだろう。私も楽しく走ってみたくなった。

⑤　私は走ることは嫌いではない。しかし、走るということは喜びを表す動きだとは今まで誰にも言われたことがなかった。そう言えば、私は長距りを走るとき、いつも前の人の背中を見て頭が体操服のように白くなるようだった。増田さんは、走るとき心の中で歌を歌うと言っていたのだが、私も泳ぐとき、いつも歌を歌っている。そうすれば、苦しいことを忘れられるからだ。もうすぐマラソンが始まる。今年は頑張れそうな気がした。

⑥　増田明美さんの話を聞いたり見たりして思ったのは、話をしている時にいつも笑顔だということ、教えることにはじを持っていないこと。この2つが心の中に残っている。人間は「心」を持ってるがゆえに感情を表わにしたりはじを覚えたりする。むしろ私は人前ではじることなく教えることなんて出来ない。だから、自分にない物を持っている人を尊敬する。（原文のまま）

この三点は帰国生の学級の作品である。文章そのものにぎこちなさは残るものの、三点とも先の作文よりもずっと自分のものとしてとらえている。そこが面白く感じられた。④と⑤は増田が走るときのテーマソング「天城越え」に焦点を当てている。「気持ちがはずめば　体もはずむ」のように何だか走りたくなる気持ちがにじみ出ている。⑥は、子どもたちに話をしているときの笑顔の表情をとらえただけでなく、つらい恥ずかしい経験をさらけ出した増田に強く引かれているのがわかる。

作文の交流によって、共感したり、とらえられなかった言葉を学んだりしながら、次の学習材への期待も出てきたようだった。それは、人を知る楽しさ・面白さではないかと思う。

2　私の選んだ人を紹介

通常、新聞を読むときはまず見出しを読んでから本文を読むはずである。そのとき人は少なからず内容を想像しているものである。見出しの表現はそれを予測して工夫を凝らした表現になっている。

授業では、その手順を踏み、聞き書きの準備や言葉の意識化をねらった。つまり、見出しの音読を通して人物を予想し、読んでみたい記事を選ぶ。そして、どんな人か想像する。次はそのときの作文である。この時間のねらいは二つだった。

1.「人　あり」一覧の見出しを参考にして、興味をもった人を選び、理由を説明することができる。
2.見出しの一行から、どんな人物かを想像した予想作文が二〇〇字にまとめられる。

(1)　どんな人だろう？――見出しから想像する――（二次一時）

三組で男女合わせて八名の生徒が選んだのは、41番「南十字星への願い　定年後、カンボジア寺院を修復する吉留正人さん」である。二番目は、22番「通算二万八千通を読破　恋文コンテスト審査委員　白鳥邦夫さん」であった。22番が一位で41番は一名という学級もあった。

相対的に、学習者が選んだのを見直してみると、平素から関心のある恋や音楽、動植物、好きな食べ物に関するものである。41番を選んだ生徒は「南十字星」に引かれたのかもしれない。

㊶　南十字星への願い　吉留正人さん

A.南半球に住んで、アジアの力を感じながら生活している。アジアの活力がみなぎっているカンボジアの過去をできるだけ残そうと目的を見つけだしてがんばっている。

日本で働いている時のいそがしさとは違い、自分で目的を作りそれを達成して充実感あふれる生活をしている。（傍線筆者）

㊷　身近な自然　子どもに教える　中村滝男会長

時を、いかに上手に使うか、新聞を見て考えたい。

B．この中村滝男さんは、この町に生まれてとてもこの高知が好きで自然の中で生まれてきた人のようだ。高知県生態系保護協会の会長ぐらいの人なのだから、今、現在、数々の自然問題に頭を抱え、どうにかしないといけないと考えているのではないか。

その一つの方法に今の子供たちに自然の大切さを教えていっているのではないでしょうか。子供たちに教えていくことによって自然破壊が少し変わっていくのだと考えている人だ。

① 飛び立つ一枚の和紙　猪飼美和子さん

C．千羽鶴と書いてあったので、猪飼さん本人か、その友人かが入院しているのだと考えました。でもただ入院のためだけでなく、たくさんの人に折っているのでしょう。

桑名は地名かその和紙の名前と私は考えました。71歳ともうおばあちゃんだから暇でなにかしたかったのだと思いました。

私が選んでみたのは、一回千羽鶴を折ってみたかったし、何を伝えたいのか知りたかったからです。

⑮ 面白さ・奥深さで魅了　鍛治真起さん

D．パズリストの頭は、理系でやわらかいというイメージがある。パズルファンがこの人に魅了されるのは、この人のパズルのセンスというのもあると思うが、一番の原因は、この人の性格だろう。パズリストはかたい頭ではいけない、ユーモアも必要だ。つまり、この人のしゃべりが上手く、そのために授業も楽しくなるのだと思う。パズル好きの僕が、この人を、こう予想した。（46歳、女性というのがひっかかるんだけど）

吉留さんは定年まで社寺建設・修復に携わった人で、経験を見こまれ、アンコール・ワット西参道の修復を行っている。内戦時の地雷で足を失った人々の働ける仕事の確保が、「南十字星への願い」となっているのである。Aの「自分で目的を作り」の表現が、それに近い。「カンボジアの過去」と書いているが、内戦を知って書いているかどうか不明である。最後の一行に「時」を意識した表現があるのは、見出しの中の「定年後」を意識したものだろうか。

42番を学習材として入れたのは、私自身の小さい頃の見慣れた光景が記事の中に書かれていたからである。「おーい、雲よ」の記事である。見出しの「身近な自然」とはいろんな種類のトンボが飛び交い、メダカの泳ぐ自然、私はそんな中で育った。自然とあれば自然破壊という言葉に結びつく現代。「身近な」と「生態系保護」に注目すれば、また違った予想になったかもしれない。

C、Dの二編は、比較的見出しに注目した作文である。すべての見出しに「」が付いているわけではないので、「桑名の千羽鶴」とわざわざ強調している意味と〝伝える〟という関係を捉えてほしいところだ。また、一枚の和紙という表現の含みに気づいてほしいものだが、一枚の折り紙で何羽もの鶴が折れる経験をしたものでないと想像は難しいかもしれない。これを選んだ生徒は海外旅行をする元気な祖母の話をよくしていたので、無意識に祖母と70歳の猪飼さんを重ねたのだろう。「人 あり」第一回の元看護婦（師）の猪飼さんは、江戸時代から伝わる一枚の和紙からいくつもの鶴を折る桑名市の無形文化財「桑名の千羽鶴」を教えているのである。

Dは「魅了」をうまく解釈している。これを取り上げた男子生徒は非常に数学がよくできる。二年間続けて担任をした生徒である。他の学級生徒が休み時間に彼のところへ質問に来ることもあった。だから、彼が

学習の手引きに添えた言葉

一行の見出しに学ぶ

たった一行ですが、見出しは大切です。

見出しには二つの意味があります。
① 書物の内容の一覧。目次。
② 新聞・雑誌の記事の標題。
もちろん、ここでは②です。

一行の言葉から、内容を想像して、あなたが選んだ人はどんな人か考えてみると、「実際の人柄がわかったときのうれしさやショックが倍になる」と書いている人がいましたが、そのとおりだと思います。

出会いの楽しさが次の時間の学習です。

このことは聞き書きのために取材に出かけて人に会うまでのはやる心に相当します。

一行に表現された言葉の使い方を今一度味わって下さい。

予想を立てる

選んだ人はどんな人だろう。
この年齢からすると……
この言葉から推察すると……
想像できる楽しさが今日の学習でした。
あなたが聞き書きをしたとき、
題をつける参考にしなさい。

15番を選んだのもうなずける。本人が授業と書いているのは「パズルファンを育ててきた」を早飲み込みしたからだろう。実際は、『パズル通信ニコリ』という雑誌を創刊し、十九年も続いている社長、46歳の男性の聞き書きである。「真起」から女性と思い、女性ならパズルに興味をもっていないと思っている。

その時間の終わりに書かせた「今日の感想」の三行作文の中から選んだものを「単元に対する意欲」と題した学習の手引きを作成した。次がその一部である。

(2)　今日の感想から

1、今日は見出しを全員で読んでいろいろな人がいると思いました。一行の見出しでも、内容が想像できるものでした。（S女）

2、自分の生き方を考える機会

ア　人にはいろいろな生き方があり、考え方があるということをよく知る機会だと思っています。自分もどのように生きていくのか考えていきたいと思います。（K男）

イ　「人　あり」では42人のいろいろな人がでてきて、それぞれ個性的な人々だと思った。普段、生活していて「個性」というものが見失われつつあるけど、「十人十色」だなぁ。（N男）

ウ　「人　あり」っていうプリントにはたくさんの人がのってこまりました。私は身近な問題の題のものにしました。いろいろあってこまりました。どんな人に私はインタビューにいこうかまよいました。（K女）

エ　人がたくさんいればいる程、道も多くなる。そして、その道にはその人の生き方、心が残されていく。僕はその生き方や心に触れられたらいいと思う。（Y男）

3、私は断然この人

オ　今日、42個の見出しの中から選ぶとき、全然迷わずに35番を選びました。和菓子大好きなので、きれいな和菓子が大好きです。（T女）

カ　私は「踊る豆腐屋さん」にしました。豆腐屋さんというイメージだけですでにおもしろそう（いい意味で）なのに、それにプラスして踊るというオプションつきなので、もー頭の中は彼のことでいっぱいになりました。いつか日本中の食卓に彼の豆腐が並べばいいな♥と思います。（H女）

4、予想作文（二百字）について

キ　今日の作文は難しかったけれど、面白かったです。予想をして、実際の人柄がわかったときのうれしさやショックが倍になるので予想をたてるのはいいことだと思いました。（I女）

どれにするかすぐに決めた生徒に対して、迷っている生徒がいるのがよくわかる。どちらかと言えば男子は自分の進路を考えながら、客観的に眺めじっくりと吟味し選んでいるように見受けられた。また、男子と女子の書きぶりに違いが出ていることがわかる。

ところで、実際の記事を渡して読んだ反応はどうだったろうか。記録から拾ってみよう。前述二〇〇字作文の生徒と対応させている。

㊶　南十字星への願いは、私が考えているのと、少しちがっていました。吉留さんの写真と文を読んで、心やさしい人だなぁと思いました。

㊷　自分が思っていた人とは少し違っていたのですが、とてもその人の気持ちや熱意が伝わってきたような気がします。人の生き方を知ることもおもしろいと思いました。

⑮　真起だから、絶対女性だと思っていたのに、男性だった。写真を見たとき、十人くらいうつっていたけど、すぐに

この人だと分かった。（最初は女性をさがしてたんだけど）。僕もこの人の本を買おうと思った。

⑶「私の選んだ人」の紹介

ねらい

1. 「私の選んだ人」を読んで、「すごい」という言葉を使わない感想が書ける。
2. 「私の選んだ人」を学習グループのメンバーに要約して紹介することができる。

この日初めて、希望していた「人　あり」の記事を本人に手渡した。感想はこの時間の学習者の気持ちを代表している。

だいたいの予想は当たっていました。先生から私が選んだ人の記事をもらう時、少しわくわくしました。他の人が選んだ人も全部おもしろそうだったので、また違うのも読んでみたいです。

このように、人物や事柄を予想した後で、記事を手にした生徒たちは、「予想が当たっているだろうか」という気持ちが表情に出て、手渡されるのが待ちきれないような生徒もいた。かけ離れた内容を書いた生徒はいなかったけれど、残念そうな表情を見せたり、嬉しそうな顔になったりと、反応が興味深かった。その後、周りの友達に自慢したり、写真に驚きを見せたり、隣と交換したりと沈黙のあと、ざわめきが広がってまた静かになった。それは、細部を読んでいく静けさだった。

(2) ねらい

① 「私の選んだ人」を読んで、「すごい」という言葉を使わない感想が書ける。

② 「私の選んだ人」を学習グループのメンバーに要約して紹介することができる。

主な発問・助言	指導上の留意点・評価
○ここでは、「人　あり」の記事内容をグループの人が興味をもって読んでみたいと思えるような要約の仕方を工夫してみましょう。このことは、聞き書きで取材内容をまとめ、文章構成を考えるときにも役立ちます。	○リーダーには、言葉をはっきりと言うように指導する。 ○発表するときの向きを注意する。 ○事前調査から、結果の一部を紹介して大部分の生徒が生き方や将来の仕事について考え始めていることを伝える。 ○事前に200字原稿用紙に書かせた作文の中から、見出しの言葉を的確におさえて表現したものや、自分との関係が明確なものを選んで学習材とする。 ○希望していた「人　あり」の記事を本人に手渡す。 ○効果的な紹介をするために、聞く側の立場に立っての要約を考えさせる。 ○何を紹介したらよいかがわかる学習の手引きを用意する。 次のようなことが発表できているか。 ・その人を想像できるような仕事・趣味の取り組み ・その人の誇りや信念としての言葉、他の人への影響など ○200字原稿用紙に、題をつけて常体で書かせる。 次のようなことが書かれているか。 ・その人の生き方や仕事・趣味に関してどう思ったかが明確に出ている考え ・印象に残った表現、自分の体験との比較など ○次時は記事を交換して読むことや聞き書きを行うための記事分析をすることを伝える。

5．学習指導過程……（2）次（2）時
⑴　主　題　「私の選んだ人」の紹介
⑵　学習指導過程

時間	学習の流れ	生　徒　の　活　動
0	始	○教科リーダーを中心に学習を進める。 ○本時の主題とねらいを確認する。
	リーダーの出題した問題を解く（L）	
5	本時の学習の意義と進め方について説明する	○教師の説明を聞いて、今日の学習の進め方を理解する。
10	「私の選んだ人」の予想作文を読む	○42人の見出し一覧表の中から選んだ人物の記事内容の予想作文のプリントを読む。 ○予想作文の中から、読んでみたい人を選ぶ。
20	「私の選んだ人」の記事を読んで紹介するために要約する	○希望していた「私の選んだ人」の記事を読む。 ○要約して、友だちに紹介するために大切な箇所には、線を入れておく。
		○小集団内でお互いに紹介し合う。
	発表する	○学級全体には、先のプリントで読んでみたいという「人　あり」を持っている人が紹介する。
35	「私の選んだ人」との出会いの感想を書く	○「私の選んだ人」について、記事内容の感想を書く。
	発表する	○1～2名の生徒が発表する。
47	本時のまとめと次時の予告をする	
50	終	○教師の説明を聞き、次時の学習用具の確認をする。

Y.W（男） 1.▲ 2.　　　（リンカーン） 3.○ 4.日本バス友の会事務局長　⑫	M.S（女） 1.▲ 2.なし（祖父） 3.○ 4.「リハビリメーク」のプロ　⑲
S.S（女） 1.○ 2.福祉関係 3.▲ 4.恋文コンテスト審査委員長　㉒	I.T（男） 1.○ 2.なし 3.▲ 4.樹木医　㉛

A.R（男） 1.▲ 2.なし 3.▲ 4.㉗（路上で歌うフォークロック）	I.S（女） 1.○ 2.医師 3.▲ 4.恋文コンテスト審査委員長　㉒
K.K（女） 1.○ 2.編集関係 　居屋 3.○（集英社） 4.「禎子の千羽鶴」を伝え　①	K.M（男） 1.○ 2.音楽関係（松本孝弘） 3.▲ 4.ヒット曲作りから和菓子　㉟

M.Y（男） 1.○ 2.なし 3.▲ 4.恋文コンテスト審査委員長　㉒	N.T（女） 1.○ 2.なし 3.○（仮設住宅に住んでいる人にアンケート） 4.調理師を育てる高校教師　⑦
H.M（女） 1.○ 2.獣医 3.○ 4.クマと人間の共生の道を　㊱	

H.N（男） 1.▲ 2.なし（B'z稲葉浩志） 3.▲ 4.「リハビリメーク」のプロ　⑲	K.N（女） 1.○ 2.なし（ロビン・ウィリアムス） 3.？ 4.寺院修理　㊶
S.T（女） 1.○ 2.なし 3.○（集英社、読売新聞社）	M.K（男） 1.○ 2.医者（マイケル・ジョーダン） 3.▲ 4.恋文コンテスト審査委員長　㉒

T.H（男） 1.○ 2.なし（松本人志） 3.○（脳死） 4.パズルファンを育てた人　⑮	U.A（女） 1.○ 2.なし 3.○ 4.調理師を育てる高校教師　⑦
H.E（女） 1.○ 2.なし 3.▲ 4.ヒット曲作りから和菓子の世界へ　㉟	I.Y（男） 1.○ 2.自動車の整備士 3.▲ 4.　㊶

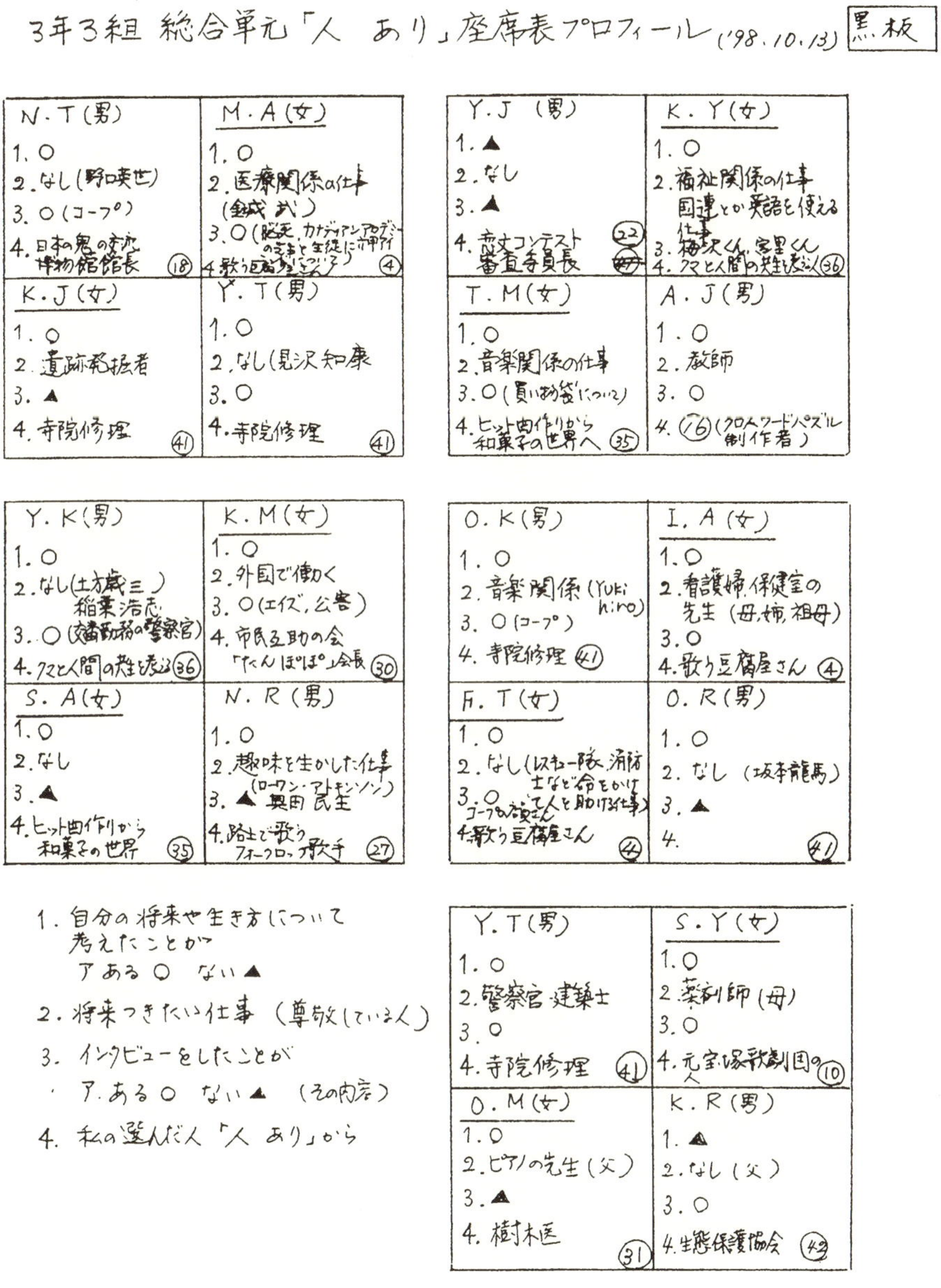
3年3組 総合単元「人　あり」座席表プロフィール（'98.10.13）
黒板
N・T（男）
1. ○
2. なし（野口英世）
3. ○（コープ）
4. 日本の鬼の交流博物館館長 ⑱
M・A（女）
1. ○
2. 医療関係の仕事（鎌成 武）
3. ○（脳死、カナディアンアカデミーの先生と生徒にインタビュー）
4 歌う豆腐屋さん ④
Y・J（男）
1. ▲
2. なし
3. ▲
4. 恋文コンテスト審査委員長 ㉒
K・Y（女）
1. ○
2. 福祉関係の仕事 国連とか英語を使える仕事
3. 梅沢くん、宮里くん
4. クマと人間の共生を考える ㊱
K・J（女）
1. ○
2. 遺跡発掘者
3. ▲
4. 寺院修理 ㊶
Y・T（男）
1. ○
2. なし（見沢知康
3. ○
4. 寺院修理 ㊶
T・M（女）
1. ○
2. 音楽関係の仕事
3. ○（買い物袋について）
4. ヒット曲作りから和菓子の世界へ ㉟
A・J（男）
1. ○
2. 教師
3. ○
4. ⑯（クロスワードパズル制作者）
Y・K（男）
1. ○
2. なし（土方歳三 稲葉浩志）
3. ○（交番勤務の警察官）
4. クマと人間の共生を考える ㊱
K・M（女）
1. ○
2. 外国で働く
3. ○（エイズ、公害）
4. 市民互助の会「たんぽぽ」会長 ㉚
O・K（男）
1. ○
2. 音楽関係（Yukihiro）
3. ○（コープ）
4. 寺院修理 ㊶
I・A（女）
1. ○
2. 看護婦、保健室の先生（母、姉、祖母）
3. ○
4. 歌う豆腐屋さん ④
S・A（女）
1. ○
2. なし
3. ▲
4. ヒット曲作りから和菓子の世界 ㉟
N・R（男）
1. ○
2. 趣味を生かした仕事（ローワン・アトキンソン）
3. ▲ 奥田民生
4. 路上で歌うフォークロック歌手 ㉗
F・T（女）
1. ○
2. なし（レスキュー隊、消防士など命をかけて人を助ける仕事）
3. ○ コープの店員さん
4. 歌う豆腐屋さん ④
O・R（男）
1. ○
2. なし（坂本龍馬）
3. ▲
4. ㊶
1. 自分の将来や生き方について考えたことが ア ある ○ ない ▲
2. 将来つきたい仕事（尊敬している人）
3. インタビューをしたことが ア. ある ○ ない ▲（その内容）
4. 私の選んだ人「人 あり」から
Y・T（男）
1. ○
2. 警察官・建築士
3. ○
4. 寺院修理 ㊶
S・Y（女）
1. ○
2. 薬剤師（母）
3. ○
4. 元宝塚歌劇団の人 ⑩
O・M（女）
1. ○
2. ピアノの先生（父）
3. ▲
4. 樹木医 ㉛
K・R（男）
1. ▲
2. なし（父）
3. ○
4. 生態保護協会 ㊷

(4) 記事を使って紹介する

用意した学習の手引きに基づき、グループ四人で記事を見せ合い、顔写真を眺めながら紹介をさせた。効果的な紹介をするために、聞く側の立場に立っての要約は大切である。モデルとして提示したのはみつはしちかこさん。

「学習の手引き」から――紹介します。私の選んだ人!

① 見出しを活用して
② 読み手の求めているものを察して
③ 文の数は五文ぐらいが…
④ 頭の中で句読点を意識して

日曜版の連載マンガの作者である。九〇〇回目のマンガも提示した。

私が紹介するのは、朝日新聞の日曜版「ハーイあっこです」という人気漫画の作者、みつはしちかこさんです。一九八〇年に登場してから足かけ十八年、六月九日で九百回になりました。これが記念すべき九百回目の「ハーイあっこです。」

ドジで失敗ばかりのあっこは愛すべき主婦、ハンサムな夫ジュンちゃんと俳句好きのしゅうとめのセツコさん、そして三人の子ども。モデルはみつはしさんのまわりの身近な人。

漫画のひらめきは買い物や台所でカツオ節を削っているときらしいです。私より一つ年上で漫画歴三十六年。季節感のある心あたたまる作品に仕上げています。若い親たちに、「育児はなるべくドーンと構えておおらかに…」という願いもこめられていることに注意!

（朝日新聞日曜版　一九九八年（平成十年）六月七日付）

三年生もこの時期になると、聞き手を意識し、要点をおさえた伝え方ができるので、内容を要約し、文章化しないで読んですぐに伝える方法をとった。それは、私たちが新聞を読んで人に伝える日常と同じである。また、他のグループの「人」を知ることも大切である。それで、「『私の選んだ人』はどんな人だろう?」の学習プリントを参考に全体発表の場を設けた。

研究授業の緊張感は、学習者を一段と成長させる。発表の評価観点は次の二点とした。

・その人が想像できるような仕事・趣味の取り組みを入れた発表ができている。

・その人の誇りや信念としての言葉、他の人への影響などを入れた発表ができている。

自分の考えをもち、自分の言葉として、紙面の人物を紹介できたのではないかと思った。しかし、予定外であったが、口答発表だけでは忘れてしまいそうなので、それが惜しくて次の時間に文章化させた。

(5) 私の選んだ人の分析（二次三時）

この時間のねらいは次の二つである。前時の意欲的な取り組みから判断して、ねらい2を左のように変更した。

1. どんな事柄が人物紹介としてあげられているかを分析して、ノートに整理することができる。
2. 文章にあう質問事項を五つ考えることができる。

三次の聞き書きに応用できるように、文章構成の分析（要点の列記）とどんな質問をするとそのような内容に導くことができるのかを考えさせた。次ページ下欄がそのときの授業ノート例である。高知県内で広がる「めだかトラスト」を推進している高知県生態系保護協会の中村会長を取り上げている。彼の活動の根幹は、子どもの頃、私たちが見慣れためだかの群や何種類ものトンボが徐々に姿を消して、「ヒトが生物の一員」という感覚をもたない人間が増える危機感である。この人を取り上げた「見出しから想像する」の二百字作文B（㊷を選択）の男子生徒は、きっと小学校校庭にある池に生息していた魚や飛んできたトンボを思い出しながら、本文から要点と質問を考えたのだろうと推測できる。

授業は上記のように三部構成である。(1)が要点の整理、(2)はその要点に対応した予想される質問の記述である。これが最終段階の聞き書きのためのインタビューに活用できる。(3)は聞き書きの練習用作文である。次の三編がそのときの作文である。

(1)　四〇〇字×3（各自の聞き書きの長さ）
何が（どんな事柄が）書かれているか。箇条書き（要点）
(2)　質問事項（敬語を使って書く）
インタビューした人（取材した記者）はどんな質問をしたのか
(3)　人物紹介
紹介＋感想
——42番「身近な自然　子どもに教える」——生徒B
・自然広場が作られた理由

10月27日（火）組（3）番（7）氏名（K・R）
主題　私の選んだ人の分析
ねらい　1 どんな事柄が人物紹介としてあげられているかを分析してノートに整理することができる
2、文章にあう質問事項5つ考えることができる。
1 (1)大同小異 (2)発足 (3)助長
2 (1)親身 (2)例示
一、「私の選んだ人」の文章の分析
(1)四〇〇字×3
何が（どんな事柄が）書かれているか。
箇条書き（要点）
(2)質問事項
インタビューした人（取材した記者）は、どんな質問をしたのか。
(3)人物紹介
紹介＋感想
。自然広場が作られた理由　自然広場が急にたくさん作られたのはなぜですか
。自然広場が広がっていることとその場所の位置　自然広場が広がっているのですがどういう場所にあるのですか
。自然広場にいる虫について　その自然広場のはどんな虫がいるのですか
。虫を紹介してくれた人について
。その人が会長をしている生態系保護協会について　生態系保護協会は主にどういうことを行っているのですか
。今の身近な自然の問題について　今の身近な自然についてどう思いますか
。場所を整えていくと虫の生命の楽園になることについて　これからどうしていけばいいのですか
。中村さんの夢について　最終的な夢は何ですか。

Q．自然広場が急にたくさん作られたのはなぜですか。
・自然広場が広がっていることとその場所の位置
Q．自然広場が広がっているのですが、どういう場所にあるのですか。
・自然広場にいる虫について
Q．この自然広場のはどんな虫がいるのですか。（原文のママ）
・虫を紹介してくれた人について
・その人が会長をしている生態系保護協会について
Q．生態系保護協会は主にどういうことを行っているのですか。
・場所を整えていくと虫の生命の楽園になること
Q．これからどうしていけばいいのですか。
・中村さんの夢について
Q．最終的な夢は何ですか。

㉟　思ったらすぐ実行　ヒット曲作りから和菓子の世界へ

「金塚さんの生き方」

金塚晴子さん、55歳。この方は十数年までレコード会社のディレクターをしていました。ところがふと入った図書館で和菓子の本に出会いあっという間に退職、和菓子の道へと入ったのです。「思いついたらすぐ実行」これが金塚さんの生き方なのでしょう。

普通はこんなふうに思うまま生きられないものだと思います。それにディレクターの仕事だって順調でした。金塚さんはよっぽど和菓子に何かを感じたのですね。すべて思い通りに生きることはできないけれど、私も何かを感じたら思い切ったことをしてみたいと思いました。

㊷　身近な自然　子どもに教える
「身近な自然」

ぼくが、紹介するのは、高知県生態系保護協会の会長中村滝男さんです。中村さんは、子供たちにメダカやトンボを見て触れて、生きた自然を全身で感じてもらおうと自然の広場を作りました。この自然広場には、トンボ、メダカ、ギンヤンマ、アメンボなど、たくさんの虫がいて、子供たちがいつも姿を見せています。

また、中村さんは、身近な自然が消えているという危機感が背景にありますが、がんばって運営していってます。そして、中村さんの夢は、各町内会に一つの割合で広場を作ることだそうです。

一つの信念にもとづいて取り組めることはすごいと思います。自分もそのようにできるようになっていきたいです。

③　死期迫る人と心の対話　行動するお坊さん
「歩くお坊さん」

人物紹介をする前にとてもこの人は素晴らしい人だと感じた。普通のお坊さんなら、ガンの告知や地域の人々を病院に送るなどはしないだろう。

ハワイ在住のお坊さん、藤森宣明さんは、真宗大谷派東本願寺の開教使だ。

死んでゆく人の最期に付き添うようになって、二年になる。

最初に望まれたのは、四十歳の末期ガンの女性信者だった。二ヶ月ほど通い、亡くなる前の数日間は、ベッドのそばですごした。

お経だけでなく、わかりやすい言葉で話す。自作の詩を読むこともある。

三十九歳、独身。寺で一人暮らし。ほとんど物をもたない。こんなシンプルな生き方もけっこういいかもしれない。


紹介だけでなく、自分のちょっとした意見も入っている。㉟の作品は国語ができる生徒で、手慣れた書き方になっている。㊷の説明は国語が苦手だけど、真面目にがんばろうとしている男子生徒、忠実に表現しようとしていることがよくわかる。③の作品は、まだ力が十分に発揮できない男子生徒であるが、「行動するお坊さん」に匹敵する箇所を記事からうまく抜き出している。改めて、必死にがんばったのだと感慨深い。

さて、二次の最後「私を変えたあの一言！」に移ろう。

3　私を変えたあの一言

この時間のねらいは次の二つである。

1．VTRを見て、私を変えた一言とその人との関係を見つけることができる。
2．人生でその人の生き方を変えるほどの一言の重みを説明することができる。

「私を変えたあの一言！」は、先に述べたようにNHKの「生活ほっとモーニング」の録画である。加藤登紀子、榎木孝明、阿刀田高の青春時代を通して人生の転機となった一言を紹介している。加藤登紀子は昭和三十七年に東大に入学した。東大在学中に歌手としてデビューし、学生運動、大恋愛、結婚。結婚後も心にしみるヒット曲を出した息の長い歌手である。理科や数学によい点をとるよりも音楽や図画や体育によい点をとることを望んだ両親。自分の進む道に悩んでいたとき父親が「人生はもっと楽しまなアカン。今のままでは味けないで」と言う。本人に内緒でシャンソンコンクールに応募したのが、歌手になるきっかけだった。

榎木孝明は俳優であるが、絵も描き、画集を出している。大学で美学を専攻していた彼は三年で中退し、劇団四季に所属する。自分中心だった彼に、力を抜いて我を捨てる意味で「オープンマインドでいけ！」と浅利慶太が言った。

三人目の阿刀田高は短編小説の名手である。大学二年のときに肺結核になり、治癒するのに二年かかった。その頃、両親を失う。結局、病身で生きていくことになったとき、高校時代からの夢である新聞記者の夢を捨て、安定した国立国会図書館に勤務することになった。いつも誰かが助けてくれるのを待っていた彼にとって支えたのは「選ぶこと賭けること」であった。その後、作家への転機となったのは友人の「要は生き方の問題。後悔しないことだ」の一言だった。

学習材のVTRとしては、結果として胸に響くことは薄かった。私自身、よく知っている人物でも学習者にとっては、全くと言っていいぐらい知らない人物だったからである。青春を支える言葉として納得させられるものと判断したけれど、よい学習材になっていないことがわかった。そこで、他の学級では、私自身を支えた言葉を話すことを試みた。

一つは福沢諭吉が作ったと言われている「十訓」の中にある、「生涯を貫く仕事をもつことはしあわせである」という言葉である。教育実習生でお世話になった神戸大学教育学部附属明石中学校の指導教官藤田先生が生徒に渡されたプリントの中にあった。教育の仕事に携わってここまでこられたのは、その言葉との出会いがあったからである。二つめは、新卒で公立中学校の助教諭をしていたとき、二ヶ月勤めた学校から次の学校へ移る際に、学年の先生方が小さなお別れ会をして下さった。今でも覚えているがいちごのショートケーキと紅茶の会だった。学年主任の押川利通先生が「若いということはそれだけで魅力がある。しかし、若くなくなっても魅力ある教師にならなアカンで」と送り出して下さった。三つめは、六年間の公立中学校から附属中学校へかわるときの自分の決意「自分で責任をとる」ということである。何もかも違う環境になる職場で、グチをこぼさないための自分への戒めであった。就職するに当たって「一日二十四時間のうち、八時間働く職場なのだから、楽しく働かなアカンヨ」と隣家のおじさんに言われたことが根底にあった。

こんな話をした。結果としては私自身がモデルとなった話は、身近な人間の支えた言葉として興味をわかせたようだった。三人の中では、阿刀田さんに引かれた生徒が多かった。

○「人生を変えた一言！」に思う

A　阿刀田さんの話が印象的です。子供が三人もいる中で、安定した職業から作家という未知の世界へ入れたのも、友人の「言葉」の力のおかげで、すごいなぁと思いました。
言葉というのは、ただ口から出る音でなく、人生を変えてしまうような大きな力があって、びっくりしました。言葉を慎重に選ぶというのは、重要なことだと思います。

B　阿刀田高さんが大切にしている言葉「ようは生き方の問題だよ。」僕はこの言葉が一番気に入りました。自分が今、本当にやりたいことをやるということ。絶対後悔しないということ。自分に正直になって生きること。できそうでできないこういった生き方をしてみたいです。そしてたまには「賭けること」も大切だと思いました。

C　僕はとても心うたれる言葉を聞いた気がする。それは遠藤先生が言った「魅力」である。若い時の魅力さに劣らず、年老いた時に魅力さも並々ならないものだと思います。やはり、自分をある程度、熟せた時、人は自分自身を見つける事ができるのだと思います。
先生も人生を変えられたといいましたが、僕もなぜか、そんな気がします。
僕も人生を変えた一言を見つけたい気がします。

D　要は生き方の問題。これは進路で悩んでいる僕にとっては、非常に重い意味を持つものとなった。自分は、どう生きたいのか、何をしたいのかが、結局は大事。そして、最大の決定権は自分にある。これは、うれしいことでもあり、悩みの原因の素にもなっているものだと思う。

どう生きるにせよ、遠藤先生がおっしゃったように、「～が言ったからそうした」と、人のせいにして生きていく人生だけは嫌だ。

こうして、作文を読んでみると、Ｂ・Ｄの男子生徒は自分の生き方の指針をもっている。果たして、今はどうしているのだろうかと思うようになった。現役で大学に進学した生徒なら四年生である。電話インタビューすることにした。Ｄの母親と話をした。県立高校の新設された国際経済科に進学したのは陸上をしたいという本人の強い希望だった。長距離選手としてかなりハードな生活をしながらも成績を保ったので、指定校推薦で慶応大学の法学部に入った。就職は、ＮＨＫに内定し、報道記者の道を歩むそうである。（二〇一五年現在、テレビで顔を見ることがある。）電話口でこの作文を読んだ。「先生、その通りの生き方をしています。今回も、自分で決めました。」とのことだった。同じ言葉をＢの母親も言った。「もう自立して家を出ています。携帯電話にかけてやって下さい。」ということで、夜に彼と話をすることができた。

中学校では演劇部の部長だった彼は、三年の文化祭では部員と相談しながら、四十分の脚本を書き上げた。全くの創作である。演劇では県下で名を知られた公立高校に進学したが顧問の教師が転出をしてしまっていたので、自分の思うところではないと中退し、劇団を自ら立ち上げた。収入を得るために働いたコンビニの仕事が面白く、店舗を構える審査を待っていると言う。今年中に結婚もすると言う。

4　聞き書きの方法

いよいよ聞き書きである。学習の手引き用に配布した資料は、初めにＡ「聞き書きの方法」、Ｂ「聞き書きメモ」、卒業生の作品C「働きものの老夫婦」（拙著『生きる力と情報力を育てる』明治図書　一九九七・八所収）、追加でD「32236の物語をつくった人」（同上）を配布した。

A　総合単元「人あり」'98・10

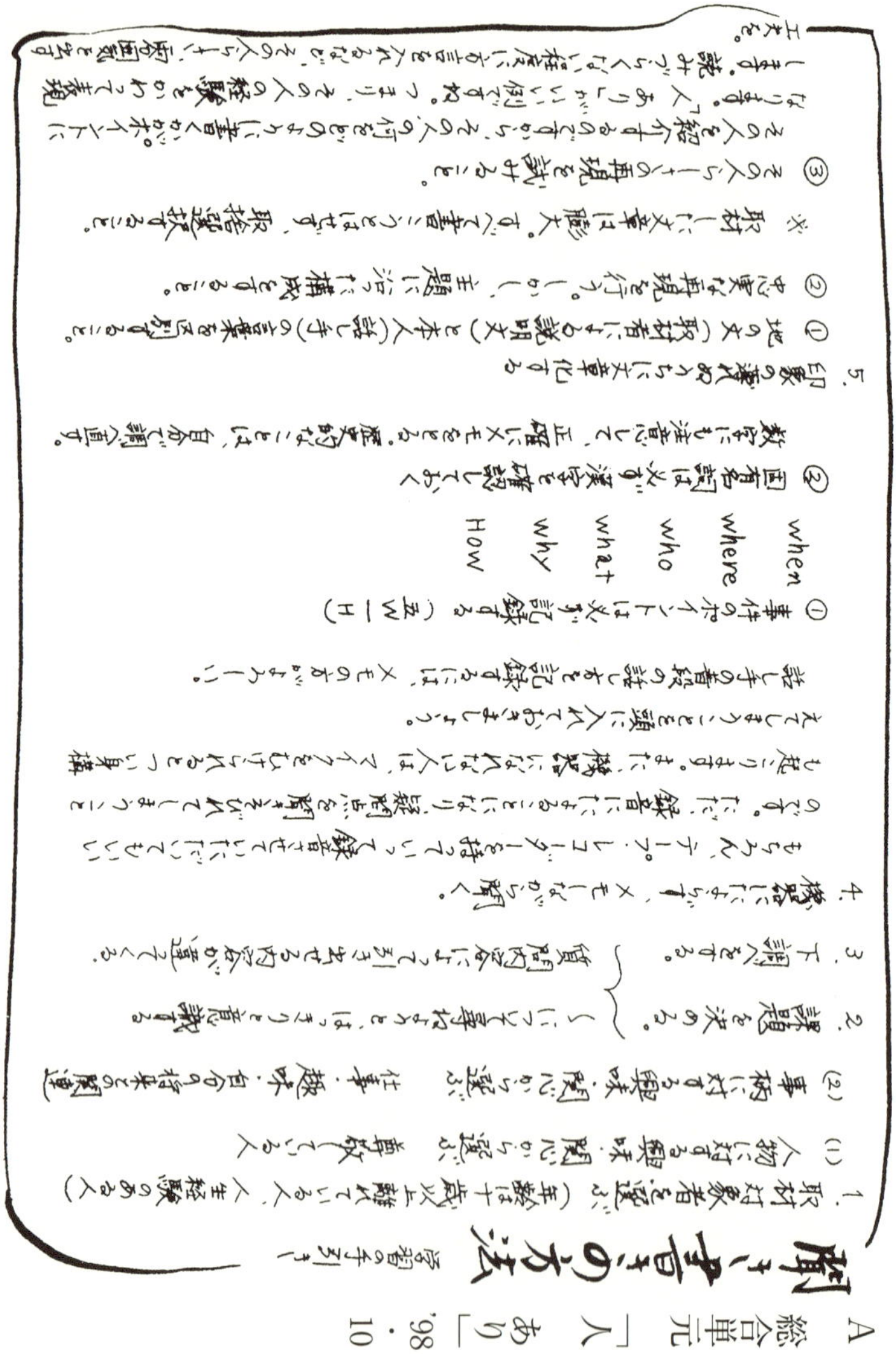
聞き書きの方法　学習の手引き

1. 取材対象者を選ぶ（年齢は十歳以上離れている人、人生経験のある人）
(1) 人物に対する興味・関心から選ぶ　尊敬している人
(2) 事柄に対する興味・関心から選ぶ　仕事・趣味・自分の将来との関連

2. 課題を決める。　～について尋ねようと、はっきりと意識する

3. 下調べをする。　質問内容によって引き出せる内容が違ってくる。

4. 機器にたよらず、メモしながら聞く。
もちろん、テープ・レコーダーを持っていって録音させていただいてもいいのです。ただ、録音にたよることになり、疑問点を聞きそびれてしまうことも起こります。また、機器になれない人は、マイクをむけられるとつい身構えてしまうことを頭に入れておきましょう。

話し手の普段の話し方を記録するには、メモの方がよろしい。
① 事件のポイントは必ず記録する（五W一H）
when
where
who
what
why
How
② 固有名詞は必ず漢字を確認しておく
数字にも注意して、正確にメモをとる。歴史的なことは、自分で調べ直す。

5. 印象の薄れぬうちに文章化する
① 地の文（取材者による説明文）と本人（話し手）の言葉を区別すること。
② 忠実な再現を行う。しかし、主題に沿った構成をすること。
※ 取材した文章は膨大。すべて書こうとはせず、取捨選択すること。
③ その人らしさの再現を試みること。
その人を紹介するのですから、その人の何をどのように書くかがポイントになります。「人あり」がいい例ですね。つまり、その人の経験をかわって表現します。読みづらくない程度に方言を入れるなど、その人らしさ、雰囲気を出す工夫を。

B
総合単元「人　あり」

聞き書きメモ

組　番　氏名

取材をしたい人（仕事）		関係	
取材日時		取材場所	
取材のねらい			
質問項目（家族の話し言葉で書きなさい）			
下調べ			
作品全体の構成			
取材・書き終えての感想			

C

働きものの老夫婦　　聞き書き　　　　　　　　O・S

細江貞則さん。六十八歳。神戸生まれ、神戸育ちの神戸っ子は、十六の時、「うまいものを人にうまいと言って食べてほしい」と、いうことで、うどんを作りはじめてはや半世紀がたった。現在も妻と二人で王子駅前に「志ん富」を営む。カウンター式で六席しかない。

「金や値段ではなく、あくまでも味」というのがモットーだ。金など関係なく味に頑固な彼はその通り支店の一つも出していない。また、三十五年前には、「関西にはないものを」と、いうことで、東京そばときしめんにした。

五十年間、「味」にこだわったぐらいではダメだという頑固オヤジの彼は、昨年の夏、よりおいしいものをみつけるためにと、本場信州に妻とともに足を運んだ。しかし「全然おいしくなかった。だしがダメ」と、おいしいものをみつけるどころか、逆にまずいものをわざわざ食べに行ったというような辛口の感想だった。

そんな彼の生きかたを評価したのは、ぼくだけではなかった。テレビ・雑誌はもちろん、教育委員会からも「働き物の老夫婦」と、いうことで取材がきた。また、自らの腕をふるい、「味」を教えたこともあるが、その中でも身近なのが正家・赤塚山店である。でも、今は教えたことと全く違うことをやっているらしい。偉大な彼は自慢話を論じはじめると止められなかった。

店ではシャツにハラマキにモモヒキという愛嬌のある姿で働く。「もう趣味的なものになってきましたネ」と白い歯をのぞかせながら彼は言う。

「夢はありますか」と聞くと、「もうこんな歳だからありません」と答えた。しかし、夢はなくとも、もっともっとうまいものをというのが、彼の人生の課題であり、それを達成することが彼の夢なのではないだろうかと僕は思った。

男、細江貞則六十八歳。彼のうどん人生のピリオドは、ずいぶん先になりそうだ。

（取材日時　十一月六日　「志ん富」にて）

聞き書きメモ　二組　一番　O・S

取材をした人（仕事）	うどん職人	関係	特になし
取材日時	十一月六日（日曜）	取材場所	王子駅前の店
取材のねらい	一、その人の人格がわかる 二、その人の歩んできた道のりがわかる		
質問項目（取材の前に考えておくこと）	・何年前からこの仕事をはじめたのですか ・何か苦労したことはありますか ・これからのことを教えてください（夢）		
下調べ	王子東口前に位置する「志ん富」屋の営業日付とあって、来れまるでつぶれた店のようだ		
インタビュー全体の構成	「ひと紀行」を参考にしながら書く		
取材・書き終えての感想	とてもやさしい老夫婦であった。夫の方は少し頑固ぶりが感じられた。二十～三十分のみじか時だったが、気楽に話せた。		

D　総合単元「人　あり」聞き書きのための学習の手引き

総合単元「伝える」聞き書きの手引き（'94・10・14）

3 2 2 3 6の物語をつくった人

「彼」、大廻政成、福井県丸岡町に仕む。仕事としては、司書（ライブラリアン）、ライフ・ワークとして芝居に打ち込み、どちらが本業かわからないと言う。一九五〇年生まれとら年の獅子座という強運の持ち主、弱いのは女性と酒と冗談をとばす。「運だけはめぐまれているのです。実力でなくて、運だけで生きているということでございますが」と謙遜する。

九月十四日、丸岡町役場、午後三時過ぎ、ゆうパックの段ボール箱がいくつも積まれた会議室で、「彼」と対面していた。生徒の一筆啓上は神戸で投函してきていた。

「今年は兵庫がトップなんです。なぜかなと思っていたら、世話になった人で郵政省の切手文通振興課の課長の古城さんという古い友だちがいるんですが、今年の七月から神戸中央郵便局の局長さんになってみんなにハッパをかけたという形跡がある。こちらに言わなくて黙ってやるというしゃれた人なんです。人間的にもすばらしい人です。古い城と書く」

丸岡城は、日本最古の木造の城である。縁があるのですねと言うと、「縁にめぐまれているのです。縁が続いて、いい出会いをするから、縁が続くのかと思います」と返答がある。

この一筆啓上の企画に対する多くの生徒の感想は、すごいの一言につきるが、これを思いついた最大のきっかけは何だったのだろうか。

「様々あるのですが、一つは親父が四十六年間、郵便局に勤めていたというのが第一点で、弟が親父の意志を継いで養子にいき、三十代の前半という若くして特定郵便局の局長になりました。しかも、本多作左衛門の家と親戚筋のあるところに養子にいったんです」（注、一筆啓上は本多作左衛門が妻にあてた手紙）

古城さんと言い、この話と言い、「彼」の言う縁がある。

「家族のことで恐縮ですが、うちの母は十年前になくなったのです。荷物を整理していたら、お金を包んであるように、本当にていねいに油紙に包んでいるのが出てきました。〝これ何〟と姉が言うので開けてみたら、東京にいたとき、先輩に勧められて家に手紙をけっこう出したのですね。東京にいた四、五年の間、正味出したのは三年間、僕が出した百通余りの手紙がまあ、ほんとにしわをのばすがごとく、こうりの隅に保存してあった。

母があまりに急になくなったものですから、涙も出している暇がなかったんだけど、それを見て、何というかおいおい泣いたというか、母の気持ちというのが昔からわかっていましたけれど、まざまざ見せつけられて、すごい衝撃だったんですね。

僕は親父からもお袋からも、亡くなるまで叩かれたことも罵倒されたこともない。三十年前にテープレコーダーがほしいといえば東芝の製品が。電気屋のショールームに飾ってあったんでしょう。自転車がほしいと言えば自転車が、百科辞典が届く、文学全集がほしいといえば文学全集が届く。

僕にとっては切望したことだけど、ねだったことがない。お袋にちらっと言うと、親父にちらっと言う。

こんなドラ息子、大学は中途でやめてしまうわ、かってに芝居の方向にいこうとするわ、とにかくしたいほうだいやってきた。だのに叩かないし、罵倒もせず、二人をなくしてはじめて信じてくれていたことを実感したんです。

僕なんか息子をだいぶ叩いていますから。叩かずひたすら信じきってくれた親父とお袋に返すすべはないですけどね。親父は郵便局に四十何年勤めました。仕事が好きだったみたいです。また、それを支えたお袋の姿にこれで返したいという思いがあった。仕事で恩返しするのは馬鹿で、公私混同みたいなもんです」

丸岡町に根付かせた芝居も公私混同だと言う。しかし、町長を初め、いろんな人が御祝儀や差入れのおにぎりを届けてくれる。黙ってそっともってきてくれるあたたかい気持ちは親父とお袋と同じ気持ちだと言う。古城さんも同じ。こちらが一生懸命やっていれば、知らず知らずのうちに電波かオーラで目に見えない何かで通じると言う。

その芝居の劇団の名は「甍」。夢の文字に似ている。

「信念をもって夢を続けることが大事なんですね。それを仕事にももち続けている。真剣に夢を見なくちゃならんですね。いい加減に夢を見たらだめですね。もろい結果になりますね」

この一筆啓上賞の成功により、彼は二階級特進になった。丸岡町始まって以来の昇進である。普通なら主査五年、主任五年と十年かかるところを一瞬にしてやってしまった。丸岡町は自分の生まれた故郷という思いが情熱を生み、アイディアを生んでいる。基本的には、いやな仕事をしない、いやな仕事でも自分の好きな仕事にしてしまうという生きる姿勢が、幸せな恵まれた人生を送っていると彼に言わせるのだろう。

三万余りの手紙を、今、彼は「３２２３６の物語」の題で頼まれると講演に出かける。

３２２３６人、一人ひとりの生活の歴史がある手紙のうち、こんなのがあった。

「十八歳の白血病の女の子から来たときは、号泣しましたけどね。あと二、三年の命で、親に世話になったのを返したい、女の子ですから便せん四枚にぎっしりと書いている。叫びなんですね。悲しいけど、うれしいです。真剣に、うちに寄せてくれる」

男子生徒も、「あの「一筆啓上の町」を読んでいて、恥ずかしいけれど、目頭が熱くなりました」と書いていた。彼と一緒に読んでいた職員の人も、どれだけ涙を流したことだろう。

「３２２３６通はすごい重さです。物理的重さの数十倍はあるでしょう。

奥尻島の地震がある何日か前に五、六通届いているんですよ。何人かなくなっておられるかわかりませんね。

鹿児島で集中豪雨があったでしょ。何日かあとに届いた封書は、インクで書かれているんですけど、雨で濡れているんですわ、雨で縮んでいるんですよ。それで、開ける前からすごいなということになるんです。

こうやって出すまでの苦労を考えるとすごいんですね。

書いては破り、書いては破りしたり…。手紙を出したことがないやつが、母に出してやろうと手紙を書く。書き出して、考えている間に涙が流れて、ポツポツとあとになっている。僕は涙だと思うけど、人によれば水滴だと思うかもしれない。手紙も出したことのないやつが、丸岡町だったら、亡き母に出せるのですよ。現にあったんですよ。

書くということは母の姿を思い浮かべることですよ。思い浮かべることは、母の姿をかなり昇華することです。母のいいところだけがパーと浮かんでくるわけですよ。それを思い出したら、ある程度、こなきゃうそですよ。

こうやって封をしてポストに入れるまでの人間の気持ちを考えるとすごいでしょうね。手紙のもつ力は」

海外から本の注文も数千冊になっている。

企業誘致をし、六呂瀬山の葺石を再現するイベントを全国によびかけ五千人の人を丸岡町に集めた。鬼太鼓座を地方の村に呼びよせたのも彼である。

「こんな男に仕事をまかせてくれた人もえらいですけど、信じてくれたからこそ、そんな人にはとことんつき合う、それに対して答えようとする。これを忘れちゃいけないですね。

自分がいかにその仕事で楽しむか、楽しみをみつければ、いい仕事ができる」と語った。

あの緊張した面持ちのいい写真は、心身とも充実した緊張した快感の一瞬という。恐らく、審査の結果を発表するときのものだろう。きっと、彼は、芝居のときも同じ顔をしているに違いない。

「輝いてないときはどんな美人でも美しくない。人間の美しさ、魅力というのは内面から出てくるものだ」

彼は、輝き続けるのに違いない。非常に魅力的な人だった。

一九九四、九、十四　丸岡町町役場
聞き手　遠藤　瑛子

（浜本純逸編　拙者『国語科新単元学習による授業改革②　生きる力と情報力を育てる』
明治図書　一九九七・八　より転載）

手引き「３２２３６の物語をつくった人」は、『日本一短い「母」への手紙』を企画した福井の大廻政成さんを訪ねた、私が聞き手となった聞き書きである。先に示したように、私自身がどう取り組んだかを示すのが一番であるということがよくわかってきたので、追加資料として提示した。次に示すのが、その反応である。

A．聞き書きへの意欲

・「聞き書き」というのは新聞記者みたいなもので、いかに相手をリラックスさせてくわしくきけるかというのが腕のみせどころだと思う。できるだけ、いい聞き書きをしたい。

・はじめて会った人に聞き書きして、その人の今まで歩んできた道や、その人の人柄がわかり、その人の将来まで予想してしまうなんて聞き書きって面白いですね。

・聞き書きは、相手の言っていることを事細かくメモしなきゃいけないから大変だと思う。文の組み立てとか、まとめは、分かりやすく話し手の最も言いたいことを考えてやっていきたい。

・大廻さんに、先生はたくさんの事を聞き、いろいろ話したのだろう。僕も聞き書きをするときは、上手におもしろく質問し、相手とうまく接することができるよう心がけたい。

B．大廻政成さん

・日本中を感動で包んだあの企画の生みの親である大廻さんは私の思った通りとても温かい人のようでした。私は本を読んだことがないので、一回読んでみたいです。

・大廻さんだからこそみんなが助けてくれた。大廻さんが母を大切にしていたから、大事にする気持ちが分かる人だからこそこんな本をつくれたと思う。

C．手紙

普段、めったに母に手紙など書かないのですが、誕生日とか大切なコトがある時は、手紙をかきます。おしゃべりが下手で自分の思っていることをうまく表現できないのですが、文章にすると不思議と本当のことが書けます。手紙にはふしぎなちからがありますねぇ。

この文で心に残ったのは、白血病の女の子が大廻さんに「叫び」、「悲しさ」など4枚の便せんにぎっしり書き、大廻さんという方は、この女の子にとってかけがえのない大切な人なんだなということがわかりました。

D．書き方

遠藤先生の書き方に圧倒された。私は最後のまとめ方が気に入っている。聞いた人のまとめ方がきれいに書かれていて、本当にすばらしい人なんだと感じた。

本の何ページかをうつしたようなきれいな文章だった。国語科の先生だからあたりまえかもしれないけど、大廻さんの話していることがたいはんだったけど、先生どくとくの言葉（表現）が入っていたのでよかった。

5　でき上がった聞き書き「人　あり」三編

聞き書きの準備で取材をしたい人を尋ねたとき、学習者が次のように答えた。

○精神的な面で尋ねたい人
・社会で自分の意見を貫く人
・自分の道をしっかりと歩いている人
・一度挫折をしていても、なおかつ人生に満足せずハングリー精神のある人
・自分をもっと向上しようとしている人
・夢をもっている人

○具体的な仕事・職業についている人
・自分の将来就きたい職業の人
・職人……そのものに賭ける思いが聞けそうだから。
・仕事をしている父……最も身近な勤労者だから。
・人生を楽しんでいる人
・塾の先生……なぜ塾を作れたのか。また、時事を教えてくれるから。
・弁護士……祖父がそうだったから。
・駅前のたこやき屋のおじさん……熟練の技を知りたい。
・祖父……ドラマチックな人生を送っている。
・縁の下の力持ちのような人
・たたみ屋さん

十一月の半ば過ぎに「３２２３６の物語をつくった人」（指導者による聞き書き。前掲）の感想のまとめを配布している。その後、生徒たちだけでなく教師の私たちも、高校見学や実力テスト・期末テスト・進路決定の三者（本人・保護者・教師）面談と慌しい月日を送った。そのため、取材相手の都合もあり作品提出は冬休み明けとなった。印刷した冊子を手渡せたのは卒業してからである。提出した聞き書きの実際の取材対象者は次のようになっている。

ア．身内
　父、母、祖父、祖母、叔父
イ．身近な人

先生（学校、塾、幼稚園、ピアノ、習字、パッチワーク）、購買部のおばちゃん、交番のおまわりさん、理容師、美容師、駄菓子屋のおじいさん、おばあちゃん、たばこ屋のおばちゃん、カラ揚げのおいしい鳥肉販売店、手づくりのパン屋、元力士のちゃんこ鍋屋、医学者、向かいの船乗りのおじさん、女性の無線局検査官、友だちのお母さんのコピーライター兼プランナー　等

家族を支える父と母への聞き書きが一番多かった。受験勉強をしながら取材をするので一番近くにいる人ということかもしれないが、今、改めて一編一編を読んでみると仕事（趣味）に誇りをもち懸命に生きている両親の姿を普段から見ていて、この機会を活用したのだろう。特に、母親に対しては、目標をもって励んでいる一女性として見る女子の聞き書きが多かった。幼少時の戦争を乗り越えた母。モンテッソーリの教育理念に基づき幼稚園を設立し、保母として働いている母。薬剤師としてがんばっている母。子育ての中から我が娘に大切なことを伝えようとしている母等。いずれも尊敬の念があふれ、前ページで示した「精神的な面で尋ねたい人」の中の「自分の道をしっかりと歩いている人」や「自分をもっと向上しようとしている人」に該当する。

イの身近な人では、自分の理想とする目標に当たる人（医学者。船乗り。実際に取材者はその道に進んだ）や親しく話せる幼い頃からの顔見知りで出入りをしている駄菓子屋や月に一度は世話になる理容師・美容師に話を聞いている。

次の三編はその中から選んだ作品である。Aは薬剤師の母への取材である。母親自身がすでに問題意識をもっており、超高齢化に突き進んでいく日本の社会を見すえている。現在、あれからすでに十七年たった。介護における悲劇も報じられ、山村では六十五歳以上という限界集落という言葉まで知られるところとなり、ドラマ化もあった。「あなたたち子供だけでこの問題は解決されない」と断言した文言を聞き書きに挿入している。そして、最後の二段落で彼女自身が社会問題を考える人になっている。

A．　自分の将来

「この仕事に生きがいは感じません。」と彼女は何のためらいもなく私に言いました。もし、これが他人だったらどういう態度で彼女との会話をつなげる事ができるのでしょうか。私はこの時、取材相手が母親であったことに心底感謝しました。

母は薬剤師をしています。何年か前まで病院の薬を調合していましたが、今は漢方をあつかっています。「調合」や「あつかう」などと、かっこいい言葉で表現しましたが、母は最初から薬剤師になりたいと思っていたわけではありません。理数系に関してなら医者でも良かった、といいます。私からすると薬剤師という自分の資格をそんな風に言った母に少し驚かされました。

九月下旬、母はある資格を得るための試験を受けました。ケアマネージャーと呼ばれるものです。現代社会は高齢化という一つの枠を越えて、老齢化と呼ばれるようになりました。老齢化、つまり超高齢化になった今、介護知識を修得している方が少ないのが現実です。母はその試験に合格しましたが、なぜこの資格を、の質問に再び母は何のためらいもなく今は資格がものを言う時代だ、といいました。それに加えて、あなたたち子供だけでこの問題は解決されない、とも言いました。

母は将来が不安だそうです。彼女ら四十代の人間には何ひとつ将来を保障し、安心させてくれるものはない、と言いきりました。私自身、この意見にはうなずかされました。

一人の薬剤師が、一人の女性が、安心という言葉が使えないようなこの時代を、今の日本のように肩書きだけで生きている人たちはどう考えているのでしょうか。また、この様な社会問題の知識をもっているのでしょうか。

平和主義、人々が安心して暮らす、これが平和なのでは?と子供ながら思うのが私だけではないことを信じています。

（K・N）

Bも身内の聞き書きである。当時、彼女はこの叔父にあこがれ、同じ仕事をしたいと強気で語っていた。文章から馬の大好きな若い男性の様子が生き生きと伝わってくる。インタビューの際の応答の言葉が生きて活用されている。日焼けした精悍《かん》な男性が馬の世話をしている姿が想像できる。作品末の三行の文について、作品掲載許諾の電話の向こうで「アハハ」と笑いながら「先生、どこかの文をもらったのと違うかな」と言った。どうだろうか。彼女は現在、取得した管理栄養士の資格が生かされてはいないが冷凍食品の会社で営業職につき、孤軍奮闘の毎日らしい。附中時代、女子バスケット部で活躍していたので、知人のいない東京で社会人のバスケット部に所属し、友人を作って淋しさを乗り越えたそうである。

（H・M）

B．仕事

このお正月、休み無しで働いている。家族全員で集まっても彼の姿だけではみえない。彼の名前はH・S、かっこよすぎる独身の三十歳である。今は、西脇競走馬休養センターに住み込みで働いて四、五年になるだろう。彼はいつも体のどこかが青あざになっている。別に好きで体に青あざをつくっているわけではないが、馬の散歩中や手入れ中などに振りおとされたり、けられたり、あげくの果てにはかまれ、あざ以外にもきり傷やかすり傷を絶えず作って帰ってくる。今回、取材してきたときもあざを作っていた。そこで
「痛さを負ってまで、なぜこの仕事を選んだのですか」
というと、
「ぼくは馬をみてるのが好きだから。ふつうの仕事は面白くなかったしね。けがとかがあったほうが、実感あるし、馬との触れ合いも楽しいしね。」という。それほど、前の仕事が合わなかったらしい。そのあと、
「きっかけは?」というと
「きっかけは…仁川の競技場に行って、馬達の姿をみていて、〃あぁ、いいなぁ〃って思って、気ぃついたら、前の仕事辞めて、無職なってた」とあっけらかーんという表情でつぶやいていた。
「ぼくは、まいちゃんがいつも生まれてくる性がまちがって生まれてきたというように、ぼくは生まれてくる動物をま

ちがってしまったのかもしれない。」

　彼に夢をきいてみた。すると
「ぼくは、まず、メジャーとして、中央競馬で働いてみたい。今は、そのための修行期間みたいなもんです。いつか、自分の担当の馬がタイトルを総ナメしてくれるようになってほしいですね。」彼はニコッと笑って、まるで、今、その通りになったような顔をして話していた。彼はいつも、テレビに映っている馬達に、いずれ自分の馬となる姿を重ねて、馬の姿を追っているのだろう。いつか…いつかはという思いをはせているのだろう。

　最後に私はこう聞いた。

「あなたにとって馬という存在はなんですか」

「ぼくにとっては、人生のパートナーみたいなもんです。コイツらなしじゃ仕事にならないし、コイツらをみて夢をもってるぼくだから、コイツらなしは考えられない!!簡単にいうと、ボクのお嫁さんはお馬さんですかなってトコです。つまり、ぼくの子供はケンタロスですってコトです。」

　私は彼を尊敬している。それは自分の生きる道を自分で決め、進歩しているからだ。私も将来、中央競馬という場で同じ職につきたいと思っている。そんな私に彼は〝女の子の仕事とちゃうけどええんか〟と心配そうに言うようになった。

　彼の心の中で、彼の馬は、その漆黒の馬体を揺さぶりながら、神風のごとく、緑の花道を疾風迅雷に風を切り裂いて駆けていく。


　Cは父親が商船大学教授で帰国生である。取材対象者のF・Kさんは現在も健在とのことである。「僕も自分のあった道に進んでいきたい」とあるが、彼は父親の姿を見ており、潜在的に船乗りの道を考えていたのか、商船会社に就職し船に乗った。海外に行って帰国したばかりで電話で話をすることができなかった。

　中学時代は男子バスケット部に所属していた。背が高く、穏やかで笑顔のよい好青年だった。取材内容から判断してF・Kさんの人生を全部、上手に尋ねたことがわかる。

C.　生涯を船と過ごしたF・Kさん

（I・T）

深江南町×丁目×××。わが家の目の前の二百坪もある大豪邸のご主人F・Kさん（七十一歳）は、すでに定年を迎えており、いつもはお庭の手入れ、犬の散歩などなどをしている。小柄だが、バスローブとブランディの似合いそうな、ダンディーな方だ。

Fさんは、九十四年十二月に船長をやめたが、それまでの五十一年間、船とかかわって生きてきた。

最初の船との出会いは、「戦争」。旧制中学校の三年生、今でいうと中三から高一の時、海軍甲種予科練習生を志願し、船と出会った。しかし、戦場には行かず、練習生のまま終戦を迎える。戦争のことは、あまり思い出したくないとおっしゃっていたが、「僕は十四期生で、十三期生は特攻で死んでしまった」などと語って下さった。

終戦後（昭和二十一年）に海軍を除隊。それから、船乗り人生が始まった。最初は、漁船特に捕鯨船の母船に乗っていた。たぶん、実家の北海道・函館の関係から捕鯨船になったのかもしれない。当初の船乗りになった理由は、「終戦後は、食べ物がなかったが、船乗りは、食べる事にこまることはないから」とおっしゃっていた。

昭和二十二年から二十三年、南氷洋に行った。昭和二十六年に、海技専門学院、今の海技大学校（芦屋市）に入学し、二十七年に卒業、就職。就職先はやはり船会社。今では、日本国籍の船は、客船しかないが、その頃は日本のカーゴやタンカーに乗れたそうだ。この時、船乗りになろうと思った理由は、「会社に行って、ペコペコするのは苦手で、自由な仕事をしたかった。」だからだそうだ。

その後、九十四年までに、三等航海士から船長になり、アイスランドやグリーンランド以外の港、北中南米西東岸、アフリカ西東岸と世界一周を何回もしたそうだ。印象に残った事は？とお聞きしたら、「いつも印象深かった」とおっしゃったが、「船乗りの取り得は、器用なこと」とおっしゃられた。なぜかというと「今は、わからないが、昔は、小物からエンジンの修理、洗たく、何でも自分でしなければいけなかったから。」とおっしゃった。

最後に奥さん（六十六歳）の言葉だが、「仕事は、好きになればこそできる。好きでないものは、ふんばりがきかないからね。」と言われ、僕も自分にあった道に進んでいきたいと思った。Fさんのように。

おわりに

総合単元学習を実践し始めてから、主として三年生に自分の進路や生き方を考えさせるために、聞き書きを組み込んできた。はっきりとした目的をもって取材対象者を決めたことや新聞の適切な連載記事によって、出会ったことがない人に向き合わせることができたからである。

新学習指導要領が施行され、思考力・判断力・表現力をつけ、言語活動の充実が言われた当初は、現場ではいささか右往左往した感をぬぐえなかった。しかし、すでに次の改訂に向けて動いている昨今である。中学生でもできるのではないかと判断して、学年に合うように工夫して取り組んできたこの聞き書きは、まさに思考力・判断力・表現力を育てる言語活動であり、人生の価値を学べる充実した時間を学習者はもつことができると言えよう。

用意した質問があっても、相手の気落ちで好意的に話が弾んで即座に内容に合わせたあいづちや新しい質問をしなければならないときもある。とっさの判断力が要求され、うまくいくと成果の大きい内容になるだろう。また、取材のあとの文章は、その人となりをいかに上手にまとめるかにかかってくる。取材中の名言を入れ、文章構成を考えて書き上げるためには、取捨選択も必要でまさに思考力・判断力・表現力を駆使できる場（トキ）と言えるのである。つまり、自然に主体的な学びがつくられるのである。

小学校二年生の国語には、友だちのよいところを見つけ紹介するという小さい単元があるが、上級学年につながる望ましい単元である。

参考 5

演劇指導と単元学習

附属住吉中学校では退職するまでの三十二年間のうち三十年間、演劇部の顧問をしていた。他に希望者がいなかったことにもよるが、私自身「つくり上げる楽しさ」を味わっていたから続いたと思っている。文化祭でライトを浴び、演じている生徒の緊張と輝き、ハラハラドキドキしながらそれを見ている私は、生徒からエネルギーをもらっていたに違いない。

この「つくり上げる楽しさ」こそ単元学習と共通するものであり、その中核が言葉である。

(1) 演劇との出会い

小学生の頃、あるとき父が神戸市立大倉山図書館に連れて行ってくれた。父に調べたいものがあったのか、どこかに連れて行くために考えついたのかわからない。初めての図書館は大きくて暗く、私のような小さい子どもの姿はなかった。開架式の書棚の所で、父は一人で本を探し始めた。子ども心に声を出してはいけないことがわかった。かまってくれない父に言ってもしかたがないので、背表紙から判断して子ども用の本を見つけようとした。何度も手にとり、また戻すという繰り返しの末、読めそうだと思った平仮名の多い本が戯曲（脚本）だった。子ども用だったのか、今ではすっかり内容を忘れてしまっている。しかし、登場人物が話している本ということで、暗い図書館とともに印象に残った。今までの世界と違う世界が開け、広がったように思った。

演劇鑑賞は高校時代、新制作座の「泥かぶら」に感動し、『日本中が私の劇場』(1)を探し出し読んだ。神戸市に勤務していた頃は、労演で杉村春子、滝沢修、宇野重吉、米倉斉加年の演劇を観た。誘われて言った山本安英の「夕鶴」を観て、つうの演技に心奪われた。そのとき、前座の狂言師四人（だったと思う）による平家物語の群読を初めて聴いた。日本語のもつ響きに感動し、つうのことばとともに音声としての日本語のよさに目覚めた最初である。授業でいつか群読をぜひやろうと決心したときである。

⑵　演劇部の指導から

演劇部員は個性の強い生徒の集まりで、顧問として指導はむずかしいものがあった。先生におまかせというのではなく、年度によっては脚本を生徒が書いた。部員の意見を入れ修正しながら舞台に立たせたこともあった。脚本選びは部員の手に委ねたので、だんだん中学生用では満足しなくなり、高校生用のシリアスな脚本で演じることになり、読み込みの指導に力を注がねばならないときが多かった。

しかし、文化祭で長いセリフを言い、教室で見る姿と全く違った部員の姿に生徒はもとより教師や保護者に感動を与え、少人数ながら演劇部としての存在が確立していった。私一人では指導がたいへんだろうと、本番間近には照明、道具、音響係等は他の生徒や教師が文化祭用に手助けをしてくれたことがある。

特に、演劇の好きな美術の教師が赴任したときは、「瓜子姫とあまんじゃく」[2]ができた。大道具の背景を描き、引き戸まで用意されたこと、機を織る音の効果によって部員の練習に熱が入ったのは言うまでもない。「あと三十秒早く音楽を入れて下さい」などと細かい注文を、私が出せるようにもなった。本番、照明や音楽のタイミング、機織りの効果がピタッと合い、余韻が残って幕が降りたとき、感謝の一言以外に言葉はなかった。

この一瞬、一瞬の呼吸。セリフの妙が活かされた舞台。肌で感じた「演劇は総合芸術だ」という瞬間だった。一人ひとりの役割が完全に果たされる呼吸の実感を味わったことで、総合単元学習との共通点を探るようになった。

その後、手伝いなしという方針が打ち出され、演劇部はセリフで勝負をする方向に転換した。現代演劇のように、出演者が道具を用意しながら移動するだけで空間を感じさせたり、見えない物を見たりする手法の面白さを考えた。これは、単元学習で集めた資料を軸（目標・つけたい力）に従ってそぎ落としていくことに通じるものだった。

あるとき、やりとりの呼吸やしぐさが何度注意してもできないので、当人同士で相談させることにした。その間、そばでじっと待っていた。他の部員も小さい声で助言をし始めた。ふたりは動作、セリフ、小道具の使い方の打ち合わせを細かくやっている。しばらくして、「先生、やってみますから、見て下さい」と言う。見違えるぐらいよくなっている。息がピッタリと合い、動作が自然でセリフの言葉の一つ一つが生きている。拍手。そのときから、行き詰まったら話し合わせるようになった。待つ間《ま》を私が覚えた。そして、何を話し合わせるか、どんなときに違った方向からの助言をすると活動できるかを私自身がつかめるようになったのである。

総合単元「現代を読む」の実践学年（53回生）の演劇部の出し物は、「放課後のデルフィー」[3]だった。出演者は九名で部員の人数以上である。しかし、何としてもこれは最後に演じたいという部員の強い思いによって賛助出演者を募り、裏方の音響効果係には希望の下級生が参加するという結果になった。当日、ホリゾントの上から模写のデルフィーが音楽に合わせて降りてくると照明が当たり、舞台のもう一つの主役となった。音楽と背景と役者が一体となったのである。背景のデルフィーの絵を図書館から探し出したり、指定の音楽のCDを見つけてくれたりと全員の力の結集だった。役割と責任を果たすという協同の力の結集が大成功に導いたのである。

(3) 総合単元学習との関係

先に、「つくり上げる楽しさ」が演劇と単元学習が共通すると述べた。つまり、創造的、クリエイティブな面白さが共通すると思っている。演劇部におけるドラマ性は舞台だけでなく、練習の中で生徒が変わっていくというドラマがある。それは、一時間の授業でも単元の途中でもドラマチックに展開することと共通している。

一時間の授業で印象深く残っているのは、千年の釘を扱った白鷹幸伯氏の「夢を支える人々」のシンポジウムの授業である。学習プロフィール（倉澤栄吉から教わった座席表指導案を学習者用にしたもの）を活用した学習者自身が考えをつないで深まった五十分は、きっと一人ひとりが授業を作り上げていく気持ちだったに違いない。私も一員として参加し、あとでドラマのようだったと感動した。二度とできない授業であった。

演劇部における演出や監督の仕事は、自然に単元学習に活かされたと思う。単元の全体構想や展開はもとより研究授業のイメージを想像することができるようになった。

演劇には、脇で固めるという言葉がある。脇役がしっかりして主役に華をもたせるという意味である。これを授業で考えると、ときにはある生徒に光を当て、存在感を与え、伸ばすということになるだろう。つまり、「育てること」である。時代や社会の動静を考えながら、三年間の見通しをもって子どもたちにつけたい力を見極め育てることは、「全体像をいつも考える」ことであった。三ヵ年でここまでという意識は、一年に基礎・基本を、二年生での到達点を明確にする必要があった。

文化祭が行われる体育館の出入口までマイクなしでセリフを届けるには、日頃の発声練習がものを言う。三年間でそれができるようになるのは驚きでもあった。このことは、三年目で実践できる単元のために、生徒を鍛え習慣づけるものを指導者が自覚することにかかってくる。教えるべきことはきちんと教え、常に授業に組み入れ発展させる柔軟性が要求されるがどうであろうか。

演劇（部）は、他のクラブと違って言葉を中心にすえる国語科に一番近いところに位置する。例えば、文学作品の「――」や「……」が、演劇ではもっと重要な間や表情、しぐさの表現になる。それを演技者は読み取り、舞台に反映する。沈黙、余韻、驚嘆等が広い体育館の生徒や保護者を釘付けにする力となるのである。言葉としぐさが一体となる演劇こそ読みの深さが必要となる。

私の中では演劇指導が即国語教室指導になった。発表や音読・朗読・群読の声の大きさは三年生になっても教室の隅々に行き渡るものだった。学習者も他教科で学んだことを活用した。例えば、音楽の時間に習得した方法で万葉集の朗唱をハモッて詠んだり、ラップにしたりする表現が生まれた。また、「おくのほそ道を歩く」の調べ学習のプレゼンテーションでは、劇、実況放送、コメンテイターとインタビュー等グループ独自の豊かなものになった。「全体を見て細部を考える。細部を見て全体を考える」「一人ひとりを大切にする」「力を引き出す」ことは演劇部の指導から学んだことでもあった。別の項で述べている協同学習のジョンソン&ジョンソンの基本的要素は最近学んだことであるが、実は演劇部の指導を通してすでに実践していたと言えるかもしれない。

〈参考文献〉

(1) 眞山美保『日本中が私の劇場』(平凡社　一九五七)
(2) 木下順二「瓜子姫とあまんじゃく」(『夕鶴・彦市ばなし』新潮文庫所収　一九五四)
(3) 秦比佐子・山本真由美作「放課後のデルフィ」(『学年別　中学校劇脚本集　響き合うドラマ中学校劇演劇部』監修　北島春信/木村たかし　椎崎篤　橋本喜代次　森田勝也編　小峰書店　一九九七・四)

第六章 「見ること・観ること」を取り入れた単元と学習材開発の変遷

はじめに

「話すこと・聞くこと」「書くこと」「読むこと」に加えて、私は「見ること」も国語科で育てたい力と考えてきた。浜本純逸教授の賛同を得たことが大きかったが、テレビで育っている子どもたちには、見ることが日常生活の中心であるのに学校教育ではうまく活かされていない現実に疑問をもっていたからである。国語の学習材を絵や写真、映像までに広げると、想像力によって新しい言葉・表現が生まれてくるはずである。また、学習者の興味・関心を引く上に、意欲をもって学習に取り組むこともできる。

しかし、初めから「見ること」を国語の能力として考えていたわけではない。子どもたちが楽しんで語彙を増やしたり書いたりするにはどうすればよいだろうかと、折にふれ考えていた。「書く力」を育てると国語学力がつくことは、35回生の三年生を対象とした実践的研究ですでにわかっていた。そして、その研究結果が総合単元学習への道につながっていったのである。

現代の子どもには、読解力を育てるにしても表現力をつけるためにも、最適な「見る」学習材を探し出すことが重要である。その発端になる学習材は、通勤の駅で見つけた国鉄の一枚の観光写真ポスターであった。夜明け前の湖に浮かんでいる一艘の小舟。静寂さがあふれている。通勤の朝夕に見ても見飽きることがない。いったい場所はどこだろう。舟に何が乗っているのだろう。何度もその前を通って想像していた。ポスターには一語も言葉は添えられていなかった。そんな日を送っていたある日、突然にこれに言葉をつけるとどうだろうと思いついたのである。駅員の方に頼んで掲示期間が過ぎると貰うと約束を取り付けた。手元で間近にじっくり眺めると、朝もやのたたずまいまでが感じられる。子どもたちはきっとここに行ってみたいと思うだろうという予感が生まれてきた。

これが先の参考2「私の単元学習とフィールドワーク」に示した「写真からことばへ」（一年生）の単元になっていった。すでに述べたが、倉澤栄吉先生から附属住吉中学校は映像を一つの柱にと示唆を受けたことで力を得て進んでいった。

1　原体験

このように写真や絵やビデオを学習材にしていくことの原体験には、ある本との関わりがある。

何度かの引っ越しにもかかわらず、失くさないで大切にしてきた本が二冊ある。一冊は『かもめのふなで』（相《さが》良《ら》和子《やすこ》著　そうてい《ママ》　さしえ《ママ》　三岸節子《みぎしせつこ》　婦人民主クラブ出版部　一九四七）という幼年童話である。昭和二十三年十二月二十日が再版になっているので、恐らく父が私の誕生日の贈り物に買ってくれたのではないだろうか。私の年齢を計算すると五、六歳の頃に違いない。話よりも描かれている三本足の馬が空を駆けているようなさし絵や、草原で逆立ちをするおとうさんとぐるぐるまわっている空に強く引かれた記憶がよみがえってくる。

もう一冊は父の友人から贈られた『ぶどう酒《しゅ》びんのふしぎな旅』（影絵　藤城清治《ふじしろせいじ》　原作　H・C・アンデルセン　訳　町田　仁　暮しの手帖社　一九五〇）である。父がそのとき高価な本だから大切にするようにと言ったことを覚えている。影絵に魅せられ、何回も何十回も眺めたものだ。そのため傷んだ表紙に母がハトロン紙でカバーをつけてくれた。

これら二冊の本は私に想像の世界を開いてくれた。学習材に絵・写真・ビデオを取り入れるようになったのは、これら家庭環境の影響があると思う。父は絵が好きで油絵の道具をもっていた。父の美術雑誌を、私は時間があれば飽きもせず眺めたものだ。また、父のお供で洋画や京都の美術展に出かけた。夕食後、父と一緒に食卓のものを妹たちとスケッチをしたこともあった。このように絵やモノと対話する基礎が家庭で培われたと思える。

2　「見ること・観ること」を取り入れた総合単元学習のすべてと学習材

話を実践に戻そう。以下に私の実践の中から写真や絵・ビデオを学習材とし、「見ること」を通して言葉を探し出し、表現する力を育てた単元を時系列で示して、それらの単元の特徴を考えてみたい。

これらの単元では、中心となる学習材が写真・マンガ・絵画・絵本・広告・動画であるが、考えさせるために補助的に使ったテレビを録画した映像が大きな役割を果たした場合も含んでいる。なお、単元の学習材で文字言語に相当するのは代表的な作品（☆印）のみ掲載している。（詳しくはA・B・Cの拙著を参照されたい。）

A　『ことばと心を育てる――総合単元学習――』（溪水社　一九九二）から

[1]　単元「写真からことばへ――見る・感じる・考える――」[(1)]（一九八五年十一月　第一学年　39回生）

ねらい　(1)　思い出の写真を使って、写真に具体的な説明がつけられる。

(2)　写真のもつ意味や訴える力を理解し、写真の読み方を学習するとともに、写真を説明するための文章が、言葉を選んで書けるようになる。

学習材

(3) 自分の好きな写真（写真集）に説明や感想を加え、まとめることができる。

☆「ちょっと立ち止まって」（桑原茂夫　だまし絵　ルビンのつぼ）

☆「記号としての写真」（名取洋之助『写真の読み方』から）

・生徒自身の思い出の一枚の写真（思い出がよみがえり、知られざる過去がわかる各自の大切な写真）

・国鉄の観光ポスター・近江八幡西湖の風景（朝もやの湖を渡る、自転車を乗せた一艘の舟の写真）

・田沼武能写真集『ぼくたち地球っこ』（朝日新聞社　一九八五）

（一九六五年以降二十年、七十八か国を訪れて、喜・怒・哀・楽の四文字では表せない多くの子どもたちの表情にシャッターを切った写真集）

・コロンビア火山噴火に関する報道写真とその記事（神戸新聞・毎日新聞・朝日新聞、一九八五年十一月十八日朝刊）

（火山噴火によって巨岩に体をはさまれた中学一年生のオマイラさんが、泥水の中で苦しみながらも笑顔を見せて闘う報道写真「アルメロの少女」）

田沼武能写真集『ぼくたち地球っこ』
（朝日新聞社）

「写真を楽しむ」・「写真を読む」・「写真について考える」のように徐々に社会に目が向くように構成している。『写真の読みかた』（名取洋之助　岩波新書　一九六三）をもう一度読み直して指導に当たった。この本は写真を扱うときの基本になると考えたからである。以前、一部が教科書に掲載されていた。

『ぼくたち地球っこ』の中から選択し、写真館の協力を得て二～三枚でひと組になる組写真のパネルをグループ毎に用意した。「アルメロの少女」の報道写真は、地球の反対側で全く状況の違う同年齢の少女が生きる希望をもち続けていることを知らせたかった。私たちはこの後、阪神・淡路大震災に遭遇し、生き伸びる希望を心の深いところでもち続ける大切さを学んでいった。

この単元の公開授業研究会（一九八五年十一月）の日は、組写真「世界の子どもは語る」――感じること、つくることとの高まり――が主題である。『ぼくたち地球っこ』をもとにした組写真をグループ毎に選び、感じたことを話し合ったのちに、題をつけ詩のような形で説明をつけるという授業だった。見る力や言葉の選択力、構成力、表現力を要求したものである。先に述べた講師の倉澤栄吉先生から「今後、附属住吉中学校の一つの柱として映像をと示唆されたことが、これ以降の国語科の一つの方向になった。

2　単元「旅に生きる――松尾芭蕉と宇野重吉――」（一九八七年十一月　第三学年　39回生）

ねらい　(1)『おくのほそ道』がすらすら読め、内容がわかる。

(2) 松尾芭蕉や宇野重吉の旅の目的を知り、生命《いのち》をかけた旅の意義が説明できる。

(3)「生きる」をテーマに、自分の考えをまとめたり話したりできるようになる。

学習材　☆『おくのほそ道』（松尾芭蕉　教科書掲載分）

・NHK特集「舞台・いのちの限り・宇野重吉旅公演二万キロ」（一九八七）

（「三年寝太郎」を演じる宇野重吉の旅公演のドキュメンタリー。病と闘いながら、公演依頼の葉書や手紙の主である地方の人々の熱い思いに応える、生命をかけた感動の舞台と支えた人々の姿が迫ってくる映像）

・写真集『顔』（写真　しゃっせ　ただお　麦秋社　一九八五）

（劇団民藝上演　一九八五年三月～七月公演　アレクサーンドル・M・ガーリン作「こんな筈では」原題「P

ＥＴＰＯ」ニコラーイ・ミハーイロヴィッチ・チムーチン役を演じている宇野の舞台を追求した顔写真。隠居を強いられた屋根ふきの老職人を生きる宇野の表情は千変万化。しゃっせは「いぶし銀の重みと輝き」と言う）

私は演劇が好きで若い時は労演に入り、神戸に来た演劇を誘い合ってよく観に行った。演技力のある俳優の一人が宇野重吉だった。いつものように新聞のテレビ欄をチェックしていると、ある時宇野を取り上げた特集が目に入った。それが「舞台・いのちの限り・宇野重吉旅公演二万キロ」である。肺ガンに侵され、幕間に酸素吸入をする宇野。老いと病み上がりの体をも忘れるぐらいの舞台への気迫と執念の旅であった。「今まで素通りしてきた町や村で芝居を待ち望んでいる人々に、誰にでもわかり誰にでも楽しめる舞台を作り上げていく」とナレーターが語る役者魂には胸迫るものがあった。困難を克服しながら演じ続ける姿は、目的をもって現代の旅に生きていることにはたと思い当たったのである。旅に生き、旅を通して記した『おくのほそ道』の芭蕉と、旅に生きる共通点があることだ。時代は違うけれど、真摯に生きることを対比することで進路を考える時期の三年生には適切ではないだろうかと考えた。

さらに、補助として『顔』を使った。宇野の他の舞台写真の顔をクローズアップしたものである。しわの一つ一つが様々に変化し、人生の苦悩や戸惑い、生活を物語っている。そこから反対に、芭蕉の俳諧の道を追究する人生も、また見えてくるに違いないと考えた。単元終了後の翌年の初め、宇野は肺ガンで他界した。印象深い単元となった。

3　単元「ことばを楽しむ」（一九八八年十月　第一学年　42回生）

ねらい　(1)　語彙の増加を図ることにより、日本語の表現の豊かさに気づかせ、言葉への関心を高め、生活の中で生きて働く言葉として使えるようにする。

(2)　二種類の絵を見て、表現を考え、ふさわしい文章が書ける。

(3)　文学作品を選んで、ことばに関する学習課題を設定し、ひとり学びができる。（時間の都合で割愛）

学習材　☆「あいさつのことば」（川崎　洋）

☆『博物誌』（ルナール　岸田國士譯《ママ》　新潮文庫　一九五四）にあるボナールの挿絵（左・二〇一三年版を使用）

・原田泰治「ふるさとシリーズ」絵十二枚

（「信州――小さなめぐりあい［原田泰治ふるさとシリーズ］」から「初雪」「楽しい初詣で」「たそがれの村」「みのりの夕暮れ」（一九七七）「ミズバショウ」「新緑の軽井沢」「諏訪湖の夕暮れ」「夏のおわり」（一九七八）「山村の停車場」「高原の花」「きのこ山」「雪の朝」の十二枚である。克明に描かれた信州の四季の風景。子どもも大人も風景の中にとけ込み、見る人を幸せにさせる。）

「広がることば」「深まることば」「文学作品によるひとり学び」のように三つの部分に分けて展開した。このうち「深まることば」の中で、第八時「ことばを磨く――なるほど　ほんとにそうだな――」でボナールの絵を使い、ふさわしい表現を考えさせた。『博物誌』は古典的名著である。ルナールが愛した自然の草木や身近な動物を俳句のような簡潔な表現で、特徴を鋭く捉えた作品である。なるほどと思わせられる作品に、素朴なタッチでボナールが挿絵を描いている。フランスにおける原著の出版は一八九六年で、その後項目が増え一九〇四年に決定普及版が出ている。

蝶《ちょう》
二つ折りの恋文が、花の番地を捜している。
Le Papillon

『博物誌』「Le Papillon」
（文庫本 P.125）

また、第九時「日本の四季――ふるさと――

原田泰治さんと歩く」で原田泰治の絵を小集団に一枚渡し、絵の中に入って行って感じることを話し合わせた。その後、話し合い内容を参考に、絵に添える作品として短い文章や詩に表現させた。絵の中の人物には目鼻が描かれていないので、かえって想像の幅が広がり会話が入った作品が何点も生まれた。ここでは、次ページに示す学習の手引き〈原田泰治さんと歩く〉（拙著『ことばと心を育てる』から転載）が役立ったと思っている。なるだけ説明しないで絵の世界（日本のふるさと）に浸らせたかった。絵の中に入り込んで五感を働かせ、言葉をみつけ表現を考えさせたかったので、短い言葉で理解させようとした苦労した手引きである。この頃は、特に語彙指導に力を注いでいた。（注　ボナール　フランスの十九世紀から二十世紀にかけての有名な画家）

〈学習の手引き〉
原田泰治さんと歩く
ふるさとの詩《うた》――絵に添える一編の文章
詩でなくてもよい。むしろ、詩でないほうがよい。
1　見る・感じる　　心を集中して
・細かいところまで見る。
見えるものは何？
遠くまで、端から端まで
・耳を澄まして、絵の中の音を聞きなさい。
風は。静かなら何が聞こえる……
2　書く
○ていねいに、具体的に

・ものの名前を入れて、（南天の赤い実、かぼちゃの黄色い花）
・心から心への会話を入れて。
・季節を表すものも入れて。
・空のことも書きなさい。
　染まる　たそがれ　うす紫　あかね色
・書き出し　×この絵は
・文末　×～が見えます。
　○する。した。している。～しい。のように変化をつけて
・×とても、すごい、美しい、きれい
・題　絵の題をそのまま使ってよい。新しく考えてもよい。

3　読み合う
　――ねらい――
1　「ふるさと」の絵から、感じたことが言い合える。
2　絵の一つに、添える詩《うた》を作ることができる。
3　できあがった詩と言葉を味わえる。

（参考　原田泰治『わたしの信州』講談社　一九八二・六）

原田泰治作『みのりの夕暮れ』

使用した絵は信州にかかわるもので、原田泰治の「ふるさとシリーズ」の中の作品である。この作品は、デパートの展覧会（「ナイーフ三人展　原田泰治とユーゴの仲間たち」）で出会った。絵を見て、学習材になりそうだと即座に判断した。そして、生徒の心をとらえそうな十二枚（四人の小集団に一枚）を選んで購入した。実践する学年は三年生になると修学旅行で信州に行くことが決定していたので、親しみをもつだろうと考えた。会場にいた原田泰治氏は、私が選んだ作品の中の五枚の裏に一文字ずつ「夢」「道」「花」「風」「詩」を骨太な筆致で黒々と書いて落

款を押して下さった。私は五枚もの作品に字を書いて下さったことに感激し、生徒に学習材への熱い思いと原田泰治の素朴で温かな人柄を伝えた。原田泰治の数々の作品は八十円切手の図柄に採用されている。

4 単元「写真絵本『なつのかわ』との出会い——短歌に挑戦——」（一九八九年六月　第二学年　42回生）

ねらい (1) 短歌や説明文を読んで、人々の自然に対する思いや心情が感じとれるようになる。

(2) 絵本から夏の季節を表す言葉を探り、それにふさわしい二百字作文や短歌風の作品を作ることができる。

学習材 ☆教科書の短歌、新聞の投稿歌壇他

・『はるにれ』（写真　姉崎一馬　福音館書店　一九八一）
（北海道の平原に立つ一本のハルニレの季節を追った写真絵本。文字はいっさいない。光と空と平原のハルニレが黙って物語っている。）

・『なつのかわ』（写真　姉崎一馬　福音館書店　一九八八）
（森で生まれた霧が、土に染み込み滴る水となり流れとなり、やがて川となり海（河口）にたどり着く。一本の川の姿ではないものの、ゆったりと川の旅が楽しめる写真絵本。）

・JR観光写真ポスター「芽ぶきの十和田湖」
（十和田湖岸にはえるブナの芽ぶきの若緑が美しい大きな観光写真ポスター）

・『写真集・日本のふるさと　望郷』（三徳《さんとく》雅敏　自然

『はるにれ』
（写真・姉崎一馬　福音館書店）

の友社　一九八五）
（山陰の片田舎で育ったフリーカメラマンの三徳が、北は岩手県遠野から、南は鹿児島県喜界町まで草葺き民家のある山村や村を訪ねて撮影した百枚の写真集。農家の軒下のたたずまいや風景が美しい。）

短歌創作の単元である。大村はまが『旅の絵本』を見つけてわくわくしたように、私も『なつのかわ』を見つけてどきどきした。これを秋の公開授業研究会の学習材にしようと浜本純逸先生に見せにとんで行った。ところが、浜本先生から一年間寝かしておくようにと告げられた。確かに、その年の秋に使用するのでは季節感のある学習材にならない。しかし、自分の心の中では、誰かが先を越して授業をしてしまったらと思ったものである。だが、翌年の一学期の研究協議会の頃になると、この写真の緑のおかげで、夏の白い制服に緑が映え、蒸し暑い教室に涼しげな水が流れているような教室風景になった。

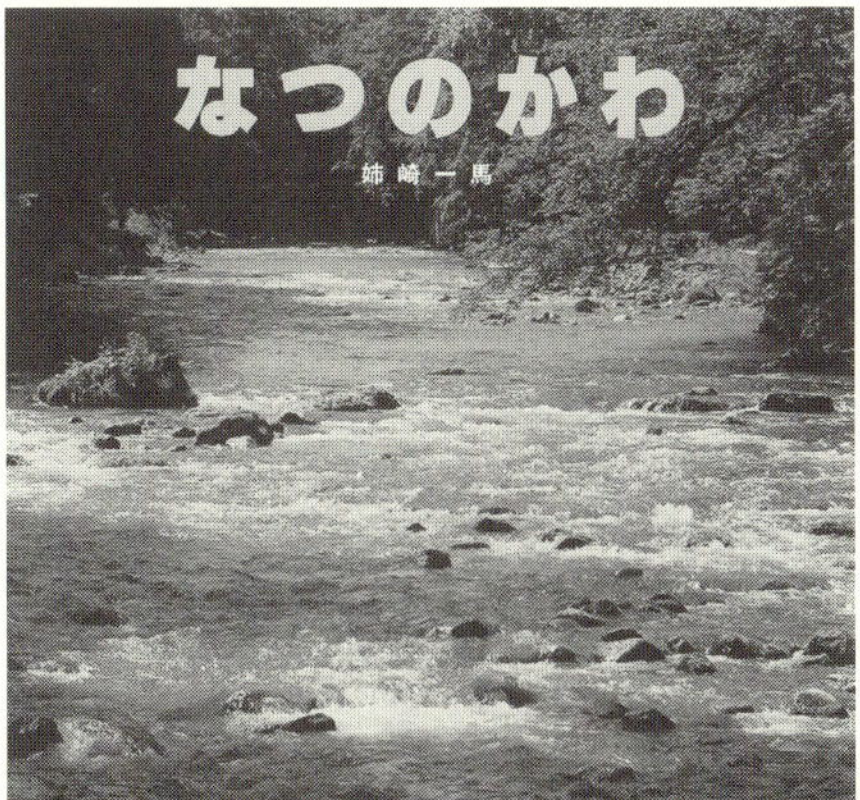

『なつのかわ』
（写真・姉崎一馬　福音館書店）

この頃も語彙を豊かにさせる研究に取り組んでいたので、ＪＲの観光写真ポスターから芽ぶきに相当する類語を集めて文章化させ、短歌のリズムへと導いた。短歌結社「白埴」の同人である保護者に、子どもたちの短歌の添削を助けてもらうこともした。

5　単元「風——自然とともに生きる——」（一九九〇年十一月　第一学年　44回生）

ねらい　(1)　自然を取り上げた説明文や小説を読み、自然とともに生きる人々の考えや生きる姿勢、知恵について感じたり考えたりしたことがまとめられる。

(2) 寿都中学校の一年生に手紙を書くことや相手を思い浮べながら新聞づくりをすることができる。

(3) 目標をもった学習の仕方を学び、学習の喜びを知ることができる。

学習材　☆「朝のリレー」（谷川俊太郎）「天声人語」（平成二年九・八）『木を植えた人』（ジャン・ジオノ）

・絵本『木を植えた男』（ジャン・ジオノ原作　フレデリック・バック絵　寺岡　襄訳　あすなろ書房　一九八九）

（『木を植えた人』（ジャン・ジオノ著　原みち子訳　こぐま社　一九八九）の絵本版。ジオノが生活したプロヴァンス地方の厳しい気候をもとに作品が書かれているが、種をまき続けたことで荒地やすさんだ人々に生気とやすらぎをもたらした変化を、こげ茶色から青緑や黄色で示している。）

・北海道寿都中学校からのビデオレター

（学習者の便りの返礼で送られてきたビデオレター。寿都中学校の裏山に設置された風力発電機をバックに附属生に手を振る寿都中学校の一年生と先生の姿が映っている。）

・寿都町役場観光ポスター（風力発電機と弁慶岬に立つ弁慶の像）

この単元はある天声人語（一九八九・九・二）に出会ったことが発端であった。その記事に登場した風力発電機はどんな形なのか、さっぱりわからなかった。「学校の裏山に、直径十五メートルのプロペラをそなえた風力発電機」が「秋風にからから回っている」とある。風力発電機はまだよく知られてなかった頃であるが、ほんとうに「から

『木を植えた男』
（寺岡　襄 訳　あすなろ書房）

から」と回るのだろうか。「からから」は軽い感じである。鯉のぼりの矢車が風で回る様子しか思い浮かばなかった。こんな疑問から生徒と一緒に考え始めた。ポイントは風である。神戸は六甲《ろっこう》おろしという冬の冷たい風が六甲山から吹き降ろしてくる。

ちょうど、この学年は『木を植えた人』を学年全員が読書している最中だった。その本では、高地を風が吹きすさぶ様子や風の音を「餌《えさ》にありついているところを邪魔された猛獣のうなり声」（八ページ）と表現している。日本人の表現と違うこれらを想像するのは容易ではない。そこで、絵本が役に立ったのである。荒れた高地に団栗《ドングリ》を植え樫の木々が育つ。それは森となり、水を育む。絵本はこげ茶色から緑が増し、人々が住んで笑い声が聞こえてきそうなイメージを喚起する絵になった。風もやさしい風に変化する様子が描かれている。色彩が読み手の心を穏やかに豊かにしてくれる。

この単元では遠隔の地にある北海道寿都中学校から送られてきたビデオレターに、子どもたちは驚嘆した。風力発電機は「からから」でなく「ゴーゴー」と回っていたのである。これを背景に中学一年生と担当の先生が私たちに手を振り笑顔と声が届いた。単元を通して情報力を育てることへの見通しができた。また、ビデオレターという映像の力で、子どもたちが自然発生的に、自発的に単元展開に入り込み、お返しに新聞を作った事実から映像の威力を感じとることになった。

B　『生きる力と情報力を育てる』（明治図書出版　一九九七）から

6　単元「創作への扉を開く」（人・ひと・心・こころ）——主人公の気持ちに迫る——

（一九九二年十月　第一学年　46回生）

ねらい　(1)「少年の日の思い出」における「僕」の心情を理解するとともに、心情や情景描写の言語表現の巧みさが説明できるようになる。

(2)『アンジュール』の絵本に文章を添えることによって、想像力や創作力を養う。

学習材　☆「少年の日の思い出」（ヘルマン・ヘッセ）

・絵本『月夜のみみずく』（ジェイン＝ヨーレン詩　くどうなおこ訳　ショーエンヘール絵　偕生社　一九八九）

（工藤直子の訳による文章は詩的表現にあふれリズム感がある。雪の積もった冬の夜に、わしみみずくに出会うまでのわくわくドキドキ感や、雪の白と影のブルーグレイによる神秘的な美しさが味わえる。）

・絵本『アンジュール　ある犬の物語』（ガブリエル・バンサン作　BL出版　もとブックローン出版　一九八六）

（野の道を走る車の窓から投げ捨てられて、にわかに野良犬となったアンジュールの彷徨がエンピツのデッサンだけで描かれている。最後はひとりぼっちの少年と出会い甘える場面でぽっと胸に灯がともったように温かくなる。色はいっさいないけれど、一本の線で表す風景はすべてを表現している。）

『アンジュール』
（ガブリエル・バンサン作　BL出版）

前半と後半に分けて展開した。前半の「少年の日の思い出」における心情表現や描写の学習から、「僕」の心情の変化を把握させた。表現語彙を使用語彙にするため、〝一度は使ってみたい言葉〟の短作文の学習が後半の『アンジュール』の創作に役立った。特に、言葉を「選択する」、文章の先を「予想する」、どの表現がよいかを「吟味する、推敲する」という活動が思考力・判断力を育てたと今でも自負している。

『月夜のみみずく』は『アンジュール』による創作の手本として、絵を見せながらの読み聞かせに使用した。言葉の響きやクライマックス、余韻を感じとらせるのに適している。言葉と絵の一体感も感じとらせることができたと思う。

『アンジュール』は優れた絵本である。犬の姿態だけでなく、デッサンで表情までが迫ってくる。犬のアンジュールは考えている。悲しみにしずんでいる。途方にくれている。鳴き声、車の衝突の激しい音まで聞こえてくる。広大ななぎさの場面では、その広さと空の高さが感じられ一匹の小さな犬の寂寥感が伝わってくる。どのページも見る人の心をとらえて離さない。デッサンで描かれた絵本を見ながら、絵に合う文章を模索する過程で想像力や創作力を養うことができた。デッサンのみの絵本は何よりも寂しさや孤独、優しさという心を学習者に学ばせてくれた。物語を創る過程で言葉の発見をしたのは言うまでもない。もちろんここでも学習の手引き（ア書くまでに　イ制作記録　ウ書き出し等をどうするか指示した手引き）や複合語の学習が有効だった。

この単元の『アンジュール』創作は、後述の「ことばをみつける」の一冊の絵本『小さな池』創作指導の学習の手引き作成に役立った。

7　単元「伝える」――聞き書きと一筆啓上で情報力を育てる――（一九九四年九月　第三学年　46回生）

ねらい　(1)　伝統文化や手仕事に携わっている人の文章を読むことを通して、日本の文化を伝えたり新しく文化を作ろうとしたりする生き方に興味・関心をもつ。

(2)　身近にいる伝統文化や手仕事に携わっている人に聞き書きを行い、仕事への情熱・誇り・信念についてまとめることができる。

(3)　言葉のもつ重み・深さに気づき、言語感覚を養う。

学習材　☆『日本一短い「母」への手紙』（大巧社）、「一筆啓上の町」（暮しの手帖49）、「ひと紀行」（40編　朝日新聞日曜版）

・ＶＴＲ①「大きな木は人を育てる」（ＮＨＫ総合〝にんげんマップ〟一九九四・九・二十）
（話し手は宮大工の小川三夫《みつお》、聞き手はアナウンサー井上章一、『たこやき』を出版した熊谷真菜。小川三夫の使う槍鉋《やりがんな》と普通の鉋から出る木の切片（カンナくず）の巻き方の違いに驚かされる）
・ＶＴＲ②丸岡町役場での「一筆啓上賞」発案者大廻政成へのインタビュー。丸岡城等の録画（一九九四・九・十四）
（『日本一短い「母」への手紙』（大巧社）の発案者を筆者が訪ねたインタビューの様子や発案の基になった「一筆啓上　火の用心　お仙泣かすな　馬肥やせ」（本多作左衛門重次が陣中から妻に宛てた手紙）の石碑、日本最古の木造建築の丸岡城等の映像）

この単元は三年生に生き方を考えさせるために設定した。そのための聞き書きである。聞くこと・話すこと（尋ねること）・書くことが中心になる。そのことから、聞き書きは幅広く学習者に国語の力をつけることができるよい学習方法である。学習者が面倒がらず興味・関心をもつことができるようにするために、さらに読むことと見ることの学習材を用意した。

学習材の「大きな木は人を育てる」の小川三夫は法隆寺の棟梁西岡常一の弟子で、弟子を育てるために鵤工舎《いかるがこうしゃ》を作った大工である。熊谷真菜は附属住吉中学校出身で文化祭の講演者、聞き手として登場しているので、生徒にとっては身近に感じられる。小川三夫の槍鉋の使い方の映像は、課題図書『木《き》のいのち木《き》のこころ〈地《ち》〉』（小川三夫著　草思社　一九九三）を補うものとして、伝統の技（職人から職人への手の記憶）を受け継ぐ心意気と威力が伝わってくる。見ながらメモをとるのは難しいけれど、聞き書きの練習用の簡単なワークシートを用意した。

丸岡城のフィールドワークや大廻政成へのインタビューの録画は登場者が筆者という意外性があり、学習者の関心を大いに高めた。さらに、文字情報として用意した「ひと紀行」（朝日新聞）シリーズに写真が添えられていたことで、聞き書きの意欲が高まった。これらは学習者が行う聞き書きのモデルとして活用できた。聞き書きは人と対面し直接に話を聞き出す点で、人や職業を差別しない考え方を育てる言語活動と言える。学習の手引きやモデルの文章、さらに適切な映像が用意できればかなり成功率の高い学習活動になると考えるようになった。第五章の「人　あり」はこれをもとにした実践である。

8 単元「あれから一年　強く生きる」――情報力を育てることを意識して――（一九九六年一月　第一学年　49回生）

ねらい　(1) 震災の体験を記した新聞・作文・マンガ、ＶＴＲに関心をもち、すすんで自分の経験した情報を集めようとする。
(2) 書き出しを工夫し、状況のよくわかる震災の作文が完成できる。
(3) ＶＴＲ・詩・日記等の作品を通して、自分とその人の生き方・考え方を比較した考えをまとめることができる。
(4) 学んだ作品の表現の多様性（比喩、具体的な描写体験を通しての言葉）を活用して、書いた作文を読み返し表記や表現について推敲することができる。

学習材　☆平成八年一月十七日の朝刊他、『愛ちゃんのボランティア神戸日記』（たけしまさよ著）の日記部分
☆平成八年一月十七日の朝刊（神戸・毎日・朝日）と第2朝刊（阪神・淡路大震災一年特集）
（どの新聞社も第2朝刊を出した。そして、どの新聞も地震による火災で死傷者や家屋の焼失による被害の大きかった神戸市長田区鷹取地区の復興のきざしの写真を掲載している。焼け跡にぽつりぽつりと建物の建つ航空写真。灯りのともり始めた街。励まし合った三六五日の写真――震災ルック、立ち上がる人々の笑顔の写真。地元神戸新聞の第一面は両親と子ども二人を亡くした夫妻の自宅跡での写真。また、復興の足どりを

たどる住宅、産業、神戸港輸出入のグラフ等）

・ＮＩＥ特集（朝日新聞　一九九六・一）

（復興の足どりを表した阪神地区の図と写真。被害の状況の各市各地の数値と鉄道、道路の開通月日、ライフライン――電気・水道・ガスと電話回線の回復状況グラフ等）

・ＶＴＲ①ＮＨＫスペシャル「焼け跡からの再生・長田区鷹取東地区の一年――震災を乗り越え生きぬく日々――」（平成八年一月十四日）

（先の肉親四人を亡くした喫茶店を営んでいた夫妻、妻を亡くした洋品店主、パン屋の夫を亡くした妻。どの人も迫りくる炎から肉親を助け出すことができず、心に深い傷を負っている。しかし、何とか生き抜いていこうとしている感動的な映像。）

・ＶＴＲ②ＮＨＫ「新日本探訪『夢ふたたび』」（年月日不明）（平成八年放映）

（神戸市長田区で被災したベトナム人の靴職人。一度は希望を失ったものの再び靴を作る夢に向かうドキュメンタリー）

・『愛ちゃんのボランティア神戸日記』（たけしまさよ著　アース出版　一九九五・九）

（ボランティアとして京都から神戸に入った漫画家竹島さよが、被災地で見て感じたことの四コママンガと日記、詩。不満、不安、テント生活、ボランティア等「限りなく事実に近いフィクション」）

元気な子どもたちである一年生（つまり六年生で被災）に多動、おしゃべりが注意しても注意しても続いていた。

調査でわかった全焼、全壊の家庭の被災生徒だった。

『愛ちゃんのボランティア神戸日記』
（たけしまさよ　アース出版）

あるとき、被災された浜本純逸教授から一冊の漫画を教えられた。それが前述のものである。単元展開では、復興し始めている神戸の街の写真やグラフを新聞で、悲しさ苦しさに耐えて生き抜く人々の姿を映像で学ばせた。録画したVTR①の中で、妻を亡くした男性が、「いつ何が起きるかわからへん」とつぶやくことばのシーンに強く心を奪われた生徒が何人もいたのは、自分の経験と重ねて映像を見ていたからと思われた。このあと、マンガが中心となった『愛ちゃんのボランティア神戸日記』を配布したところ、教室はどよめき、そして、静かになった。子どもたちが食い入るように見て読んでいる姿を忘れることができない。「先生、今日することは次にして下さい」という声が出て、全員この日記の虜になった。

その一コマ一コマに共感し、口に出せないつらさをマンガで救われたに違いない。しかも、自分たちの体験と重なる部分が多く真実に近い、失われた神戸の街を描いた詩と絵に胸打たれたのである。マンガの中では、「モノがない」「今日も失われていく」（解体される家の子どもに寄り添う人たち）や見世物でないと怒る被災者の一声の「Dさんの体験談」を子どもたちが気に入ったのは、指導者としてもつらく哀しかった。

竹島さよさんには学校に来ていただいた。生徒たちの質問に応え、そして、子どもたちに希望を託された。

C　『人を育てることばの力』（溪水社　二〇〇三）

9　単元「夢を開く」――「開かれた学習」をめざして――（一九九六年六月　第一学年　50回生）

ねらい　(1)　夢の達成を記した新聞記事・書物・VTRに関心をもち、すすんで将来の夢の情報を集めようとする。

(2)　書き出しと結びを工夫して、「○年後の計画書」を書くことができる。

(3)　身近な人の聞き書きを通して、自分とその人の生き方を比較した考えをまとめることができる。

(4)　書いた文章を読み返し、表記や表現について推敲することができる。

学習材　☆『レーナ・マリア物語』（レーナ・マリア　遠藤町子作　金の星社）、「小さな草に」（朝日新聞、一九九六・四・二十八〝希望〟大石芳野）、生徒作文「夢、かなえる」、教師作文「夢――私がなりたかったもの」）

・VTR①「夢ふたたび」（一九九五）②「冒険スタジアム」（一九九六）いずれもNHK

（VTR①は前述。VTR②は五月五日こどもの日用に放映された。一輪車で父の故郷の種子島を一周するという姉妹の挑戦のドキュメンタリー。困難を乗り越えていく努力の涙と到達した喜びの表情が心をとらえる。）

この単元は先の「あれから一年　強く生きる」（一九九六年一月実践）を踏まえて生まれたものである。阪神・淡路大震災から立ち上がるのに必要な夢や希望をもつ企画書作成の「書くこと」を中心とした単元にした。中学三年生は進路を考えるために、夢や希望は具体的になっていく。しかし、一年生は実現できるできないは別問題で、大きな面白い夢や希望を語るはずだと想像し、実践に踏み切った。急に思いついたわけでなく、一年前の単元終了後から考え続け、学習材が集まったことで煮つまったという感じだった。

中心学習材は『レーナ・マリア物語』である。障害をもって生まれたのに水泳に挑戦し、また美しい歌声を披露する彼女こそ夢の実現者である。

二つの映像学習材は学習者がもった夢や希望が実現するという目標の姿である。夢は叶うかどうかわからないけれど、現実に同年齢の子どもの挑戦していく映像や、靴職人が被災の絶望から支える人々の力の助けによって、再び靴を作ろうとする心意気の映像が、学習者の書く意欲につながった。

卒業生の保護者が中学時代の夢と今の仕事の関連を話すゲストティーチャーになってくれた。

10 単元 「宮沢賢治の世界へ」――「調べ学習」をこう組織する――(一九九六年十一月 第一学年 50回生)

ねらい (1)『注文の多い料理店』や賢治に関するVTRに関心をもち、すすんで読書をしようとする。
(2)作品の内容やことばの面白さ・表現のよさ等を指摘した話し合いをし、調べた課題をレポートにまとめられる。
(3)作品と作者の生き方の学習を通して、自分と比較した考えの違いをまとめることができる。
(4)書いた文章を読み返し、表記や表現について推敲することができる。

学習材 ☆『注文の多い料理店』、他課題解決のための宮沢賢治関係の書物

・VTR①「宮沢賢治への旅～イーハトーブの光と風～」(編集 NHK 共同制作 NHKエンタープライズ21 NHK情報ネットワーク 朝日新聞社 ナレーション/広瀬修子アナウンサー 作品朗読 寺田農)
(賢治の愛した岩手県「イーハトーブ」の自然(風・光・山・森等)との交感から生まれた代表的な童話『注文の多い料理店』や『心象スケッチ 春と修羅』の魅力と風土(岩手山、小岩井農場等)との関連が、映像と解説・朗読で紹介されている。また、前半生の生き方から宗教家、化学者、文学者として家族関係の中で賢治が描かれている。)

・VTR②「注文の多い料理店」(朝日新聞社 日本へラルド映画㈱ 監修 川本喜八郎 脚本・演出 岡本忠成 音楽 広瀬量平 製作 エコー社/桜映画社 カラー19分)
(文字や言葉がほとんどないアニメ映画。色調は大部分が秋を思わせる枯葉色であるが、重要な場面では色彩豊かに、あるいは引きつける赤で大人向けの作品に仕上がっている。二人の猟師が山猫軒に入り注文に従って進んでいき、山猫に惑わされて野原にほうり出されるまでであるが、視聴者はダンスに目が奪われ、音楽に奇妙な恐ろしさを覚える。)

一九九六年、平成八年は宮沢賢治生誕百年ということで、彼の故郷花巻では賢治をめぐる数々の催しがあり、テ

レビでも記念番組が次々と放映された。しかし、今一つ子どもたちにぴったりというのはなかった。ある日、新聞の広告欄にＶＴＲ「注文の多い料理店」が記念特集として制作販売されたのを見つけた。買い求め視聴したところ、アニメと音楽で表現している上に、山猫軒という料理店内の解釈の映像が面白く、子どもはきっと気に入るだろうと思えた。これの視聴に入る前に、宮沢賢治が愛した岩手県「イーハトーブ」と作品の関連の映像で、風土を学ばせた。今回、改めて視聴してみると、数十回の岩手山登山や野原や山を歩いて生命力を感じ、風や雲のエネルギーからもらったものが賢治独特の詩や童話になったことが映像で納得できた。また、それらは小学校で「やまなし」を学んできた中学一年生の子どもたちの心にすっと入り、心をつかんだに違いないと思った。副題の光と風と賢治の関係がよくわかった。

学習者の視聴している表情や反応を見て、「注文の多い料理店」の文章表現と映像表現を比較して考えを述べることも展開に加えた。このことは、文字から想像する情景と視聴した映像の情景の比較となり、賢治研究の糸口として役立ったと考えられる。感想を読んでみると、比較の観点に面白いものがあった。それは各自が一番印象に残ったことを観点として挙げているので、興味・関心のもち方が一目瞭然である。例えば、セリフのあるなし、セリフとＢＧＭの関係、季節感の表現の仕方、自然の音（声）の怖さ、色の表現（ＶＴＲの色鉛筆やコンテ）、山猫の扱い方等だった。この文章とアニメの映像の比較は、予想以上の深い内容になっていた。

この後の学習課題設定では、賢治と風、宇宙、文章の個性、〝すきとおったたべもの〟、『注文の多い料理店』の扉から見た「賢治」の考え等多岐に渡った。参考資料は四十五種類用意した。

これらの学習の結果、三年生の東北地方への修学旅行で小岩井農場、宮沢賢治記念館見学を多くの生徒が希望することになった。また、アニメの映像と文章の比較による映像の読み取りが、後の学習材開発（『千と千尋の神隠し』）につながったと今、思える。

★11　単元　「ことばの力」――中学生のむかつく考――（一九九七年五月　第二学年　50回生）★本著掲載

ねらい　(1)　言葉に関心をもち、すすんで言葉の話し合いに参加しようとする。
(2)　作品の音読を通して、言葉の魅力・使い方等に対する自分の考えがまとめられる。
(3)　言葉に関する文章を読みこなし、筆者と自分とを比較した考えの違いがまとめられる。
(4)　言葉に関する生活場面の具体例を集め、言葉の感覚について意見が言える。

見ること　①　自分と比較しながら、映像の中の人物の表情や会話の様子などを心にとめて見る。
②　映像を見ながら、心に残った言葉や表現、画面の様子がメモできる。

学習材　☆「言葉の力」（大岡　信）、「みみをすます」（谷川俊太郎）他
・VTR「ドキュメンタリー人間劇場『夢、つむいで三〇〇〇日　山路智恵の世界』」（日本財団　テレビ東京　一九九六・八）
（小学校入学の日以来、一日も休まず絵手紙創始者、絵手紙作家の小池邦夫氏に送り届けた山路智恵の絵手紙の記録。対象物をみつめる真剣なまなざしや制作過程、絵に添える言葉を生み出す様子が心をとらえる。自分の目で見て感じたままを表現する様が特によくわかるのは、長野県栄村の高原牧場で描いた十一頭の牛、大正三年に建てられたレンガ作りの東京駅である。いずれも畳三枚分の大きさで圧巻の作品、添えられた言葉は優しくぬくもりがある。）

中学二年生が急に若者ことば「むかつく」「きしょい」を使い始めた。この二年生の一学期に神戸児童連続殺傷事件（酒鬼薔薇聖斗事件）が起きた。「たまごっち」も流行した。子どもたちの心がざわついているようだった。何とか言語生活を変えたいと思い、心とつながる言葉に迫り、子どもたちの言語感覚に揺さぶりをかけようとした単元である。「言葉の力」（大岡　信）、「みみをすます」（谷川俊太郎）や新聞記事（産経新聞　一九九七・四・十八　文化庁文化部

国語課　国語に関する世論調査）を文字情報の学習材として活用した。しかし、学習者の心を一番とらえたのは「夢、つむいで三〇〇〇日　山路智恵の世界」の録画だった。十五歳で受験生の山路智恵の素直さや穏やかさ、絵を描く真剣なまなざしと大胆さ、添える言葉を考える静かな孤独との闘い等が恐らく同年齢の学習者を圧倒したのだろう。やはり、瞬時に心をとらえる映像の力は大きいと思った。

この単元に入る前、「夢、つむいで三〇〇〇日」を観て生徒の使う負の「ことばの力」を変えられるに違いないと思った。だから、ここで初めて「見ること」をつけたい力として示した。この「見る」は「観る」である。山路智恵の絵と言葉は切っても切り離せない関係にある。言葉を大切にしている中学生がいること、その心を何としても目の前の学習者にわからせたかったし、観ればわかるに違いないと考えた。東京駅の絵手紙に添える言葉が生まれてくるのに九十分かかっている。指導者の説明はいっさい不要である。映像から見て感じて、一人ひとりが自分のものにして欲しかった。言葉がすっと出てくる日と浮かんでこないで難渋する日があるにせよ、絵に添える言葉を生み出す考える時間、言葉を大切にする秘めた思いの湧き出た瞬間をしっかりととらえねば、ほんとうに観たことにはならないと強く思った。③の単元「ことばを楽しむ」で、「原田泰治さんと歩く」の学習の手引きには観るを意識しているが、この⑪ではっきりと「見る」から「観る」への指導者としての意識が変化した。「話すこと・聞くこと」「読むこと」「書くこと」でつけるべき言語能力に加えて、「見ること」の力を挙げるようになっていった。

⑫　単元　「『少年H』の時代」——生きる力と対話能力を育てる——（一九九七年十二月　第二学年　50回生）

ねらい　(1)　『少年H』や関連ある作品・VTRに関心をもち、すすんで話し合いに参加しようとする。
(2)　自分の思いが伝わるようなことばを選んで、父（母）に当てた短い手紙を書くことができる。
(3)　妹尾河童氏の生き方や父（母）の生き方を考えることによって、自分の意見をまとめることができる。

(4)　書いた文章を読み返し、表記や表現について推敲することができる。

学習材　☆『少年H』（妹尾河童　講談社）

・VTR①「少年Hが見た戦争」（NHKこどもニュース　一九九七　生徒提供）

（〝オトコ姉ちゃん〟の自殺、厳しい軍事訓練、バケツリレー、妹尾洋服店を営んでいた父へのスパイ嫌疑等『少年H』に出てくる重要事項を少年Hの目で見たアニメ作品）

・VTR②「波瀾万丈　妹尾河童伝」（読売テレビ　一九九七　生徒提供）

（シリーズ波瀾万丈で取り上げられた一つ。妹尾河童の「人にできないこと」に挑戦して今がある生き方の紹介で、空中二回転事件や自殺を試みたのに意識せずに助かったことに驚かされる。本来もっている性格の明るさが重要な事件の暗さを払拭している。）

前者の学習材はアニメで、後者は妹尾河童氏が登場する自叙伝風の物語でいずれも生徒の提供によるものである。『少年H』の読書だけでは想像がつかない部分を、二つの映像によって戦争の混乱や恐怖を理解させることができた。VTR②の視聴の際には、「節目になる出来事と大切な言葉をメモする」というねらいをもって観賞させた。読書をしている上での観賞なので、わずか二百字の感想文にも学習者の考え方や生き方のスタイルがにじみ出ており、自分と比較している上で面白かった。ねらい(1)に相当する読書会も盛り上がり活発に意見交換が行えた。

あの時代にあって真実を子どもにつげた妹尾氏の父の言動は重要である。単元では、それを中学二年生の「今」に置き換えた。つまり、父親(母親)が我が子に送る手紙である。これは親子の書簡として胸打たれる対話の復活となった。『少年H』の舞台になった場所、鷹取に足を運んで残っている教会や学校を確認しておいたが、希望者には総合学習を活用してフィールドワークを行った。

★⑬　単元「人　あり」中学校における聞き書き（一九九八年十月　第三学年　50回生）

ねらい　(1)　仕事や趣味で生きがいをもっている人を描いたＶＴＲや新聞記事を通して、その人となりの生き方に関心をもつ。

(2)　身近な人に聞き書きを行い、仕事や趣味についての情熱・こだわり・誇り・自分を変えた一言などについてまとめることができる。

(3)　「人　あり」の記事内容を理解し、まとめ方のポイントを指摘することができる。

(4)　取材内容を取捨選択し、人物を浮かびあがらせるために構成を工夫することができる。

見ること①　映像を見ながら、その人を表す心に残る言葉や印象的な画面の様子がメモできる。

②　その人の表情や語り方に注目できる。

学習材　☆「人　あり」（朝日新聞日曜版　平成十年一月四日～十月四日）

・ＶＴＲ①「快走！増田明美　涙のロス五輪」（ＮＨＫ「課外授業ようこそ先輩」一九九八・九）

（元ロス五輪女子マラソン選手の増田明美が母校の小学六年生四十一名を対象に〝楽しく走る工夫〟を教え、全員が十分間を完走する映像である。ロス五輪では16㎞で棄権するという屈辱の姿。くじけず最後まで走りきった大阪国際マラソンでは、三十位ながら声援を送る観覧者に手を振る姿。二つの映像に食い入るように見つめた子どもたちが、夏休みの宿題〝十分間を楽しく走る〟ことを達成し、二度目の授業の、晴れやかな笑顔が心を温かくしてくれる。）

・ＶＴＲ②「私を変えたあの一言！」（ＮＨＫ　一九九六・十一）

（ＮＨＫアナウンサーの司会で、歌手加藤登紀子、俳優榎木孝明、作家阿刀田高の各氏が「私を変えたあの一言」を語る。きっかけとなった若いときの映像がモノクロで紹介されるので、成功して年を経た今の姿からは落ち着きや自信が伝わってくる。阿刀田高は経験や生きる指針の言葉が人生を変えることを、「壁にあたって転機になったことば」という。〝要は生き方の問題だよ〟と友人に言われたことだったと話す。国会図書館の職員から作家への大転換の写真でそれが示されている。）

この単元は生き方を考えさせる、聞き書きの単元である。用意した二編の録画から人は人生の岐路に立った時、どのように乗り越えるのかがよくわかる。増田明美のものは、「課外授業ようこそ先輩」が好きでよく観ていたものの一つである。彼女が、オリンピックマラソン途中棄権から、楽しんで走った大阪国際マラソンの映像を観て涙する場面がある。挫折から心身共に克服してここまで来たという思いが去来したのに違いない。胸打たれる場面であった。二編目は学習者にとっては少し難しいところもあったが、道を選ぶヒントとして受け止めていたことが視聴後の感想作文でわかった。『少年H』の学習で映像の効果を知ったので「見ること」の力を意識し始めた。聞き書きのモデル資料は朝日新聞日曜版連載の「人　あり」（一九九八年一月四日から開始）である。全国各地の人が取り上げられていて、人物の写真に説明がついている。そのモデル文から、人物の生き方が学べるとともに、書き方や構成を知って取材や聞き書きの参考にすることができた。

14　単元　「ことばをみつける――絵本による創作」――想像力・創作力を育てる――（一九九九年五月　第一学年　53回生）

ねらい　(1)　絵本の内容に関心をもち、すすんで想像を巡らし楽しもうとする。
(2)　書き出しと結びを工夫して、絵の内容に想像を加えながら物語を創作できる。
(3)　絵本として表現された情景や作者の思いを理解し、作者の心と共感できる。
(4)　書き上げた作品を読み返し、表記や表現について推敲することができる。

見ること①　隅々までよく見て、何が描かれているかを把握する。

② 絵の描写から、描かれていない風や音などを感じ取る。
③ 全体の流れをみて、構成を考える。
④ 場面から場面に移る時間の経過を把握する。

学習材

☆『小さな池』の絵本の価値が書かれた新聞記事（朝日新聞　一九九九・四・十四、神戸新聞　同年六・十二）

・絵本『小さな池　Little Pond』（新宮　晋《すすむ》　福音館書店　一九九九）
（作者は風や水で動く屋外作品で有名。新宮　晋のアトリエの裏にある小さな池が主人公である。作者は水面を眺めて時間を過ごすという。その小さな池を俯瞰《ふがん》して映る雲や生き物等の移ろいが色彩豊かに描かれている。静かな池に夕立が来て、雨が上がる。やがて夕暮れ、星が出る。文字・言葉はない。）

『小さな池 Little Pond』
（新宮　晋　福音館書店）

・絵本『庭―― A Day in the Garden ――』（ベッティナ・スティーテンクローン　セーラー出版　一九九五）
（色鉛筆が駆使された美しい絵本。夜明けからふくろうの飛ぶ深夜まで、一軒の家を取り巻く庭の変化が描かれている。家に住む人々の営みやその家の可愛い女の子と生き物の描写に動きがあって楽しい。）
・『はるにれ』（写真　姉崎一馬　福音館書店　一九八一）（前述。説明省略）
・『なつのかわ』（写真　姉崎一馬　福音館書店　一九八八）（前述。説明省略）
・絵画パネル「われは海の子」（文部省唱歌集挿絵　出典不明）

（押し寄せる大波。大岩にいる、赤銅色に日焼けした子どもたち一人ひとりが違う動作をしている。銛《もり》を持つ少年、岩をよじ登ろうとしている少年、座り込んで波を眺めている少年……。）

長年の夢であった文字のない絵本で創作力と表現力を育てることができた単元である。きっかけは朝日新聞（一九九九・四・十四）と神戸新聞（一九九九・六・十二）の二紙が、絵本『小さな池』の価値を取り上げ、その内容から間違いなく学習材になると判断できたことによる。しかし、女生徒の多い学年を考慮し、選択の幅をもたせるために『庭』と過去に使用した（単元「写真絵本『なつのかわ』との出会い」――短歌に挑戦――）写真絵本二冊を加えた。一度四冊の中から興味・関心のある一冊が選択できるという自由度が、学習者を創作や表現の意欲に駆り立てた。一度は手に取ったものの逡巡する生徒もいたが、決まるとどの生徒も楽しそうで一生懸命であった。絵を眺めてあれこれ思い巡らす時間を大切にした。絵本との出会いの「これから何かが始まる、どう始めようか」というわくわく感は大切である。

見る力としては「われは海の子」のパネルで複合動詞を探させ、語彙力を増やし、詩や短い文章へ導くようにしておいた。さらに、前述の学習の手引き「原田泰治さんと歩く」を下地にして「見る」から「観る」への変化となる手引きを作った。つまり、よく観察することで書く柱（視点）が自ずと見えてくると考えたからである。次ページがその手引きである。

特に、ページを繰る瞬間が学習者にとって重要だと考えた。前ページの世界から次ページの世界へ入るわずかの時間に起きる予想や想像の世界の展開が、絵本を見る（読む）者の驚きや喜びを誘うからである。言いかえると、場面から次の場面に移る時間の経過や色調の変化で目を見張るように設定されていることが多い。四冊の中でも多くの学習者が挑戦したのは『小さな池』だった。そこから小さな池に自分を投入・投影することで擬人化し、虚構の世界を構築することで自分自身を解放することになった作品も生まれた。『庭』は複雑な深味のある色調で見る者の心を和ましてくれるが、想像の余地が少なく入り込む隙がなかったかもしれないと思う。それゆえ、作品としては平凡な仕上がりが多かった。

絵本　自由創作のための学習の手引き

総合単元「ことばをみつける」（第一学年）99・6・14

『小さな池』（新宮　晋）、『庭』（ベッティナ・スティーテンクロン）、『なつのかわ』『はるにれ』（姉崎一馬）

いずれも文字のない絵本です。ことばをみつけ、新しいものを生み出すエネルギーと喜びを、この絵本にことば（文章・詩）をつけることで知ってほしいのです。うまく書こうと思わないで、心に浮かんだことをどんどん文字を使って書いて下さい。そして、時には、ことばにこだわって。

一、書くまでに

1　まず、よくよく、すみずみまで見る。見落としはないか。

2　場所・季節・出てくる人・ものの名をはっきりさせる。色も。音も。におい。触れた感じがわかったらそれも。

3　学習した「われは海の子」の応用編のつもりで制作しなさい。

詩にするか。

散文にするか。

どの視点にするか。

4　学んだレトリック（表現技巧）や動詞（複合語を含む）を使って。

5　語る相手は、中学生の同じ学年の人。

二、忘れないうちに、次の二つは今日、書き記しておこう。

1　その絵本に決めて、最初に手にしたときのこと。

2　どういう作品にするか、決めるまでのこと。
三、注意すること
1　いろいろ考えたり、感じたり、先生に尋ねたり、友だちに相談したりしたこと、また、ひらめいた思い、ことば、文は、すぐにこぼれてどこかへ行ってしまいます。いつも鉛筆を手にしているように。書きながら考える。考えたこと、心に浮かんだことは、すぐに書きとめなさい。
2　制作日記、くわしく。（その日したこと。そのことをしている自分の気持ち）

⑮　単元「生きることの意味」――往復感想で伝え合う力を育てる――（一九九九年九月　第一学年　53回生）
ねらい　(1)『テレジンの小さな画家たち』に関心をもち、すすんで読書をしようとする。
(2)伝えたい相手を意識して、本や作品の印象に残ったことばや表現を入れた感想・意見を書くことができる。
(3)朗読を通して、表現された情景や作者の思いを理解し、作者の心と共感することができる。
(4)書き上げた作品を読み返し、表記や表現について推敲することができる。
学習材　☆「大人になれなかった弟たちに…」（米倉斉加年　教科書所収）、「父の列車」（吉村　康　教科書所収）
☆『テレジンの小さな画家たち』（野村路子　偕生社　一九九三）
・「テレジンの小さな画家たち」（サンテレビ　一九九九・八・十九　レポーター　野村路子）
（フリーのレポーター野村路子がチェコスロバキアのテレジン収容所に収容されていたユダヤの子どもたちの描いた絵を紹介したドキュメンタリー。四〇〇〇枚の絵は絵を描かせたフリードル・ディッカー先生と、アウシュビッツの収容所に移送された子どもたちの哀しい希望の証である。テレジンを背景に映されている。）

戦争と平和を考える単元を三年間の中で一度は組むという、かつての同僚唐崎雅行と桜井圭一との申し合わせによって続けている実践である。この単元の中心学習材『テレジンの小さな画家たち』に、平成十一年（一九九九年）の夏に出会ったことで単元の道が拓かれた。

雑誌『太陽』の「チェコの子どもの夜と霧」（一九六五・十・№65）の絵を見てから三十年以上たって、やっと掲載されていた絵や詩の生まれたいきさつが、映像「テレジンの小さな画家たち」と同名の本から明確になった。本は子ども向けで悲惨さを強調しているのでなく、劣悪な環境にあってもなお夢や希望をもたせようとした一人の女性画家によって子どもたちの作品が生まれていったことがよくわかる。映像と本は一体である。ここでは、学習指導要領の改訂で「伝え合う力を高める」ことが強調されていたので、読書をし映像を視聴して考えを伝え合うことを、往復感想という双方向における書く活動に集約した。

また、この年の春にアンネのバラを栽培している教会へバラを見に行ったことも単元へのきっかけになった。一冊だけ残っていた『テレジン収容所の小さな画家たち詩人たち　アウシュビッツに消えた一五〇〇〇人の小さな生命』（野村路子編著　KKルック　一九九七）のカラーの絵を参考資料として活用した。

ＶＴＲによってテレジン収容所の全貌を知ったことや読書した『テレジンの小さな画家たち』のやりとりから、子どもたちは自分たちの気持ちを野村路子さんに伝えたくなった。ＶＴＲで著者が展示されている絵の前に立ち真剣に見ている姿や収容所の説明をし、語りかけている映像に心が捉えられ、答えたくなったのに違いない。「生きることの意味」を一年生なりに考えた手紙の返事はまた心うたれるものであった。

16　単元「夢を支える人々」――総合的な学習と関連した単元づくり――（二〇〇〇年九月　第二学年　53回生）

ねらい　(1)『鉄、千年のいのち』の読書やＶＴＲの視聴を通して、薬師寺西塔再建のために和釘を作った苦労と面白さが伝わるような説明ができる。
(2)　シンポジウムの方法を知り、白鷹氏の釘に対する考えをめぐって討論をすることができる。
(3)　シンポジストとして発表する文章を読み返し、表記や表現について推敲することができる。

見ること①　VTRに出てくる地名・人名・建築物の名前・大工道具名、年月日など、テロップのことばを正確にすばやくメモをとる。
②　課題図書の『鉄、千年のいのち』の鍛冶の仕事や和釘を作る場面では、鉄や火の色や音などにも注目して見たり聞いたりする。
③　中心人物白鷹幸伯氏のことばで心に残ったものや印象に残った場面を忘れないように、すばやくメモをとる。

学習材　☆『鉄、千年のいのち』（白鷹幸伯　草思社　一九九七）
・VTR①「千年の釘に挑む」（NHK　人間ドキュメント　二〇〇〇・七・十三）
（野鍛冶と称する白鷹幸伯《ゆきのり》が薬師寺講堂再現のため、千年もち続ける和釘復元に情熱を懸けるドキュメンタリー。信念をもって生きる職人の言葉や技、生き生きとした表情やつぶやき、熱せられた鉄を打つ音が視聴する者の心を捉える。特に、角材に試作品の和釘が打ち込まれ、隠れている節を回った場面や千年の命を賭けて屋根に大工の手で打たれていく場面は音楽とあいまって感動的である。）
・VTR②「白鷹幸伯　古代の大工道具を復元する」（竹中大工道具館製作　一九九七）
（和釘復元の製作過程の映像で、真っ赤に燃えた炉から取り出された、真っ赤な釘を打ち続けて形を作っていく様子がよくわかる。）

単元のねらいからわかるように単元の到達点はシンポジウムである。学級全員が真剣に話し合いに参加できる学年に育ったことが大きい。加えて、附属住吉中学校二年生の伝統行事の奈良・吉野方面の「史跡めぐり」の寺社見学と大いに関連がある。それで、興味・関心をもつだろうと予測した。到達点を目指し、全員がシンポジストになれるように単元展開を考え、『鉄、千年のいのち』（聞き書き）を課題図書として読ませた。それの映像版と言えるのがVTR二編である。

西岡棟梁との出会いによって人生が変わっていった白鷹幸伯の生き方と信念は、文字情報と映像情報の融合で、学習者の日常生活とかけ離れた世界を深く理解させることができたと考える。聞き書きの課題本だけでは想像できず読書に難色を示した生徒も、映像によって目から鱗《うろこ》が落ちるように納得し、表情が変わっていった。一人ひとりの目の付けどころが面白いように異なり、立場が明確になった意見文によってシンポジウムは成功した。「千年の釘に挑む」の視聴は前半と後半に分けたが、見方については雑ぱくな感想になるので、視聴のねらいづくりを考えた。次ページがその手引きである。音楽好きな生徒は音を、また和釘（古代釘）の力や鉄そのもの、彼の生活（暮らし）等に考えを書きつづった。それが立場を分けることになり、シンポジストの異なる意見となって、面白さの増した話し合いとなった。なお、シンポジウムのテーマ設定には一時間かけ、学習者の討論結果によるものである。

学習の手引き

総合単元「夢を支える人々」（二組）　H12・10・3

『NHK「にんげんドキュメント千年の釘に挑む」を見る

VTRは文字で書かれていませんので、映像が流れていき、ことばが消えてしまいます。どのように見るか、それによって感じ方も違ってきます。二度、三度見ても一度目で聞き落としていて、例えば教室でみんなと一緒に見てはじめてこんなことを白鷹さんは言っておられたんだと気づいたことばがありました。「凛とした釘」です。凛は五十三回生の目標の文字ですから、ああどうして一度目で気がつかなかったのだろうと思いました。

それで、ねらいをもって見るほうがいいと考えたのです。読書日記のときも、ねらいをつくると内容がずっとよくわかると書いた人が何人もいましたね。

次にみんながつくったねらいをあげてみます。達成できたかどうかが自分で判断できるようなねらいをつくるのがよろしい。

二年二組　ＮＨＫ「人間ドキュメント　千年の釘に挑む」を見る（二〇〇〇・九・三十）
〈ねらい〉から
・釘を打つ時間や辛さに注目する。
・千年の釘と白鷹さんのつながりを知る。
・千年の釘をつくる苦労がわかる。
・自分の知らない釘の顔を知ることができる。
・注目すべき釘の作り方がわかる。
・千年の釘にかける白鷹さんの思いがわかる。
・白鷹さんの心情を読み取り、感動を味わうことができる。
・鉄の延びる様子を見ることができる。
・「鉄」を中心に観ていきたい。
・木と鉄への私の情熱をもっと大きくすることができる。
・白鷹さんの仕事について考える。
・白鷹さんの気持ちを考えながら観る。

・気持ちよくみる。

★17 単元「『おくのほそ道』を歩く」（二〇〇一年五月　第三学年　53回生）

ねらい　(1)『おくのほそ道』における芭蕉の俳句や場所について、関心をもつようになる。
(2) 小集団で調べたり、発表したりすることを通して、協同する力を育てる。
(3) 注釈や古語辞典を活用し、自分の力で古文を現代語に訳すことができる。
(4) 進んで朗読したり暗唱したりしようとする。

見ること ① 描かれている人や物について、想像したり推測したりする。
② 細部まで見落としのないように観察する。

学習材 ☆『おくのほそ道』（松尾芭蕉）

・『宮田雅之切り絵画集　おくのほそ道』（切り絵・宮田雅之　解説・ドナルド・キーン　中央公論社　一九八七）
（切り絵作者宮田雅之が芭蕉の歩いた道を実際に旅して正確にデッサンしたものを、ねらった構図に近づけて、彩色を施した切り絵画集。作品の数は三十九。宮田雅之とドナルド・キーンの対話では芭蕉が脂の乗っている出羽三山あたりの句は切り絵としても熱っぽくなれたと語っている。その観点で切り絵を鑑賞するのも面白い。非常に繊細で、抽象的なところもあり、白・黒に差し色が効果的で雄大さや広がりを感じることができる。）

・「東海道五十三次」「名所江戸百景」（安藤広重　同僚が他の単元で使用したものを借りる）

（江戸時代の人々の生活や行事、旅をする姿の版画が中心である。）

以上二点は学級全体用である。版画はグループに一枚貸し出した。切り絵画集は全体鑑賞のあと、必要グループに貸し出した。

次の二点はグループ用で説明は省略する。

・『マンガ日本の歴史36　花ひらく江戸の町人文化』（石森章太郎　中央公論社　一九九二）

・『コミックストーリーわたしたちの古典10』（シナリオ・柳川創造　漫画・村野守美　発行年不明　学校図書）

この単元は予定していた展開から、ある男子生徒の「古典を勉強して何の役に立つのですか。」の一言によって舵を大きく切った。彼に興味・関心をもたせることは、古典が苦手と思っている学習者にも興味・関心をもたせることになる。それで、ねらいに⑴と⑵を加え、学習者が芭蕉や曾良と一緒に「おくのほそ道」を歩くという設定を思いつき、展開を変えた。将来、その地に立ったとき学んでおいてよかったと思える楽しさを考え、時代をさかのぼらせた。内容理解にも工夫した。芭蕉が歩いた行程に俳句を記入させ、季語・季節を確認した。白地図に記された俳句から見えてくる発見（芭蕉の疲労）があり、芭蕉と歩いている意識が育ち、面白い研究テーマが生まれた。これは、江戸時代の旅姿や休憩所、雨の中を旅する版画と、宮田雅之の繊細で幽玄ともいえる切り絵が高度な作品であったこと等によって影響されたことは否めない。苦手生徒のためには、コミックも活用させた。

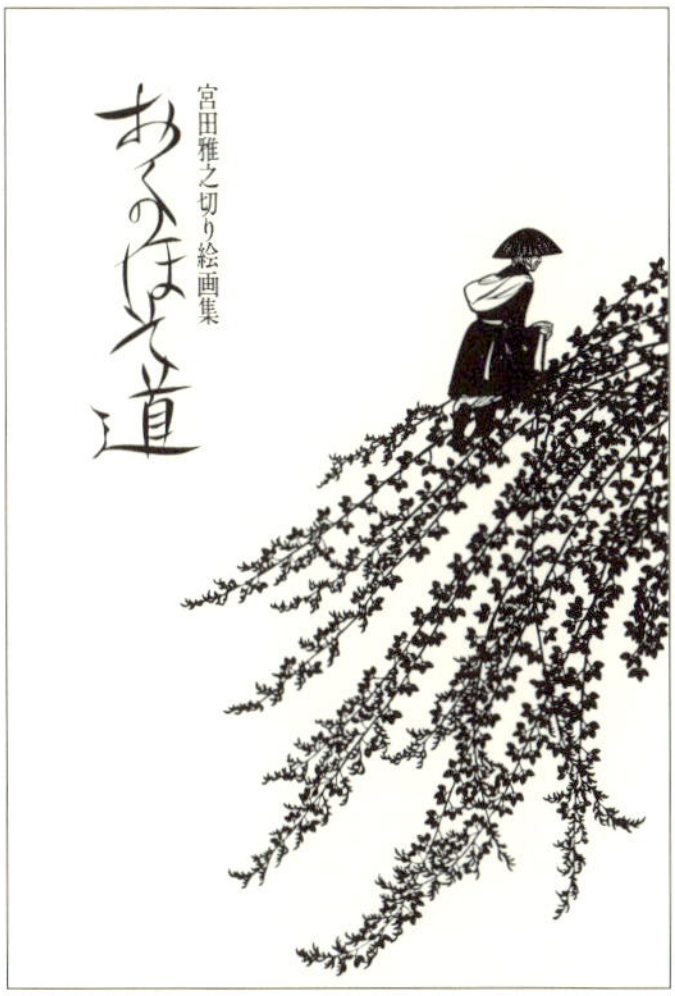

『宮田雅之切り絵画集　おくのほそ道』
（宮田雅之　中央公論社）

18 単元「現代を読む」メディア・リテラシー教育の実践――協同学習と伝え合う力を育てる――

（二〇〇一年十月　第三学年　53回生）

ねらい　(1) 新聞や新聞の全面広告から情報を集め、分析・批評しながら生活に役立て自己を向上させる。
(2) キャッチコピー等の表現を理解し、よしあしが話し合える。
(3) 自分の考えが効果的に伝わるような表現や接続詞を使って二百字で意見を書くことができる。
(4) 文章、広告、ポスターを読んで、自分の意見がまとめられる。
(5) 文章や広告に使われている語句の意味を理解し適切に使えるようになる。

見ること① ポスターの人物の色使い、使われているモノに着目し、表現されている意味を分析する。
② キャッチコピーと使われているヒト・コト・モノの関連を指摘する。

学習材　☆「マスメディアを通した現実世界」（池田謙一）、「メディアとわたしたち」（見城武秀）
・資生堂の化粧品のポスター（一九六〇年から五年毎のポスター十枚）
（資生堂資料館の御好意による口紅や香水、UVカット製品等のカラーコピー。特に東京オリンピックのあった一九六四年の口紅の絵柄や故山口小夜子がモデルのインパクトのある化粧を施した香水のポスターはキャッチコピーとともに印象が強い。営利を目的とした商業広告。）
・公共広告機構のポスター七枚
（ACで知られている広告を通じて住みよい社会づくりに奉仕しようとする非営利の広告である。御好意で送っていただいた。覚醒剤、ジコ虫《ちゅう》、捨てられるゴミ、損なわれる環境、臓器提供意思表示カード、ボランティア、ブラックバスの広告である。）
・新聞の全面広告多数

・読売新聞広告局の資料（ポスター等）

この単元は附属住吉中学校53回生三年生の最後の総合単元である。一年生から実践してきた「見ること」の集大成としてメディア・リテラシーを取り上げた。教科書や新聞を基本の学習材として、情報は加工されていることを理解させたのち、営利目的と非営利の広告を取り上げ、情報を判断させた。協力いただいた資生堂や公共広告機構の広告は学習者の興味・関心を大いに高めた。それは、女子が非常に多い学年でおシャレに関心をもっていること も関係した。広告は社会や時代を反映していることが理解できたので、広告を分析してよい広告の判断基準を求める討論をした。新聞広告の写真や絵の読み取りとともに、キャッチコピー・ボディコピーの読み取りは、学習者から自然に出てきた発信の授業に役立った。附属住吉中学校の学校広告を作り上げ、生徒募集の説明会に出席した人に見せるという掲示ができたのである。

この単元では、話し合いの言語活動がいろんな場で行えた。思考力・判断力・表現力を駆使しないと充実したものにならなかったが、普段目にすることの少ないポスターや新聞は、読んでいるのに目に止めなかった広告が学習材となり、隠されているものを追究する面白さを発見したと言えよう。ポスター・広告を読み解くことは、観察し分析する、選択し判断することである。それが学校広告の企画、デザインに応用され、一人ひとりのつくり上げる喜びが表現力の高まりとなったと考える。一年生から視覚学習材を取り入れた三年間の見る力が育ったと感じた。

参考資料『メディア・リテラシー』（菅谷明子　岩波新書　二〇〇〇・八）

★⑲　単元「自然の不思議――クジラから考える――」協同学習を通して考える力、伝え合う力を育てる

（二〇〇二年五月　第一学年　56回生）

ねらい　(1)　筆者の考えを理解し、自分の考えと比較したり共感したりできる。

(2) 自分の考えを述べたり、他の人の考えを聞いたりして意見交換ができる。(パネルディスカッション)
(3) 科学的な文章に読み慣れ、クジラやイルカに寄せる筆者の考えに感想が書ける。
(4) 接続詞を使って、問題提起の文章構成ができる。

見ること① VTRに出てくる音、クジラの姿・動きに注目し、必要な説明をすばやくメモする。
② 太地とクジラの関係をポスターや図録から読み取り、言葉化する。
③ IWCのポスターから日本の立場を読む。

学習材 ☆「海の中の声」(水口博也)「クジラたちの音の世界」(中島将行)、「クジラの飲み水」(大隅清治)
☆『イルカと海の旅』(水口博也)

・VTR①「マッコウクジラ大集結――カリブ海に響く謎の音――」(NHK地球!ふしぎ大自然 二〇〇二・五・二十七 語り 上川隆也)
(豊かな原生林のあるドミニカ島の西の海、水温二十四度の海で暮らすマッコウクジラの子育てを追いかけるゴードン博士の記録。水中マイクから伝わってくるクジラが出す音を分析している。海中に響くカチカチやカンカンの意味とともに、北極海から戻ってきたオスクジラのまわりに三十頭近いメスが集まる様に驚かされる。カン・タッタタタタと繁殖の音が伝わってくるが、様々な音を大事なコミュニケーションの手段とし、多種多様に使い分け、強い絆で結ばれているマッコウクジラの生態である。)

・VTR②「ファンタジア二〇〇〇」(ロイ・エドワード・ディズニーが製作総指揮をとったアニメ。その中の二番目交響詩「ローマの松」O・レスピーギ)
(「ファンタジア二〇〇〇」全体は、名曲のイメージをアニメーターと音楽家の力でロマンチックに映像化されている。「ローマの松」は松と全く関係がない。オーロラの出た北極の海で親子のザトウクジラが氷山の崩落で離れ離れになるが、ひときわ明るく大きく光る星に導かれ再び一緒になる。クジラの大群が雲の海を泳ぎ、白く輝く星をめざす様は圧巻である。クジラの姿態が正確に表現されている。）

・ＶＴＲ③和歌山県東牟婁郡太地《たいじ》町訪問（二〇〇二・五・十五）

（近畿圏では太地が捕鯨のメッカである。「クジラから考える」フィールドワークのために、風雨の中、クジラに関係ある史跡や博物館を訪れた。古代捕鯨が終わる原因となった大荒れの海もかくやと思うばかりで空と海が一つになり、岩に砕ける波浪はすさまじかった。それらの録画である。）

・その他　ＩＷＣのポスター等

この単元の実践は一年生の一学期である。協同学習力を育て、パネルディスカッションを到達点に考えた。ＩＷＣの会議が下関で開催されていたこともあり、第一章に示した二社の教科書教材をもとに、読書用図書、新聞報道記事を中心に「考えて意見が言える」力を育てようとした。

鯨肉を食糧とした食文化をもつ日本人と鯨脂だけを目的とした欧米人の鯨への認識は大きく違っている。しかも、現代では欧米ではクジラの保護という考えが中心で、それは、カリブ海に集結するクジラを追うゴードン博士やディズニーの空を泳ぐ大群のザトウクジラの映像に表れている。子どもたちは新鮮な思いで、釘付けの視聴だった。カリブ海の録画は指導者が用意していたが、録画してもってきてくれた学習者によって一気に興味・関心が高まり共に学ぶ姿勢が広がったように思う。「ファンタジア二〇〇〇」では、迷子になった子クジラの様子にかわいらしいという声をあげていた生徒も、光を目指し何十頭というザトウクジラがはねながら、直線に突き進む様に圧倒されたようだった。これらの映像を参考に、迷ったり悩んだり揺れ動きながら、現在の立場で結論を一人ひとりが述べていった。なお、太地訪問のＶＴＲは、班の研究用に活用させた。

★⑳ 単元「もうひとつの世界――『千と千尋の神隠し』の扉を開く――」中学校における動画リテラシー教育
（二〇〇二年十月　第一学年　56回生）

ねらい　(1) 『千と千尋の神隠し』に興味をもち、テーマに従って画像やセリフを読み取ることができる。
(2) 視点（役割）に基づき、画像の説明（事実）と自分の考え（思い）を区別した文章が書ける。
(3) テーマに基づいた「私たちの選んだ四シーン」のプレゼンテーションをすることができる。

見ること ① 登場人物の着衣の色や背景の色に着目できる。
② 視点（役割）に合うシーンを選び、細部を見落とさない。
③ 登場人物の重要な動きに着目して、その意味を言葉化する。

学習材　・映画パンフレット『千と千尋の神隠し』（東宝株式会社）
・『千と千尋の神隠し』（宮崎　駿監督作品　制作スタジオジブリ　二〇〇二年販売のＶＨＳ）
（十歳の少女千尋が迷い込んだのは人間が入ってはいけない世界。ブタに変えられた両親を救うため、千という名で不思議の世界で必死に働き生きていく千尋は、無力感から生きる力が呼び醒まされていく。そして、もとの世界へ。彼女を助けるハクや釜爺、リン。奇妙なカオナシ。異界の様々な様子に引きつけられ目が離せない。）

定年退職を控え、生徒も私も生涯忘れない心に残る単元を作りたかった。国語科総合単元学習の集大成。「見ること」を意識し、単元を育ててきたことを考えて映像教材を軸にした。「現代を読む」⑱でメディア・リテラシーに取り組んだので、一年生には違ったものをと考えた。学習者が興味・関心をもち、しかも言語能力としても力をつけられる学習材として探し当てたのがアニメ『千と千尋の神隠し』だった。前年、映画ポスターが花々しかったので、目に入っていた。二〇〇二年家庭用ビデオとして近くのミニコープから購入し、視聴した。決定的な判断は、

第二章で述べたが、生徒から借りた映画のパンフレットの宮崎　駿監督の言葉だった。

映画館で楽しく観るのではなく、教室で学びの場として観るためにはどんなねらいを設定するべきか、集めた資料の数々を読み込んだ結果、三つにしぼり込んだ。特にねらい(3)については、単元「現代を読む」で助言をいただいた藤原　顕氏（福山市立福山大学教育学部教授）に相談し、〝分割と再構築が必要〟と助言をもらって決定した。その結果、テーマを決め協同的に視聴した子どもたちは、集中し熱中して黙々とコンテを描いてプレゼンテーション資料を作り上げていった。

この単元での「見ること」は、明らかに「観ること」である。四人の協同学習による役割分担の視聴であるため一人ずつが責任を果たさねばならないことを学習者自身がよく承知しており、真剣な態度であった。だから、視聴の結果がどんな表現や言葉となって文章表現されたかを評価の重点とした。

「見ること」を国語科に入れることを考え、たどり着いた単元は何度も私自身が視聴し学習材研究をした結果の「見る力」の育成のできた単元と言えるだろう。

おわりに

こうして振り返ってみると、いろいろと思い考えることがある。単元の中に「見ること」の学習材を取り入れてきたのは、学習者に表現力や思考力・判断力がついていると言える手応えがあったからだ。その結果、「見ること」から実質的な「観ること」へ、そして「メディア・リテラシー」「動画リテラシー」へと発展することができた。

1の単元「写真からことばへ」（一九八五）では、写真は語彙力や表現力を豊かにするための学習材であった。しかし、ねらい(2)「写真のもつ意味や訴える力を理解し、写真の読み方を学習するとともに、写真を説明するための文章が言葉を選んで書けるようになる」と設定しているのは、無意識に「観る」を考えていたのではないかと思う。ただ、方策がまだわかっていなかった。それでは「見」と「観」の違いをみてみよう。

(1)「見る」と「観る」の違い

漢和中辞典では、「見」は「目で見て、よく見分ける。ちょっと目にふれること」とある。「見」と「観」の間に「視」がある。「観」は、「視よりさらに念入りに見る。観察。ぐるっと見回す、詳しく見る」とある。「観察」とは、広辞苑（第六版）によると「物事の真の姿を間違いなく理解しようとよく見る」とある。かつての同僚であった理科の大黒孝文（同志社女子大学特任教授）から「理科でいう観察は、比較しながら見る。なぜこうなるのか目的意識をもって見ているに相当する。また、この現象がなぜ起こったのか、他の現象を今の現象から予想することも含まれる」と教わったことがある。これらを国語的に平易に言い換えると、描かれていない事柄、例えば、会話、音（物音、鳴き声）、時間の推移、空気感等を予想したり判断したりして言葉を紡いでいくということになるだろう。つまり、潜在しているものや瞬間的にひらめいたコトを顕在化し、意識化させて言葉化していくことである。16「夢を支える人々」に使用した録画「千年の釘に挑む」の視聴では、顕著に生徒の作文に出ていたように思う。

(2)「見ること」から「観ること」へ

いったい、「見ること」が私の中で「観ること」に変わり始めたのはいつだったのだろうか。単元を整理していて、一番心に引っかかった疑問である。3「ことばを楽しむ」（一九八八）の単元になると、原田泰治の絵を使い、絵に添える文章や詩の創作の学習には、学習者のための「手引き」（前出）を用意し、容易に作品世界に入り込んでいける工夫ができるようになった。ここでは単なる「見る」ではなく詳しく「観る」である。梢《こずえ》の葉一枚一枚が丹念に描かれている一方で、目・鼻・口が描かれていないのに表情や会話までが想像できる。村人や子どもたちの情景や雰囲気や時間の推移、空間を読み取るには「観る」でなければならないと考える。だから、学習の手引きの題を「原田泰治さんと歩く」にした。学習者が画家原田泰治に寄り添って村の中や林をゆっくり歩き、耳を澄まして風の音や汽笛を聴く。小高い所で休み、子どもの遊び声を聞き取り、空気までも味わう。そのためには「と歩く」でなければならなかった。この単元の実践の頃から、まだ定義づけはできないけれど、私自身の中に「観る」の感覚や意識が生まれ始めたようだ。実践の延長線上に『アンジュール』（前出）や『小さな池』（前出）、絵画パネル「われは海の子」の創作がある。

(3)　絵手紙作家山路智恵の「みること」

11「ことばの力――中学生のむかつく考――」（一九九七）で中学二年生を奮い立たせた山路智恵とは、あることをきっかけに所在がわかり成長をかいまみることになった。彼女は長野県森宮野原栄村の人々と交流が続き、山路智恵絵手紙美術館が開館した。私にも、オープンの招待券が送られてきた。当日の参加は無理だったが、後日訪れて葉書一枚の絵手紙から始まった作品が今や大きな芸術品となって展示されているのに感動した。単元で取り上げなかったら、このような出会いに巡り合わなかったという感慨が起こってきた。その後、美術館ニュースが出されるようになり、彼女と栄村の人々との関わりの中で、次々と生まれていく絵と紡がれていく言葉には、彼女の温かな眼差しと優しさがあふれている。最近の「山路智恵絵手紙美術館ニュース」(2)の中で、彼女は島田幸吉（日本絵手紙協会前事務局長）と「手のひら童話って何?」の題で対談している。その中で「みる」を述べている。少し長くなるが絵と言葉を結ぶものとして一部を引用しよう。

島田　（略）

山路　「よくみる」というのは、色んな意味があると思います。目を使って目の前に見えているものだけを見るんじゃなくて、それ以外のところを見るようにしていました。（中略）目で見ているもの、そこには見えてないけどイメージしたもの、それらを伝えようとしたときに絵や言葉で互いに補い合って書いている、……

島田　（略）

山路　私にとって「観察すること」の中には、想像や空想することや観察しているものとの対話も含まれている（以下略）

島田　（略）

山路　特に子どもの頃は何気ない日常のことにもひとつの物語があったり、その子にしか見えない世界というものがあると思います。（以下略）

島田　（略）

山路　（略）絵手紙を毎日かいていく中で、目だけでは見えない部分がたくさんあるということに気付かせてもらっていたと思います。においをかいでみる、果物なら切ってみる、さわってみる、観察してみる、対話してみる、という風に五感を使って色んな「みる」を試していました。ただ見ていただけの世界が、かくことによって一方通行じゃなくなったような気がします。色んな「みる」をやっていくなかで、見ているものから何か返ってくるということをかき続けることで学んだような気がします。

（傍点筆者）

この中には、「試みる」意の「みる」も入っているが、その子ども独自の世界観と対象物との対話から生まれてくるもの（言葉）があることを、制作者としてつげている。中学生の「観る」の原点になるのではなかろうか。

(4) 学習者を導くための「学習の手引き」の作成

山路智恵が語っている内容を単元の変遷で考えてみよう。その内容は対象となる写真・絵・ポスター・漫画・ビデオ・動画と学習者が対話しながら、主体的に感じたり考えたりした学びに相当する。大人になった山路智恵は、対象物と対峙《じ》し続けてきた自分の意識を振り返り、いくつもの「みる」を自分でみつけているが、学習者には「学習の手引き」で導く必要がある。その手引き作成には指導者の学習材への読み込みが必要となる。作品だけでなく、作者の経歴がわかればなおよい。また、作品成立の背景や周辺のこと等の調査は文字情報の教材研究と同じである。その準備をしておいてこそ指導者の意図を超える生徒作品も生まれてくるだろう。

(5)　メディア・リテラシーと表現力の育成

53回生を取り上げて考えてみよう。一年生から三年生まで、単元毎に視聴覚教材を活用したので「観ること」の変遷が明確である。それまでの学年ではメディア・リテラシーの教育までは到達できていなかったが、「見ること」の延長線上にメディア・リテラシーがあることがわかり、『メディア・リテラシー』(菅谷明子)を熟読した。担当した53回生が入学当初の宿泊行事で表現することが好きだということを直感的に把握した。それをきっかけに優れた表現力を伸ばす単元づくりを考えたのである。工藤直子の「のはらうた」の詩の創作と、のはら村の絵を出発点に、『小さな池』の創作へと進んだ。絵本の読み取りと表現力が融和した虚構の中に自分を投影するという、今までにない作品も生まれた。⒁「ことばをみつける」)このことは学習者の表現力の新たな発見となり、三年生の三学期にとうとう広告というメディアを読み解き、発信するという主体的なメディア・リテラシーに到達できた。それが単元「現代を読む」(二〇〇一)である。

学習材を分析し、作り手の意図に迫ったり批判したりすることにつながった「現代を読む」単元では、社会の動向や情勢を反映しているポスター、新聞の商業広告、公共広告を使用した。分析の観点設定をいきいきと話し合う姿は、学習材が子どもたちを引きつけ、思考し判断する面白さにあふれている魅力を示していた。商業広告の良し悪しの判断はグループ討議によるが、それを学級全体に効果的にプレゼンテーションさせたので大いに表現力を発揮し、楽しい会をもつことができた。また、発信の場合も同様で、三年間の積み上げの成果になった。協同学習の構成要素の意識が一助となった。

その後、発展的に行きついたのが『千と千尋の神隠し』を読み解く動画リテラシーである。これは偶然の出会いというよりも、私の「見ること・観ること」の最終到達点である。グループ学習の話し合いを成功させるための役割（例えば、司会・発表・記録・計時）だけでなく、視聴する際の役割を学習者が決め責任を果たすべく努力した成果は大である。登場人物や背景・音楽の分析の発見作文を読むと、予想以上の子どもの視聴力に脱帽せざるを得なかった。また、宮崎　駿監督の制作意図をも読み解こうとしたグループもあったのは、きっと作品に大きな魅力があったからだろう。

次にどのようにして学習材をみつけるかをまとめておこう。

(6) 視聴覚学習材の見つけ方

ここで、どのように学習材を探し出したか書いておきたい。若いときは、何かよい視覚学習材はないかと通勤の電車の広告や駅のポスターを、それこそ目を皿のようにして探していた。年を重ねるに連れて、学校出入りの本屋さんの情報を頼りにしたり、新聞の書評や広告、解説を読んだりした。特に、映像に関心をもち、いち早く学習材化した元同僚の柔軟性と勇気に大きな影響を受けた。外国人による日本語スピーチコンテストや落語家の所作をとり上げた「しぐさの文化」等の目のつけどころには感心した。

教師一人ひとりがもっている知識と経験の積み上げが学習材を見つける際に大きな力を発揮する。しかし、育ってきた時代の影響もあり、機器に抵抗の少ない同僚と比べて私は苦手意識が大きかったので、まず静止画像から入ったのである。それは結果として順に階段を上る感じで、これでよかったと思う。

さて、アンテナを高くして見つけるのに必要なのは感性的な面における直観力と洞察力ではないだろうか。よく「ビビッとくる」と言われる、それである。そして、どの単元のどこで、どんな力に活用できるか瞬時に判断する洞察力がどのように働くかということも大切になる。それは苦労でなく楽しさである。

次に、学習材として成立するかどうか、吟味し分析する。内容の吟味である。文章なら読み込むところを繰り返し眺めるのである。国語教育として、単元に適合するかどうか。単元展開のどこで活用するか、或いは、それを全面に出すか、補助として使うか、また、どんな力が育つだろうかと考える。

教師自身に楽しみ遊び心がなければ、みつけるのはむずかしいかもしれない。それは一朝一夕にできるわけではない。倉澤栄吉が附属中の講演で「単元学習ではアンテナを高く」と話したことがある。まさにそれである。教師には好奇心や柔軟性が必要で、必死になっているから見えるかと言えばそうでもない。余裕が必要である。教師自身が気に入った教材は何度見ても見飽きることがない。思い入れも強い。見るたびに新しい発見があって驚く。そこを、自ずと伝えるようになるので、学習者は当然影響を受け意欲が出てくるのである。ただ私の場合は、「ことばを育て、こころを育て人を育てる」ことを軸にしていたので、必ず人がどこかにいる、出てくることを意識した視聴覚の学習材探しだった。

〈よい視聴覚学習材の条件〉

①　イマジネーション（想像）がわき出てくる

②　創造的な遊びができる

③　言語力（表現力、語彙力）が育つ

④　文字言語（情報）を補ったり、登場するヒト・モノ・コトからよい影響を受けたりできる
⑤　知らなかったことが一目瞭然にわかる
⑥　美的要素（芸術性）がある
⑦　何度視聴しても飽きない

見つけてもすぐに活用できない場合があるが、すぐに役に立たなくても面白い気持ちが残っていたり、心に引っかかって忘れられなかったりすると、いつか活きてくるものである。要は指導者が引き出しをたくさんもっているということだ。

二〇一五年一月六日（「語る戦後七〇年」）の新聞紙上で、山田洋次映画監督が映画について「作品を通して人間的な感情に触れ、豊かな心が育まれる。ここに芸術の大きな役割があると思います。映画だけでなく、文学でも音楽でもそうです」と述べている。文字言語（情報）に映像言語（情報）を加えると、学習者は二倍も三倍も学んでいくことができるのである。

文字情報にマンガ、ポスター、絵、写真の静止画やＶＴＲのような動く画像を取り入れることは、学びに深みや広がりができるだけでなく、文字情報では想像できなかった情景を瞬時に理解させることができる。また、授業への興味・関心を高め、思考力や表現力のみならず協同学習力もついてきたことをプレゼンテーションや作文で実感することができた。科学的でなく論理的でもないが長年続けてきた勘というのも働いて、子どもたちのために学習材化してきた結果といえよう。

以上のように現職中は国語科の同僚とつけたい力として言語能力一覧表を改訂しながら進んできたが、「見（観）ること」に関しては一覧表の中に明確に位置づけるまでに到らなかった。

このあとを受けて、神戸大学附属中等教育学校の国語科教師小嵜麻由《おざきまゆ》が、修士論文「中学校国語科総合単元学

習におけるメディア・リテラシー教育の開発」（二〇一一・一）を作成していることを付記しておきたい。

〈参考〉

1～5　拙著『ことばと心を育てる――総合単元学習――』溪水社　一九九二

6～8　拙著『生きる力と情報力を育てる』（国語科新単元学習による授業改革②）明治図書　一九九七

9～18　拙著『人を育てることばの力』溪水社　二〇〇三（言語能力一覧表掲載）

19・20　拙著『思考力・表現力・協同学習力を育てる』溪水社　二〇一五

注

（1）　原田泰治『わたしの信州』講談社　一九八二・六

（2）　『山路智恵絵手紙美術館ニュース』第四号　山路智恵絵手紙美術館　二〇一四・六・二〇
山路智恵は長野県下水内郡栄村に設立された山路智恵絵手紙美術館の館長に就任した。不定期で彼女の絵と絵に対する思いがニュースとして発刊されている。

参考 6

私の単元づくり・授業づくり

小学生と中学生は発達段階で大いに異なるけれど、学習者がわくわくし、指導者である教師も楽しくてたまらない授業。それは静かであっても、心が通い合い、心地よい緊張感のある国語教室ではないだろうか。

私が教壇に立って二年目頃のことである。「今日はうまくいって、楽しくできました」と職員室に戻って年輩の国語教師に話すと、「私なんか一年に数回あるかないかよ」と言われた。後から思えば、授業の達成目標が全然違っていたのである。「楽しい授業」と言っても、中味の濃さと付けるべき力が私には本当にわかっていなかった。これはという心に残る貴重な授業は、日常のたゆまない努力の中でこそ生まれるもので、突発的に生まれるものではない。この「たゆまない努力」をするかしないかで、国語教室の活力が違ってくる。では、どうすれば活力ある充実した授業、国語教室がつくれるだろうか。私は大村はまの著作に学ぶことが多かった。

1 単元づくりにあたって

教師中心の一斉授業から、授業の主体は学習者であるという考えに移り、グループ（小集団）学習が取り入れられ、一人ひとりをいかに伸ばすかという意識が附属住吉中学校には根付いていた。それに伴い、人間性も培われることが自ずとわかっていた。

学習者がどのように意欲的にかつ主体的に学習活動に取り組み、力をつけ伸びているかを議論の柱とするようになると、授業研究というよりむしろ学習者研究という方がふさわしくなる。それによって、指導者は学習者をいかに伸ばすべきかを今まで以上に考え、創造的な授業を構想し構築せねばならなくなる。それが附属住吉中学校で実践してきた総合単元学習である。この総合単元学習は将来にわたって価値あるテーマや目標を設定し、言語能力を総合的に駆使した言語活動を組織化するものをいう。（参考『国語教育辞典』日本国語教育学会　この項浜本純逸　朝倉書店　二〇〇一　二五一ページ）

この学習では、想像力、思考力、判断力、表現力、創作力、企画力等が育っていくうえに、学び方も身についていく。さらに、指導者として学習者の一人ひとりを柔軟にとらえ、未来に生きる子どもたちを育てているという喜びを持ち続けることができる。

言語活動の充実した総合単元学習にするために、どのように学習材研究をしてきたか、示しておきたい。

2　単元づくりのための学習材研究

ア．指導書に頼らない学習材の読み込み

担当している学級の生徒の顔を思い浮べながら、何度も学習材を繰り返して読み込んでいく。そうすると、自然に指導者の立場から学習者の立場に視点が移り、見過ごしてきた言葉や表現の発見があり疑問も出てくる。また最初読んだときには気付かなかった見方・考え方が生まれてくる。ここが出発となり、連鎖的に面白いようにアイディアが生まれてくる場合が多い。楽しくてドキドキワクワクするひとときである。このとき筆者は登山のイメージトレーニングを活用してきた。登山では、地図を読み込み、平面の山々を等高線を頼りに立体的に立ち上げ、パーティの体力と日程を考えルートを選択する。そして、水場を確保し夜営地を決定していく。その手順と役割を果たし登りきって見える景色を想像して単元構想に応用するのである。到達点までの展開を成功させる

ための学習材の配列順序、付けたい力、言語活動が見えてきて単元の方向が定まってくる。時には、ピースをはめ込むジグソーパズルの絵を頭に描き、単元構想をしたこともある。

つまり、授業は演劇のように一人ひとりの異なった力の総合であり、創造である。学習者とともに創る意識がもてるようになると、授業は学習者にとっても教師にとっても楽しい学びの場となり、一時間となる。そのための学習材研究である。学習材の価値を見つけると、先のようにどのように指導するか、どんな力をつけるか、展開はどうするか等思い巡らせることがどんなに楽しく充実したものか、それがワクワクドキドキ感である。

イ．学習材を調べている段階での疑問の解決方法

図書館での検索、電話での問い合わせ、先行授業の確認、インターネット検索、フィールドワークの判断、自分自身の既有知識の取り出し、TVの録画等

ここのTVの録画は、一般化できないが単元が始まるとなぜか学習材のテーマに即した番組が出現することが多かった。また、過去に録画した映像が突然ぴったりと合うこともあった。

ウ．フィールドワークで現地取材と資料集め（いつもするとは限らないが）

エ．実施単元の事前調査の質問項目を考える

興味・関心だけでなく、単元名から予想できる内容や授業の希望等。集計結果から単元展開の工夫をする。

オ．言語活動と単元目標の設定

単元目標は一般的に指導目標となるが、授業の主体が学習者であることを考えると、到達目標として行動目標的に表現し、学習者に提示した。

カ．付けたい力（言語能力）を考え、言語活動を組織化し、指導の手だてを考える

考える力（思考力）・判断力・表現力・協同学習力も視野に入れ、「〇〇〇力」をつけるために、〜するという

意識をもって指導の手だてを考えた。国語科で作成していた言語能力一覧表[1]を常に活用した。

キ．学習形態は個人、ペア、グループ、一斉、の組み合わせを考え、適切に活用するようにした。特に、グループ学習は協同学習になっていった。

ク．単元の展開（導入と終わり方）と毎時の主題とねらい（学習目標）を、学習者に提示し見通しをもたせる。時間数と展開の仕方を一時間ごとに見定める。言わば計画カリキュラムを作ることである。単元末が、発表（報告）、新聞づくり、意見文、パネルディスカッション、シンポジウム、テスト等によって時間数が変わってくる。

ケ．学習の手引きの必要性を見極める

学習者が活動したり考えたりできる手引きを作ることができるようになった。大村はまの学習の手引きが大いに参考になった。

コ．単元としての評価

学習記録は重要な評価材料である。学習記録の終わりの「あとがき」は、単元の振り返り（ポートフォリオ評価）として指導者にとって指導の反省や次単元の参考材料であり、学習者の成長の記録であった。また、説明文の練習でもあった。提出されると、そのページは真っ先に目を通した。参考3で述べたように評定の中にも入れることが多かったので、書かせる時間と場を考慮した。もちろん、学習材は定期テストに活用した。

3　授業づくり　教室をいきいきとさせるために

(1) 子どもを知るということ

中学校の三年間で子どもは、子どもから大人へと体格が著しく変貌する。入学当初、ずいぶん背の低かった男子生徒も教師を追い越すぐらいになる。しかも、エネルギーに満ちあふれている。女子生徒は精神面で、男子より発達していることが顕著で、国語のような教科の平均点は、はるかに高いのが一般的である。女子生徒は目立つ行動はしなくなるので、反対に、表面に出ない心の変化を見抜く力が教師に必要となる。

子どもを知るということ、子ども自身よりも深く知るということ、親をも越えて子どもを知るということ、これが教師として第一のことでしょう。子どもを愛すること、子どもを信頼することを第一に挙げる方もありますが、それも「知る」ということとともにあることと思います。(2)

これは、単元学習の第一人者大村はまの言葉である。この「子どもを知る」チャンスをとらえて、大村は授業に生かしていった。では私たちにはどんなチャンスがあるだろうか。廊下で空を一緒に見ながら、校庭のベンチに座って、また、ホームルームが始まる前のわずかな休息の時間に自然と子どもは口を開くようになる。とりとめもない話から始まり、他の時間に叱られたことや夢中になって読んでいる本、○○さんの気がかりなこと等をあれこれと話し始める。そんなときが今の授業への興味や関心を尋ねるチャンスである。時には、朝の電車に乗り合わせて、次の単元に使用したいと考えている教材について、それとなく反応を確かめることもできる。また、B５一枚、10分ぐらいで書けるアンケート（事前調査）によって、一人ひとりの単元に向かう興味・関心・意欲や予想・希望を書かせたこともあった。記述式の項には、授業に反映できる内容が書かれていることも多く、実際の単元づくりでは口答で聞いた内容と併用すると、より質的に高い構想を生みだすことができた。

次に、大切なのは国語教室づくりである。子どもに力をつけ、伸ばすことを本気で考え取り組むためには、授業における約束（学習規律）をしつけるとともに教師自身も戒めねばならないことがある。それが継続して行えるようになると、約束が浸透して、工夫した授業が展開でき、学習者の国語の力を高めることができる。

(2) 国語教室づくり

教師が面白い冗談を言い、教室を沸かせると、はじめのうちは面白がって飛びついてくる。しかし、そのうちに尊敬できる力量があるか、本気で育てようとしているのかを、生徒たちは見抜いていくものである。確かな力、例えば、自分にも分からなかった書く力や読む楽しさに適切な助言をもらえ、それが実感できたとき、信頼感のある国語教室が生まれてくる。この「信頼感」はとても大切である。

子どもは雰囲気が固い教室もたるんだ気分もほんとうは嫌いである。前者では質問もできず、黙って我慢している。後者では、すきをねらって私語をし始めるようになる。心地よい緊張感のある教室こそ学習者一人ひとりが大切にされ、真剣に課題に取り組んでいけるのである。そうなるには、授業開きであるいは機会をとらえて、的確に学びの質を高める教師の願いを示すのがよい。

私の国語教室の目標は「楽しくて力のつく授業をつくる」ことだった。倉澤栄吉は教室でなく学室を提唱した。学室に少しでも近づくように試み、心がけたことがいくつかある。それを、自分を戒め引き締めるために線を引き付箋をつけて繰り返し読んだ大村はまの『新編教室をいきいきと1』から学んだ。教室づくりのために自分でも考え出して成功した三点(①~③)と学んだ三点[3](④~⑥)にしぼって次に示したい。

① 友だちをばかにすることがない教室をつくる

国語は一つの答えに収束する教科ではない。一人ひとりの考えの違い、微妙な表現の違いに面白さが潜んでいる特徴がある。しかし、自分の考えと異なるからとばかにすることばをつぶやいているのを耳にしたとき、即座にしかも上手にたしなめる必要がある。みんなの力によって、学びの質が高まるのを学習者に実感させるような心だった。
教室の雰囲気づくり、また誰もが心地よい教室をつくるよう努力した。聞き逃がさない、見過ごさないことが肝心だった。

② 話し手はいつも一人

これは、教師が話しているときだけでなく、学級全体の話し合いやグループの話し合いにも適用する。グループの話し合いがうまく機能しないので、グループ学習を取り入れるのをためらう教師もいるが、この約束を指導できていないことが多いように思う。守られなくなると、板書して子どもたちに思い出させたものだ。

③ 一度で伝え、一度で聞きとる

聞く力を育てることは、非常に重要だと考えている。聞き取る、聞き分ける力は集中力や思考力・判断力と関連がある。聞き取る力が育てば、聞き直すことや聞き落とすことが少なくなり、よいメモを取ることもできるだろう。

そのためには、指導者も学習者も明せきな言葉を教室全体に響く声量で話す必要がある。教室に声をいき渡らせなければならない。さらに考えを友だちに確実に伝えるという意識を育てるために、簡単なことだけど、発表の向きを指導する。聞き手の顔を見ながら言うことは自然に声も大きくなり、反応がつぶさにわかり、一緒に学んでいることを自覚するだろう。

授業を見せてもらうと、教師が発言内容を繰り返したりまとめたりして次につないでいる場面に出会うことが多い。しかし、それをしていては、学習者としての話す力も聞く力も育ちにくいのは明らかである。「○○さんの発言はいつもよく聞き取れないけれど（よくわからなかったけれど）、先生がまた言ってくれる」と無意識に判断して聞いているのではないだろうか。教室（学室）で生きたことばのやりとりをし、力を育てるのが指導者の役目である。

国語科が基盤をなすけれど、他教科でも「一度で伝え、一度で聞きとる」ことは、必要不可欠の要素と考える。言語活動の充実を促進するために、コミュニケーショントレーニングを全校あげて取り組む学校も出てきている。

この③については、効果のあがった私の具体的な秘策を示そう。

私の場合、きっかけがあった。阪神・淡路大震災のあと、生徒も教師も懸命に立ち上がろうとしていた。自宅を片付けながら学校を片付け、授業は神戸大学発達科学部の教室を借り、受験を控えた三年生を励ました。雪の舞うガレキの街でバスを待ち続け（私鉄もＪＲも不通）、時には何時間も歩いてそれぞれの場所へ向かった。

やがて、プレハブ教室が建ち、教室の解体と修理が始まった。子どもたちの中には、授業中落ち着きがなく、注意されてもしゃべり続け体を動かしている生徒がいる。調べると、自宅が全焼・全壊の子どもであった。筆者の家は半壊だったけれど、一瞬にしてガレキの街になった様子を見た喪失感が子どもの態度の原因だったかもしれない。

どうすれば子どもも教える私も元気になり、希望がもてるだろうか。そんなとき見つけたのが『「夢ノート」のつくりかた――あなたの願いが、きっとかなう――』（中山庸子　ＰＨＰ文庫　一九九八）だった。「あなたの願いがきっとかなう」の一文は希望の光だった。そのとき、夢の種まきを子どもたちにさせてみようと考えた。「なりたい自分にきっとなれる　願いをカバンに入れてさあ旅に出かけよう」の言葉を夢ノート第一ページに、決意をこめた丁寧な文字で書かせたのである。そして、今月中にかなえたい夢、一学期中にかなえたい夢等を番号をつけて一行ずつ書かせた。

「先生、晩ごはんにビフテキが食べたいでもいいですか」「二十五ｍ泳げるようになりたい」等身近な願いが出てくる。やがて、鉛筆の走る音だけの集中した真剣な教室になっていった。でも楽しそうな雰囲気にあふれている。一カ月後、再びノートをもって来させ実現したものに自分で決めた実現マークをつけさせた。実現マークがいくつついたという声とともにもっとやりましょうという声が出る。夢ノートの記述によってアメリカにも行き、テレビに出て新聞にも載りましたと、九月の新学期、報告した女生徒がいた。被災者支援の記事に応募した結果、とんとん拍子に願いが一度に実現した話に、学級の生徒は夢は願えばかなうことを知ったのである。

友だちの夢の何が実現したのかしなかったのか、またどうすれば実現するのかが関心事になった。そこで新たに「友だちの実現したい夢」ページを作らせた。これこそが「一度で伝え　一度で聞き取る」の練習のもとである。夢を知りたいのは教室の雰囲気でわかっていたので、書き留めるのは難なくできる。発表する側にはノートに記入できる速度と声量、明確な発音、文末まできちんと言い終える伝え方が要求される。聞き手の書く側は聞き返さないことが重要である。聞き返すと学級の集中度がとぎれ、雰囲気を壊してしまう。

一カ月後、自分の夢の実現とともに友だちの夢の実現の方法や意志力を学ぶ機会を得て、効果的な伝え方・聞き方が定着していった。受験勉強で苦しいとき、「夢ノート」の要求があり、声量も落ちることはなかった。「一度で伝え　一度で聞きとる」ことはいつも全体に気配りをする意識をもたせられたし、子どもたちが忘れそうになると黄色チョークで板書し、注意を喚起した。

④　教師は「ほかに」「分かりましたか」を言わない

勇気を出して発言したのに、教師が何げなく「ほかに」と言うことで、発言内容の重みが消え、発言者の人間性まで軽んじてしまう。そのために子どもは心に小さな傷を持つ。発言者を尊敬しつつ、発言を促し誘う言葉を使いたいものである。教師は専門性の高い職業である。学習者のつぶやきをとらえる耳を鍛え、表情や目の訴えに敏感になり、「分かりましたか」を言わないで理解の度合いを判断することを大村から学んだ。

⑤　友だち感覚のくだけすぎたことばを使わないようにする

子どもと友だち感覚で付き合うのがことのほかよいように思われ、節度のない教育現場の一因を招いたのではないだろうか。国語教育に携わる以上、学習者の言語生活に責任を持つ立場であることを肝に銘じ、自分のことば遣いに注意を払いたいものである。また、話す声にも心を配りたい。子どもにとっては、低い方が子どもの耳によく入り、疲れにくいようだ。静かで強い声。明瞭で、文末まできちんと言い、適当な速さを心がける必要がある。一つの習練の方法として、話すことばを自分の耳で聞き取ると、無駄なことばが少なく、さらに、句読点をつけて話すと適切な間がとれるようである。帰国生を教えていたので、とりわけ注意を払った。

⑥　機会をとらえて雰囲気を引き締める

プリントの配り方一つとっても、黙って後ろまで早く渡せるかどうかということで、そのあとの授業の雰囲気は違ってくる。集めるときも同じである。「黙って」ができなければ、初めからもう一度やり直しである。ここで妥協はしない。それが教室をしつけるということである。「いっさいの騒々しいこと、子どもっぽいこと、そういうことをしないように、と初めから気をつけました」と大村はまは述べている。特に、一人ひとり違った課題やグループで取り組むことをする単元学習の場合、教室をがさつかせないことが重要である。納得させるいろいろな方法やテスト返却等の場に応じて、引き締まった教室に育て上げるよう努力した。

しかし、ときにはホッとする場（時）をつくることが大切で、それが引き締めることにつながる場合もある。夏の暑い日や体育のあと、汗を沈めるためのちょっとした雑談が子どもを落ち着かせる。書く活動は時に疲れるが、早くできた学習者に、ご褒美の読書をさせることは効果があった。「たしなめる」「引き締める」は大切なことばとなった。

〈参考・引用文献〉

（1）拙著『人を育てることばの力』溪水社　二〇〇三　三二八頁～三三五頁
（2）苅谷夏子『優劣のかなたに　大村はま60のことば』筑摩書房　二〇〇七　四〇頁
（3）大村はま『新編　教室をいきいきと1』ちくま学芸文庫　④七七頁　⑤七三頁　⑥四六頁の項目。内容文章は自分の国語教室を振り返って記述している。

初出誌一覧

・「自然の不思議――クジラから考える」（国語教育の理論と実践『両輪』二〇〇四・一〇　No.42）
・「「もうひとつの世界――『千と千尋の神隠し』の扉を開く――」になるまで」（国語教育の理論と実践『両輪』二〇〇三・三　No.40）
・「もうひとつの世界――『千と千尋の神隠し』の扉を開く――」（国語教育の理論と実践『両輪』二〇〇三・七　No.41）
・「ことばの力」（第一一〇回全国大学国語教育学会岩手大会　二〇〇六　発表冊子修正）
・「おくのほそ道を歩く」（第一〇六回全国大学国語教育学会千葉大会　二〇〇四　発表冊子修正）
・「人　あり」（第一〇八回全国大学国語教育学会山梨大会　二〇〇五　発表冊子修正）
・「「見ること・観ること」を取り入れた単元と学習材開発の変遷」　書き下ろし
参考1　「その後の和歌山県太地を訪れる」　書き下ろし
2　「私の単元学習とフィールドワーク」　書き下ろし
3　「学習記録――考える力・書く力を育てるために」（『月刊国語教育研究』二〇一四・三　No.503　授業づくり相談室「学習記録とポートフォリオ評価」加筆修正）
4　「協同学習との出会い――言語活動の充実――」（『月刊国語教育研究』二〇一四・一　No.501　授業づくり相談室「グループ（協同）学習と付けたい力」加筆修正）
5　「演劇指導と単元学習」　書き下ろし
6　「私の単元づくり・授業づくり」（益地憲一編著『中学校高等学校　国語科指導法』建帛社　二〇〇九　国語の授業づくり　加筆修正）

あとがき

八月の暑い盛りに自分を励ましてやっと初校を終えると、八月はもう終わりに近づいていた。出版社に送り返したあと、長野県と新潟県にまたがる妙高高原へ出発した。この何年間、夏の終わりに四、五泊で出かけている場所である。今年の高原の天気はころころとよく変わり、雨や霧の時もあったけれど、思いのほか循環バスが利用でき、豊かな高原歩きができた。

高原、山歩き以外で印象に残ったのは黒姫高原にある「黒姫童話館」だった。雨が降り始め、霧に霞む高原に立つ童話館の中でも一番私の心をとらえたのは、小じんまりとしたいわさきちひろ黒姫山荘である。雨に打たれたみずみずしい緑の木々に囲まれて、どの窓も緑一色だった。画室の座卓にはいつでも描けるように準備の整った白い画帳が開かれ、パレットと筆が置いてある。ここで紙に向かって子どもの姿を絵にしていくちひろの姿を想像した。目を上げると、木々の緑である。こんなところで、読書をしたり、絵を描いたり、原稿を書いたりできるとよい。羨ましく思った。同じ高原の別の場所から移築されて来たとのことだが、きっと元の場所のたたずまいに近いところがここだったのだろう。いろいろ思っていると、にわかに『万葉のうた』（大原富枝著　岩崎ちひろ絵　童心社一九八四年）の挿絵が浮かんできた。目もと涼しい、しかし、少し哀しげなまなざしの大津皇子《おおつのみこ》である。私が二十代の頃、この絵の大津皇子に魅せられ、葬られているという二上山に登った。人々から慕われたという文武両道の皇子の歌やその他の万葉集の歌を熱意をこめて生徒たちに語ったものだ。

もう一つの場所は野尻湖のほとりにある「野尻湖ナウマンゾウ博物館」である。昔、小学生から社会人までが専門家に混じって発掘している写真を、新聞で見たことがあった。いつか野尻湖を訪ねたいと思い続け、何十年もたった。博物館のビデオや展示品で、野尻湖岸からぞくぞくとナウマンゾウの牙や臼歯の化石が出てきた上に、石器が発掘されていることを知った。手弁当の百年の大事業の発掘が今も続いている。その昔、子どもで手伝った人は父親となり、今度は我が子を連れて来て親子二代で夢を掘っている映像があった。四万年以上前の氷河期に野尻湖人がいて、集団でナウマンゾウやオオツノジカの狩をし、食していたらしい。来年の春、掘りに来ませんかと学芸員に誘われた。

この二つをわざわざ、しかも長くここに記したのは、興味をもって思い続けているコトがあると、いつ、どこでかわからないけれど、何かの弾みでそれが近づき駆け寄ってきたり、つながったりするのだと思ったからだ。特に、私の五十代以降の単元づくりに似ている。例えば、雑誌『太陽』の一九六五年十月号の特集「チェコの子どもの夜と霧」が再び『テレジンの小さな画家たち』（野村路子著　偕成社　一九九九年）という表舞台に登場し、単元「生きることの意味」に結実した。振り返ってみると、心に灯がともって以来、三十年以上たっている。テレジン収容所内で描かれた子どもたちの絵を見せ、詩を読み聞かせることで、「なぜ残っているのか」という疑問が途切れなかったということになる。また、単元「夢を支える人々」の薬師寺は、学生時代に『古寺巡礼』（和辻哲郎著）や『大和古寺風物誌』（亀井勝一郎著）を読んで訪れたことや子どもたちと秋の宿泊行事で何度も訪ねた経験から、白鷹幸伯の千年の釘の映像を見たときに、大きな感動となった。その上、木造建築に釘（古代の釘）が使われていたことの意外性、言いかえると衝撃が単元として立ち上がったと思う。

本書は、浜本純逸先生からいただいた「継続は力なり」を実践し単元化したものの最終版である。例えば、言葉（ことば）に関心を持ち続けたこと、「見ること」を考え続けたこと、考える力や書く力を育て、生きる力につなげようとしたこと等である。

ここで、本書の構成を述べておきたい。

第一章の「自然の不思議――クジラから考える――」と第二章「『千と千尋の神隠し』の扉を開く」は、56回生用の特別の総合単元である。この二つの単元は退職四年前に学び得たジョンソンらの協同学習の理念（説明は本文に所収）を意識し、協同学習力を育てる目的を持っていた。学習者一人ひとりを大切にし、一人ひとりが学級における学び手で大切な存在であり、学び合いが真剣で楽しくできることを考えた。

第三章から第五章までの三つの単元には、ちょっとした経緯がある。先の二つの単元を全国大学国語教育学会で発表した折に、「遠藤さん、単元学習はいつも成功していましたか。苦労した単元はありませんか。」と尋ねられたことがあった。それがきっかけで口の目を見ることになったのである。

人を不愉快にさせる「むかつく」を使用するのはどうなのかを学習者に考えさせた第三章は、ことばについてこれまでいろいろな方法で実践してきた成果で、時代の空気に真っ正面から向き合った「中学生のむかつく考」である。以前に、若者ことばを取り上げ、その功罪を考えたからこそ単元化できた。生徒の作文は何度読んでも面白い。生徒の作文「我が家のことば」は今もイキイキとしている。

第四章の「おくのほそ道を歩く」は臨機応変にシラバスをガラリと変えた単元である。登山で培った天候の変化に対応できる潔さが身についていたからだろうか。あるいは、附属住吉中学校で毎年全教科が一年間のシラバスを作り、四月には新しいシラバスで授業開きをしていた。そのシラバス作りがあったからこそ対応できたのかもしれない。瞬時に判断して方向転換をした単元である。

第五章、単元「人　あり」の聞き書きは卒業生の作文の偉力が大きい。卒業生と話したとき、「今はもう中学校時代のような文章は書けません。あの頃は自分がキラキラしていました。今思ってもよく書けています。」と語った。示された先輩のモデル作文を乗り超えようという意気込みが書き手に生まれてきたのに違いない。

最後の第六章は「見る（観る）こと」を単元に取り入れた歩みである。総合単元学習の手法は国語の学力を高めることを実証して以来、浜本純逸先生の助言を頼りに一歩一歩同僚と歩み続けた。その歩みの柱は（注）言語能力一覧表である。やがて、「話す・聞く」「書く」「読む」の「読む」に「見る（観る）」ことも加えるようになった。一連の単元の整理、発展、系統を示している。

（注）拙著『人を育てることばの力』（溪水社　二〇〇三　巻末掲載）

附属住吉中学校退職後の十年間は、「伝える」という目的をもって同志社大学文学部の学生のために国語科教育法を講義した。今、言われ始めている「アクティブ・ラーニング」の範疇《ちゅう》に入る協同学習の理念と単元学習の考えでシラバスを貫いたので、準備やレポート点検で忙しくした。加えて、主として小・中学校への研修の講師や指導助言の依頼で若い教師の学びの実態を知ることになった。その内容は「言語活動の充実」をどうすればよいか、「思考力・判断力・表現力」を育てるためには、また、身につける力と目標の関係、さらに、主体的に子どもを学ばせるために何をどのようにすればよいのか等々である。そのお陰で、私は自分自身の国語（総合単元学習）実践や附属住吉中学校での研究を振り返り、熟慮する機会を得た。現場で受けた数々の質問に答えるべく、若い教師の参考になればという気持ちが働いた章立てと内容にしたつもりである。十分とは言いがたいが、「参考」欄は楽しい気持ちをもって、足で教材（学習材）研究をしましょうという誘いである。日本国語教育学会の『月刊国語教育研究』の「授業づくり相談室」を書かせていただいたことが、「参考」の下地になっている。また、藤原、松崎両氏にインタビューを受け、教師としてのライフ・ヒストリーを考えたことも影響している。

霧と雨に煙る広々とした黒姫高原や黒姫山を眺めていると、突然、声を出して届けたい思いが沸いてきた。それは学習者であった子どもたちに「とうとう約束を果たしたよ。」と伝えることだった。

「この勉強は私たちだけですか。」「多分、そう。だから、いつか必ず本にまとめるからね。そのときは今書いているみんなの作文を載せていい。」「どうぞ。どうぞ。ぼくのをお願いします。」こんなやりとりを何度かした。このたび、写真や作文の掲載の許諾を得るために電話をすると、やっぱり、覚えていた生徒がいたのである。あのときの教室の何人が記憶していたのかわからない。しかし、「いつできるのですか。」と待っていた生徒がいたことは確かだった。年月を超えての感慨ははかり知れないほど深い。

この本は、『ことばと心を育てる――総合単元学習――』（溪水社　一九九二）、『生きる力と情報力を育てる』（明治図書　一九九七）、『人を育てることばの力』（溪水社　二〇〇三）に続いて単元実践の四冊目の本となる。恐らくこれが最後の実践集となるだろう。こうして書いていても別れがたく、何だか少し寂しい気がする。

単元一つ一つはその頃の私の精一杯の姿である。その単元実践を今読んでいると、心はその世界に戻り、授業が思い出され、作文を読み浸ってしまい、なつかしい思いが沸いてくる。表現力によって力をつけたいと、三行の振り返りや二百字作文を頻繁に活用した試みによって年月を経てもその文章力は色あせていないように思う。さらに、教室風景がまざまざとよみがえってきて、成人している生徒が昔の姿のまま、笑ったり、気のきいた発言をしたり、また、黙々と書いたりしているのである。中には、ご褒美というわずかな時間に、「これを読んでもいいですか。」と英語版の『ハリー・ポッター…』を机の中から出してくる照れた顔の男子が表れる。「これも一緒に出しますか。」と、『千と千尋の神隠し』で役割だった油屋の構造図や薬札の分析を書いたありあわせの紙を見せる子どももいる。一目見て、その熱意と追究力に「あなたは博士やね。」と言うと、顔を赤らめたのが忘れがたい。

だれもかれも私の記憶の中では、いきいきとしているのである。

最後になりますが、長きに渡り質問に答えいつも励ましのことばを下さった神戸大学名誉教授浜本純逸先生、実践の分析や意味づけ、単元構想の助言を下さった福山市立大学藤原　顕教授、同志社女子大学松崎正治教授、また、当時53回生を一緒に育て送り出した同僚に、厚くお礼を申し上げます。さらに、単元発掘のきっかけを作って下さった信州大学藤森裕治教授に感謝致します。

写真・カット掲載や本文転載に当たり　許諾を下さった次の方々に厚くお礼申し上げます。（順不同）

太地町立くじらの博物館　山路智恵絵手紙美術館　日本国語教育学会　朝日新聞社　株式会社スタジオポケット

明治図書出版株式会社　原田泰治美術館　福音館書店　あすなろ書房　ＢＬ出版　アース出版　中央公論社　溪水社　光村図書出版株式会社　神戸大学発達科学部附属住吉中学校の当時の生徒

そして出版にかかわり煩わしいことを快よく引き受けて下さった木村逸司社長、校正・表紙でお世話になりました西岡真奈美様に感謝申し上げ厚くお礼を申し上げます。表紙には私の好きな青色が使われ、人と人とが波紋のように広がり繋がっているイメージだというデザインは、大変気に入っております。

この本をお届けしたかった倉澤栄吉先生は、昨年一月二十四日（一〇三歳）にご逝去され残念な思いが致します。心よりご冥福をお祈り致します。

遠藤瑛子

二〇一五年（平成二十七年）十月吉日

索　引

〔さ行〕

〔た行〕

〔な行〕

〔ら行〕

〔わ行〕

参考資料

神戸大学発達科学部附属住吉中学校53回生　3年間の実施カリキュラム

第1学年（平成11年度）

第2学年（平成12年度）

第3学年（平成13年度）

神戸大学発達科学部附属住吉中学校53回生

3年間の実施カリキュラム（平成11年4月〜平成14年3月）

この実施カリキュラムは本書に掲載している総合単元「おくのほそ道を歩く」の当該学年の3年間の学習の姿である。

私たち教師は毎年2月に、次年度の計画カリキュラムを全教科で作成する。それをまとめたのが『学習の主題とねらい○年度教科指導シラバス』の冊子である。4月の授業開きには、全校生がそれをもって授業に臨むのである。毎時間、この主題とねらいに沿って教科リーダーも5分間のリーダー学習を行うとともに、教師も授業を進める。つまり、見通しをもって学習者も指導者も授業に臨むということになる。しかし、新しい教材（学習材）を見つけたり、計画カリキュラムが生徒の実態と合わないことがあり変更せざるを得ないことも出てくる。

特に、53回生の時は公立中学校に先がけ、総合的な学習の完全実施となり、国語は週当たり授業時数が3時間となった。そのために、高校入試にも備え、学力の向上を学年教師一丸となって取り組んだ。いろいろな面で、表現することが好きという生徒の実態を踏まえ国語科では、読解力だけでなく思考力・判断力・表現力を育てるために読書指導に力を入れた。保護者・教師の了解で課題図書を用意し、そのうちの何冊かは総合単元学習の中心学習材として活用した。実施カリキュラムの中に出てくる読書日記はその片鱗である。また、この学年で協同学習の道を拓くことができた。

3年間の課題図書（☆＝授業で使用した本）

『十一月の扉』（高楼方子《たかどのほうこ》　リブリオ出版）、『ハッピーバースデー』（青木和雄　金の星社）、『森の中の海賊船』（岡田淳　理論社）、☆『テレジンの小さな画家たち』（野村路子　偕成社）、『ライオンと歩いた少年』（エリック・キャンベル　徳間書店）、☆『鉄、千年のいのち』（白鷹幸伯《しらたかゆきのり》　草思社）、☆『からだことば』（立川昭二　早川書房）、☆『解説百人一首』（橋本武　日栄社）、☆『平家物語』（長野甞一　ポプラ社 他）、☆『今昔物語集』（杉本苑子　講談社 他）、☆『奥の細道』（飯野哲二　学燈文庫）、『はるかニライカナイ』（灰谷健次郎　理論社）、『もっとデッカイ世界があるぞ』（秋山仁　ポプラ社）、『南極のペンギン』（高倉健　集英社）、『「自分の木」の下で』（大江健三郎　朝日新聞社）

実施カリキュラムとして整理に使ったのは、計画カリキュラムの冊子、残していたプリントつづり、リーダーノート、生徒の学習記録、学会発表した実践記録等である。できる限り、当時に近い状態に記しているが、なにぶん少々年月がたっているので完全とは言い難い。また、修学旅行の下見、進路関係で自習も出たが、それは省略している。

最終確認には、53回生でノートを残していた嵩倉美帆さん（京都大学大学院教育学科研究科臨床教育学講座博士課程）に世話になりました。お礼を申し上げます。

〈補注〉

○　ゴチックⅠ～Ⅵの総合単元は53回生のみの単元である。他は、基本教材で、学年に応じて適宜変えている。

○　各学年において学習のはじめに（学び方）、１学期の初めに実力テスト診断直し、定期テストの際の診断直しの時間を適宜設けた。表の時間数には含まれていない。また、漢字中テストとして小学３年生から復習しているが、ねらいや時間数には出ていない。

○　学年は２人で国語を担当し、１人が他学年をかけもった。

○　１年生時１学期（オリエンテーション合宿）と２学期（蒜山の旅・登山）、２年生のときは２学期に２泊３日（史跡めぐり）、３年生は３泊４日の修学旅行（宮古島に出会う旅）があった。授業時数の差異はそれに関連している。

53回生　3年間の実施カリキュラムの概略表（平成11年度から平成13年度）

学年	分野 ＼ 学期・月	I 4	I 5	I 6	I 7	II 9	II 10	II 11	II 12	III 1	III 2	III 3
1年（89）	韻文	③ いろいろな詩⑩			I 総合単元⑮ ことばをみつける—絵本による創作—	二学期のはじめに③			II 総合単元⑰「生きることの意味」	古典との出会い⑳ 竹取物語・平家物語		
	小説・物語	↑学習のはじめに		④麦わら帽子			III 古典との出会い②					
	随筆・紀行											
	戯曲・伝記											
	説明・論説											
	作文											
	文法					文の成分⑤	いろいろな品詞⑩					
2年（90）	韻文	④ リズムある詩⑭							短歌⑧	慣用句 （②）		
	小説・物語	↑はじめに								古典「古典に親しむ」⑳		
	随筆・紀行		文学に親しむ⑮ 少年の日の思い出⑪ 六月の蠅取り紙④				III IV 総合単元⑯「夢を支える人々」⑫「からだことばと文化」⑥			（枕草子⑩	徒然草③	今昔物語集 羅生門⑦）
	戯曲・伝記											
	説明・論説											
	作文											
	文法				述語になる品詞⑧	④文法の補い						
3年（96）	韻文	① 詩の心⑫		V 総合単元⑮「おくのほそ道を歩く」					VI 総合単元㉔「現代を読む」	手紙を考える② 古典「古人の旅」（伊勢物語）④ 文法「付属語－助詞」④ 総仕上げ⑮ {品詞④ 敬語、手紙 各① 高瀬舟③ 論語② 諸々④}（診断直し省く）		
	小説・物語	↑はじめに										
	随筆・紀行											
	戯曲・伝記											
	説明・論説											
	作文					↓二学期のはじめに						
	文法					① ④	付属語の働き⑨		⑤			

↑古典「故事成語に親しむ」　↑古典「三大和歌集」

53回生　3年間の実施カリキュラム

第1学年（平成11年度）

<table>
<tr><th>単元</th><th>主　題　名</th><th>ね　ら　い</th></tr>
<tr><td></td><td>実力テスト診断直し　㊎</td><td>1．まちがっているところを正しく直すことができる。</td></tr>
<tr><td rowspan="2">学習のはじめに（3）</td><td>1．国語を学ぶねらいと心得</td><td>1．国語を学ぶねらいがノートに書ける。
2．国語を学習する心得（学校・家庭）が、『わかりやすい中学生の学び方』から説明できる。</td></tr>
<tr><td>2．毎時間の学習の進め方
3．名前の由来（スピーチ）</td><td>1．毎時間の学習ノートや二百字原稿用紙の使い方がわかる。
2．聞いてきた名前の由来を入れて、二百字にまとめることができる。
3．グループや全体に発表することができる。</td></tr>
<tr><td rowspan="5">いろいろな詩（10）</td><td colspan="2">単元のねらい
1．詩の楽しさを知り、すすんで詩を音読することができる。
2．詩の表現に即してイメージ化する力を伸ばし、詩の表現技法について説明できる。
3．選んだ「のはらうた」の詩を班で協力して構成し、群読発表ができる。</td></tr>
<tr><td>〔1〕風景―純銀もざいく
1．詩の情景とことば
2．</td><td>1．詩をノートに写しながら情景を想像することができる。
2．「いちめんのなのはな」の広がりを、指示に従って群読することができる。
3．絵画的な表現技法の特徴が説明できる。</td></tr>
<tr><td>〔2〕のはらむらへ行こう
1．のはらむら住民票
～「おれはかまきり、い
5．のち、あきのひ、どんぐり、こんなときこそ、おがわのマーチ」</td><td>1．のはらむらの住人を知り、自分ののはらむら住民票をつくる。（名前、住所、絵地図のデッサン）
2．いろいろな「のはらうた」の詩が朗読できる。
3．各自ののはらむら絵地図に書き込むための詩が完成する。
4．発表会用の班のプログラムと役割を決め、練習ができる。（はじめ・おわりのことば、朗読者、8人の群読等）</td></tr>
<tr><td>〔3〕朗読・群読発表会　㊎
1．朗読・群読発表会
2．</td><td>1．構成に工夫があって、引きつけられるか。
2．発音・発声・明確なことばはどうか。
3．態度・班の協力・成果はどうか。（5段階）
4．贈る言葉（発表を聞いて）が書けているか。</td></tr>
<tr><td>3．単元の振り返り
「詩と私」</td><td>1．「詩と私」のテーマで、単元全体の振り返りをひとり学びノート1ページ分に書ける。
2．単元全体の学習記録の内容を思い出すことができる。</td></tr>
</table>

単元	主　題　名	ね　ら　い
	中間テスト診断直し ㊞	1．なぜまちがったのかが理解でき、用意した診断直し（B 4 シート、取り組み、まちがった箇所と理由、自主勉強、次回への決意、保護者評等）に書き込んでいける。
物語を楽しむ―「麦わら帽子」（4）	**単元のねらい** 1．マキとあんちゃんの関係を示す表現が指摘できる。 2．海が変化する様子を表す表現が指摘できる。 3．「麦わら帽子」の題の意味が説明できる。	
	〔1〕「麦わら帽子」 1．通読・語句調べ	1．小集団で全文を通読し、感想が二百字で書ける。 2．心に残った表現に印がつけられる。
	2．マキ・麦わら帽子	1．作品の登場人物の関係、状況についてまとめられる。
	3．無人島のマキ	1．潮の満ちてくる様子を表した表現を指摘し、マキの気持ちがわかる絵図に書き込める。 2．どきどきする思いを体験する。
	4．麦わら帽子の題	1．マキとカモメとあんちゃんたちから、題を付けた理由が説明できる。 2．もう一度、全文を通読する。
総合単元「ことばをみつける―絵本による創作」（15）	**単元のねらい** 1．絵本の内容に関心をもち、すすんで想像を巡らし楽しもうとする。 2．書き出しと結びを工夫して、絵の内容に想像を加えながら物語を創作できる。 3．絵本として表現された情景や作者の思いを理解し、作者の心と共感できる。 4．書き上げた作品を読み返し、表記や表現について推敲することができる。	
	〔1〕学習内容とその意義 1．単元の学習をはじめるにあたって	1．この単元で学習する内容の見通しをもつことができる。 2．学習する内容に意義を感じ、興味・関心をもつことができる。
	〔2〕われは海の子 1．豊かな表現	1．絵の情景が説明できる。 2．子どもの動作や波から、動詞の複合語を探し出すことによって、より豊かな表現になることが説明できる。
	2．ことばのスケッチ 3．	1．探し出したことばを使って、情景を二百字作文に書ける。 2．小集団内で回し読みをして、他の人の表現や情景描写の優れている点が指摘できる。

単元	主　題　名	ね　ら　い
総合単元「ことばをみつける―絵本による創作」(15)	〔3〕「ちょっと立ち止まって」 1．ものの見方・考え方 2．	1．だまし絵3枚の面白さを説明することができる。 2．文章の要点をとらえて、ノートに整理することができる。 3．視点を変えるとものの見方が違うことを、小集団で確かめ合い、手直しを加えてまとめることができる。
	〔4〕楽しい創作 1．どれにする？	1．新聞2編を読んで『小さな池』のねうちを理解する。 2．絵本4冊のうちどれにするかが相談できる。 3．決まった絵本をすみずみまでじっくりと見て、どんなことが思い浮かぶかが発表できる。
	2．構想を練る（1）	1．「学習の手引き」の内容を理解し、詩にするか散文にするかを決めることができる。 2．どんな書き出しにするか、いろいろな例をノートに書き上げることができる。
	3．構想を練る（2）	1．時間の移り変わりを追って変化するものに注目し、その変化の面白さが生かされるような構想の工夫を説明することができる。
	4．創作 ≀ 6．	1．色の変化や登場するものを丁寧に眺め、ことばを選んで、詩や文章に表現することができる。 2．でき上がった作品を読み直して、推敲できる。
	〔5〕読み聞かせ 1．作品の音読	1．場面の絵の雰囲気が出るように、繰り返し音読できる。 2．間のとり方を工夫して、音読ができる。
	2．小集団での読み聞かせ	1．司会者の指示に従って、順番に読み聞かせができる。 2．それぞれの作品について、感想を言い合うことができる。
	3．学級発表会 代表者による読み聞かせ	1．司会者の指示に従って、順番に読み聞かせができる。 2．それぞれの作品の中から、心に残った1編を選んで二百字の感想が書ける。
	〔6〕まとめ　(評) 1．単元の振り返り	1．単元を振り返り、制作日記を読み直しているか。 2．学習の手引きに基づいて、感想が具体的に書けているか。 3．創作についての具体的な記述が表現されているか。

単元	主　題　名	ね　ら　い
二学期のはじめに（3）	〔1〕２学期の学習の進め方 1．学習の進め方	1．２学期の学習の進め方の説明を聞き、ノートのとり方や新しい単元の内容を説明できるようになる。 2．テストのまちがったところを理解する。
	2．学習の準備	1．「一度で伝え、一度で聞き取る」ために、夢ノートに書いた夢が実現したかどうか理由を聞き、確認できる。
	3．１学期のまとめ	1．絵本の創作の「あとがき」が書ける。 2．学習記録の「あとがき」が書ける。
	（注）学級によって、少々違いがある。	
文法「文の成分」（5）	単元のねらい 1．日常生活や読書活動の中で、「ことばのきまり」を生かすことができる。 2．「文」と「文の成分」のはたらきについて説明できる。	
	1．文と文節の関係	1．文と３つの基本型が説明できる。 2．文を分節に区切ることができる。 3．文における文節のはたらきが説明できる。
	2．文の成分	1．文の成分の種類を説明することができる。 2．文を文の成分に分けることができる。
	3．主語と述語	1．主語と述語のはたらきが説明できる。 2．文中の主従関係を示すことができる。
	4．修飾語と被修飾語	1．修飾語のはたらきが説明できる。 2．修飾語に対する被修飾語を示すことができる。
	5．並立・補助・独立・接続の関係	1．並立・補助の関係が言える。 2．独立語の働きが説明できる。 3．接続語の働きを知り、筋の通った文が書けるようになる。
文法「いろいろな品詞」（10）	単元のねらい 1．言語生活に「ことばのきまり」を生かそうとする。 2．いろいろな品詞のはたらきが説明できる。	
	1．自立語・付属語 2．	1．文を単語に区切ることができる。 2．単語を自立語と付属語に分類できる。
	3．名詞・代名詞 （体言）	1．自立語の中から名詞と代名詞を見つけることができる。 2．名詞・代名詞の性質やはたらきが説明できる。
	4．動詞・形容詞 〜　形容動詞 6．	1．自立語の中から動詞・形容詞・形容動詞をそれぞれ見つけることができる。 2．動詞・形容詞・形容動詞の性質やはたらきが説明できる。

単元	主　題　名	ね　ら　い
文法「いろいろな品詞」(10)	7．連体詞・副詞 8．	1．修飾語の中から連体詞・副詞を見つけることができる。 2．連体詞・副詞の性質やはたらきが説明できる。
	9．接続詞・感動詞 10.	1．接続詞・感動詞の性質やはたらきが説明できる。 2．接続詞の種類が説明できる。
総合単元「生きることの意味」(17)	単元のねらい 1．『テレジンの小さな画家たち』に関心をもち、すすんで読書をしようとする。 2．伝えたい相手を意識して、本や作品の印象に残った言葉や表現を入れた感想・意見を書くことができる。 3．朗読を通して、表現された情景や作者の思いを理解し、作者の心と共感することができる。 4．書き上げた作品を読み返し、表記や表現について推敲することができる。	
	〔1〕学習内容とその意義 1．単元の学習を始めるにあたって	1．この単元で学習する内容に意義を感じ、興味・関心をもつことができる。 2．「私たちと先生の年表」を書き込み、本や作品の作者の生きた時代を説明することができる。
	〔2〕作品を読む 1．子どもたちの戦場	1．「大人になれなかった弟たちに…」をつまらずに読み、小集団の朗読会を行うことができる。 2．『テレジンの小さな画家たち』の5分間読書後に、3行の読書日記が書ける。(これ以降続く) 3．「私たちと先生の年表」を完成することができる。
	2．「大人になれなかった弟たちに…」(1)	1．題名の意味を考え、説明することができる。 2．内容を表現する読み方ができる。 3．相手を決めて、焦点をしぼった感想（読書日記）が3行で書ける。
	3．「大人になれなかった弟たちに…」(2)	1．友だちの3行感想によって、とらえ方や感じ方が様々であることが説明できる。 2．当時の様子について質問することができる。 3．「ひとり学び」1ページぐらいの長さで、読み手を意識した焦点のしぼった感想が書ける。
	4．往復感想 5．	1．友だちから届いた感想を読んで、2つの条件(印象に残った文章や表現・自分のはっきりした考え）を入れた感想が書ける。 2．学級の往復感想の様子をプリントで知る。
	〔3〕『テレジンの小さな画家たち』(野村路子) 1．VTR「テレジンの小さな画家たち」 2．	1．VTRを見て、チェコやテレジンの様子と野村路子さんの思いを説明することができる。 2．印象深いことばをノートに書きとり、3行感想で説明することができる。

単元	主　題　名	ね　ら　い
総合単元「生きることの意味」(17)	3．往復感想 4．感想の伝え合い	1．印象に残った表現を入れて、デッカー先生やラーヤに焦点をしぼった感想が述べられる。 2．考えをはっきりと示すために、段落を意識した文章が書ける。 3．友だちの感想に、2つの条件を入れた返事が書ける。 4．ペアの往復感想が発表できる。 5．読み直して、文のねじれや表記の誤りを修正できる。 6．朝日新聞記事「希望」(大石芳野)を読んで、希望の大きな力の意義が説明できる。
	5．小読書会	1．本の中の部分を挙げて、自分の考えや意見がどんどん言える。
	6．野村路子さんへの手紙 (単元の振り返り)	1．辞書を片手に、野村路子さんに率直な気持ちを入れた手紙が書ける。
	〔4〕「父の列車」 1．**中間テストと診断直し** 「父の列車」黙読 (評)	1．作品を静かに読んで、前の学習の2つの条件を入れた感想をひとり学び欄に書ける。 2．診断の答えをよく見て自分の分からなかったところを理解する。(中間テスト返却) 3．診断直しのプリントの「取り組み」が書ける。
	2．「父の列車」の感想	1．黙読できて、感想が書ける。 2．役割を決めて小集団内で音読することができる。
	3．朗読を楽しむ	1．ことばを意識し、表現豊かな読み手の朗読に聞き浸る。 2．感想文を推敲することができる。
	4．筆者吉村　康の思い	1．筆者を知るために、「父の列車」の時系列の表を作ることができる。 2．戦争におくれて育った世代からの伝言を知り、3行感想が書ける。
	〔5〕杉原千畝のビデオ 1．ビデオ鑑賞	1．戦争、家族、希望等をテーマに考えをまとめながら、ビデオを鑑賞することができる。
	(注) 生徒が録画してきたもので、みんなで見たいという希望があり、それを単元の終わりにした学級もある。単元の終わり方は学級によって少し違ってきている。	

<table>
<tr><th>単元</th><th>主　題　名</th><th>ね　ら　い</th></tr>
<tr><td rowspan="11">古典との出会い「竹取物語」(20)</td><td colspan="2">単元のねらい
1．古典の中の人々の考え方・感じ方を読み取り、現代の生活とのかかわりが言える。
2．原文のリズムを生かした暗唱・群読をすることで『平家物語』の表現が味わえる。
3．群読を作り上げることを通して、学び合う楽しさや学習することの意義が書ける。</td></tr>
<tr><td>〔1〕古典との出会い
1．古典との出会い</td><td>1．知っている古典の物語や昔の国の名前が言える。
2．古典仮名遣いの基礎がわかるようになる。</td></tr>
<tr><td>2．浦島太郎</td><td>1．原文がすらすら読めて、ノートに正確に写せる。
2．原文の仮名遣いを現代仮名遣いに直し、文章の意味が説明できるようになる。
3．原文の冒頭が小集団で暗唱できる。</td></tr>
<tr><td>2学期末テスト診断直し ㊞評</td><td>1．まちがった箇所の正しい答えと説明が理解できる。
2．指示のあるB４シートの診断直しに取り組める。</td></tr>
<tr><td>〔2〕竹取物語
1．冒頭の部分（1）</td><td>1．冒頭部分がすらすらと読め、ノートに正確に写せる。
2．竹取物語の物語の祖の意味が理解できる。
3．登場する５人の貴公子が指摘できる。</td></tr>
<tr><td>2．冒頭の部分（2）</td><td>1．古語辞典を早く引いて、古語の意味を探し出せる。
2．係り結びの法則が説明できるようになる。
3．冒頭部分が暗唱できる。</td></tr>
<tr><td>◇　お楽しみ学習　①
―「のぶ子」(鈴木章)―</td><td>1．楽しみながら最後の１行を考え、詩を完成することができる。</td></tr>
<tr><td colspan="2">(注) 実験授業による授業改革への提案</td></tr>
<tr><td>3．冒頭部分の暗唱（3）
夢ノート</td><td>1．正確に暗唱できる。
2．夢や希望をつづる夢ノートに12月の夢が書ける。</td></tr>
<tr><td>4．蓬莱の玉の枝
5．</td><td>1．音読して、内容を理解し説明できる。
2．教科書の原文を写し、大切な古語の意味が訳文から探し出せる。
3．『平家物語』（長尾甞一《じょういち》）を読み始め、読書日記が書ける。
4．野村路子さんからのお返事の感想（気持ち）が書ける。</td></tr>
<tr><td colspan="2">(注) 時間的余裕がないので、次の古典「平家物語」の準備のため、５分間読書をし、これ以降毎時間読書日記を書かせた。二重の授業だった。</td></tr>
</table>

単元	主　題　名	ね　ら　い
古典との出会い「平家物語」（20）	6．竹取物語のまとめ	1．古典仮名遣いの箇所を現代仮名遣いに直すことができる。 2．すらすらと古文が読める。 3．「野村路子さんありがとうございます」にある感想を読んで筆者の伝えたかった気持ちを確認することができる。
	〔3〕平家物語「坂落」 1．「坂落」通読 2．	1．現代語訳を読み、あらすじがノートにまとめられる。 2．歴史的仮名遣いに気をつけて、原文がよどみなく読める。 3．「坂落」の場面の状況が理解できる。
	3．「坂落」 ≀ 5．	1．平家物語の時代、自分は何だったかを二百字で書き、小集団で交流できる。 2．「坂落」の重要な部分が正しく読める。 3．分担箇所の読みが工夫でき、その部分を説明するために方法と役割を話し合える。
	6．「坂落」発表 7．	1．班で協力して、分担箇所を上手に発表することができる。
	◇　お楽しみ学習　② 四字熟語でドウゾヨロシク	1．指示に従って四字熟語で現在の自分を紹介する文章が書ける。
	（注）５分間の漢字テストをこの期間集中的に行っていたので、漢字に関するものを入れている。	
	学期末テスト診断直し　(評)	1．まちがった箇所の正しい答えと説明が理解できる。 2．B4シートの内容に合わせて、診断直しができる。
	〔4〕平家物語「扇の的」 1．「扇の的」の状況 通読	1．「坂落」から「扇の的」に移った平氏・源氏の状況が理解できる。 2．「扇の的」の部分を小集団で読み合い、原文がすらすら読めるように音読練習が積極的に行える。
	2．「扇の的」群読練習 3．	1．「のはらむら」の群読の役割分担と読みの方法を思い出し、班で群読のための演出と役割分担が決められる。 2．群読発表に向けて、班で協力して練習ができる。 3．平家物語冒頭部分がわかり、今までのところと対比できる。

単元	主　題　名	ね　ら　い
	〔5〕群読発表会　㊓	1．強弱、リズム、力強さ、間のとり方を工夫して情景や人物の心情を表現できるように協力して群読できる。 2．群読を聞いて、情景や人物の心情が想像できる。 3．評価表とノートに班の発表を聞いた感想が書ける。
	〔6〕平家物語と学習記録 1．あとがき（振り返り）㊓	1．学習の手引きに従って、平家物語のあとがき（振り返り）が1～2ページ書くことができる。

53回生　3年間の実施カリキュラム

第2学年（平成12年度）

単元	主　題　名	ね　ら　い
はじめに（4）	1．学習の計画と方法（1）	1．２年生の学習計画と方法を説明することができる。 2．学習を進めていく上の約束を理解し、指示に従って２年生の夢が書ける。
	2．学習の計画と方法（2）	1．友だちの夢が正確にすばやくメモできる。（小集団） 2．「遠く、でっかい世界」が朗読できる。
	3．「遠く、でっかい世界」 4．	1．自分の「遠く、でっかい世界」を絵にし、それに添える詩を書いて、一枚の絵本を創る。（ノート空白欄） 2．朝の読書のために実態調査に参加し、読書意欲をもつ。
	実力テスト診断直し　㊙	1．まちがったところが理解でき、診断直しに取り組める。
韻文「リズムのある詩」（14）	**単元のねらい** 1．草野心平の詩の面白さを知り、いろいろな詩に親しむことができる。 2．オノマトペの効果を知り、群読発表ができる。	
	〔1〕オノマトペの世界 1．「おれも眠らう」 2．	1．「おれも眠らう」「秋の夜の会話」の作品を指示に従って読み、オノマトペや会話の効果を楽しむことができる。 2．『ハッピーバースディ』の５分間読書の後、小読書会を行い、読書日記が書ける。（授業初め毎時５分間読書）
	1．「あめ」を表現する	1．『ハッピーバースディ』の読書日記プリントから、いろいろな読み方を学ぶことができる。 2．「あめ」の何を表現するかを考え、オノマトペを楽しみながら、協力して群読発表ができる。（予備中間発表）（資料「擬声語・擬態語の形」）
	2．雨の激しさ、降り方	1．雨の降り方に注目して、群読ノートを作ることができる。 2．「雨」の語いを集め、ひとり学び欄に「言葉の樹」が書ける。（資料　川崎洋『教科書の詩をよみかえす』（筑摩書房 P.136 ～ P.141）） 3．班で協力して練習できる。

単元	主　題　名	ね　ら　い
韻文「リズムのある詩」(14)	3．群読発表会 (評)	1．評価項目を確認して、独自の評価表を作り活用できる。 2．協力して練習したあと、群読の発表ができ、各班の雨の降り方が説明できる。
	〔3〕「河童と蛙」 1．かえると作者	1．「かえる」によせる作者の気持ちが説明できる。 2．詩のイメージに合った表現（絵）がノートに描ける。 3．「冬眠」や「富士山」の詩を理解し、鑑賞文が音読できる。
	2．「あめ」の中間評価のまとめ	1．友だちの評価表とコメントから学んだことがまとめられる。（資料　川崎洋『教科書の詩をよみかえす』筑摩書房） 2．漢字テスト（25問）…これ以降、適当な時に行った。
	3．「河童と蛙」の群読計画 〜（詩の情景と情景画・ 5．群読役割分担）	1．詩を正確に写すことができる。 2．「河童と蛙」の情景が説明でき（個人→小集団）、全体で確認できる。 3．絵を完成することができる。 4．小集団で話し合って班の群読計画を作ることができる。 5．班で一つの案にまとめることができる。
	6．群読の評価表作成 7．群読練習	1．評価項目が決められて、評価表が作成できる。（声の大きさ、言葉の明瞭さ、工夫度、協力・意欲度、姿勢、詩の情景＝雰囲気） 2．発表に向けて、協力して練習できる。
	8．群読発表会 (評) 9．	1．班で協力して群読発表が上手にできる。 2．評価が書き込め、他の班に感想が言える。 3．いろいろな評価表の書き方を学ぶ。
文学に親しむ(15)	**単元のねらい** 1．「少年の日の思い出」を読み、「僕」の心情描写・情景描写等の言葉の使い方や表現を中心に読書クイズ問題が作成できる。 2．B4シートに文章表現を中心にしたまとめが書ける。 3．「六月の蠅取り紙」を読み、登場人物の特徴や心情の描写・言葉の使い方が説明できる。	
	〔1〕「少年の日の思い出」 1．黙読	1．黙読（音読）して作品のあらすじがつかめる。 2．感想を言い合える。

単元	主　題　名	ね　ら　い
文学に親しむ（15）	2．クイズ問題づくり（1）	1．史上最大のクイズ合戦—読書で遊ぼう—の手引きによってねらいと約束を守る意識をもつ。 〈ねらい〉⑴読書（学習）はみんなのものだということが体験できる。 ⑵友だちと知的な共同作業をすることができる。 ⑶作品の中のさまざまな表現を発見することができる。 〈約　束〉⑴小集団内で静けさを保つ ⑵秩序（自分勝手でないこと、リーダーに従うこと、一度で伝わる言い方・答え方） 2．優れた情景描写にしるしがつけられる。
	3. クイズ問題づくり（2）	1．国語辞典が早く引ける。（熱情、情熱、熱烈、熱心、熱意等類語に注目する） 2．情景描写を抜き出して、協力してクイズ（知的な問題）を作ることができる。
	4．問題完成	1．小集団でよく話し合い、出題問題が決定できる。（10 ～ 15問、他の小集団と重ならないよう予備を作る）
	5．史上最大のクイズ合戦 6．	1．チームがよい得点がとれるように、集中して本文の内容を把握することができる。 2．秩序を守り、協力してクイズ合戦に参加できる。
	7．まとめ（ヘルマンヘッ 〜　セと蝶） 11.　㊞評	1．クイズ合戦の振り返り（反省と感想）が二百字に書ける。 2．「ヘルマン・ヘッセと蝶」（岡田朝雄）が音読できる。 3．ヘッセとチョウの関係が理解でき、B４シートに自分のテーマでまとめることができる。（学習の手引きの用意）
	〔1〕「六月の蠅取り紙」 1．題の意味	1．「少年の日の思い出」のまとめを交流し、ポストイットに感想が書ける。 2．最後まで読んで、題名の意味が説明できる。 3．作品を読んだ感想がノートに書ける。
	2．父のこと	1．父のことを入れた感想文を書き、交流できる。
	3．登場人物の特徴と描写	1．登場人物の特徴や心情を描写した表現を抜き出し、関係図がノートにまとめられる。 2．抜き出した表現をもとに、登場人物像が描ける。
	1学期末テスト診断直し ㊞評	1．間違った箇所の正しい答えが理解できる。 2．取り組みと自主勉強がB４シートに書ける。
	4．作品の構成	1．時間の経過をもとに作品の構成が説明できる。

単元	主題名	ねらい
文法「いろいろな品詞―述語になる品詞」（10）	単元のねらい 1．用言の特徴を知り、正しく使うことによって、日本語の特質について興味・関心をもつ。 2．動詞の活用と種類、形容詞・形容動詞の働きと活用が説明できる。	
	〔1〕述語になる品詞 1．動詞の働きと活用の種類	1．動詞の働きが説明できる。 2．動詞の活用の種類が言える。
	2．五段活用の動詞	1．五段活用の動詞を活用させることができる。
	3．音便 可能動詞	1．「音便」の3つの種類が説明できる。 2．可能動詞について説明できる。
	4．上一段・下一段活用の動詞	1．上一段活用の規則変化が説明できる。 2．下一段活用の規則変化が説明できる。
	5．カ変・サ変の動詞	1．不規則変化をする動詞「来る」「する」を活用させることができる。
	6．形容詞・形容動詞の働きと活用	1．形容詞形容動詞の性質、働きが言える。 2．形容詞形容動詞の活用を知り、文中で指摘できる。
	7．チャレンジ動詞	1．動詞の性質と活用の種類がわかる。 2．規則動詞の活用のしかたと活用形が説明できるようになる。 3．夢ノートに夏の夢が書ける。
	8．1学期のまとめ	1．指示に従って、1学期の振り返りと2学期の希望が書ける。 2．朝の読書と国語の時間の読書の違いが説明できる。 3．夏休みの読書について理解できる。
（二学期）	9．動詞の活用（復習） 10.	1．動詞の活用の種類とその活用の仕方がわかる。（プリント、「どうしよう？動詞」）
	実力テスト診断直し ㊞評	1．間違った内容を理解することができる。 2．取り組みと自主勉強がB４シートに書ける。
総合単元「夢を支える人々」（12）	単元のねらい 1．『鉄、千年のいのち』（白鷹幸伯　草思社）の読書やVTRを通して、薬師寺西塔再建のために和釘を作った苦労と面白さが説明できるようになる。 2．シンポジウムの方法を知り、白鷹さんの釘に対する考えをめぐって討論することができる。	
	〔1〕文化の意義 1．「文化というもの」（木村尚三郎）	1．筆者の言う文化の三つの特性をとらえ、文化についてまとめることができる。 2．○○○文化のように、文化のつく言葉を集めることができ、文化についての認識を深めることができる。

単元	主　題　名	ね　ら　い
総合単元「夢を支える人々」(12)	〔2〕千年の釘 1．単元の意味	1．総合単元『「夢を支える人々」ができるまで』を読んで、この単元の意義が理解できる。 2．『鉄、千年のいのち』の読書に集中でき、読書日記①が書ける。（以下、この2は省略）
	2．千年の釘（1）	1．友達の読書日記①を参考にして、焦点のしぼった感想が書ける。（読書日記②） 2．集中して読書ができる。（各自のねらい） 3．ＶＴＲ「白鷹幸伯、古代大工道具を復元する」を観て、古代大工道具名や固有名詞をメモし、二百字感想が書ける。
	3．千年の釘（2）	1．今まで読んだ感想をまとめ、テーマを設定して小集団で読書会ができる。（資料　読書日記②プリント） 2．友だちのＶＴＲ感想（観て、感じたこと）から見方・考え方・書き方を学ぶ。 3．自分の興味ある項目を見つけることができる。
	4．千年の釘（3）	1．前時の読書日記③によって、友だちの見方（鉄、生き方）を学び、印がつけられる。 2．ＶＴＲ「人間ドキュメント　千年の釘に挑む」（前半）を、ねらいをもって観ながらメモをとるようにする。 3．『鉄、千年のいのち』とＶＴＲ（前半）を踏まえて、二百字感想に考えをまとめられる。
	5．千年の釘（4）（5） 6．	1．ＶＴＲ前半の感想のまとめ「過去を未来につなぐ」から、自分の考えをまとめるようにする。 2．ＶＴＲ「人間ドキュメント　千年の釘に挑む」（後半）を、ねらいをもって観ながらメモをとることができる。 3．ＶＴＲの感想が二百字にまとめられる。
	7．千年の釘（6）	1．ＶＴＲ後半の感想「千年の釘と薬師寺」のプリントからテーマに基づいた考え方を学ぶことができる。 2．白鷹さんの「千年の釘」によせる思いを少しでも理解する。 3．○年○組のシンポジウムのテーマを決めることができる。（学習の手引き「シンポジウムを成功させよう」）

単元	主　題　名	ね　ら　い
総合単元「夢を支える人々」（12）	〔3〕シンポジウムの準備 1．シンポジウムの草稿づくり 2．	1．テーマに沿って、シンポジストになったつもりで原稿を完成することができる。（学習の手引き「自分の考えを書いてみる　自分の考えを確認する」） 2．シンポジストになったつもりで、原稿の大切なところに印をつけることができる。 3．司会、シンポジストを決定することができる。（学習の手引き「司会のしかた」）
	〔4〕シンポジウム 1．シンポジウム テーマ「もう止まらない“ひげおやじ”こと白鷹幸伯の浪漫」	1．司会者の指示に従って、シンポジウムが活発に行える。 2．座席表プロフィールをもとに、シンポジストの意見を聞いて話が続くように発言できる。 3．心に残ったことを今日の感想欄に書くことができる。
	〔5〕まとめ　㊎	1．学習記録を読み直し、あとがきの手引きに従って振り返り（自己評価）が書ける。
文法の補い（2）	〔1〕文法の補い 1．活用する自立語 2．練習問題	1．動詞・形容詞・形容動詞の活用と活用形が理解できる。 2．練習問題がすばやく解ける。 3．「私の夢」が書ける。
	2学期中間テスト診断直し㊎	1．まちがいを正しく直すことができ、診断直しが書ける。 2．次の単元の事前調査に答えられる。
総合単元「からだことばと文化」（4）	**単元のねらい** 1．『からだことば』（立川昭二、早川書房）を読んで、読書日記が書ける。 2．からだの部位を選んで、関連する慣用句を調べ、それを使った文章が書ける。 3．『からだことば』の筆者の考えをとらえ、意見交換ができる。	
	〔1〕「からだことば」への関心 1．『からだことば』の読書	1．関心を持った話から、『からだことば』を読み進めることができる。 2．初めて知ったことや納得できること、考えたことなどが読書日記として書ける。 3．小集団で担当するからだの部位を選ぶことができる。
	2．からだの慣用句・面白漢字	1．読書と読書日記について、各自のねらいを書く。 2．担当した部位について、からだの慣用句の意味と用法を説明できる。 3．例にならって、からだの慣用句の面白漢字を創ることができる。

<table>
<tr><th>単元</th><th>主　題　名</th><th>ね　ら　い</th></tr>
<tr><td rowspan="3">総合単元「からだことばと文化」（6）</td><td>3．からだの慣用句生活場面（1）</td><td>1．読書と読書日記について、各自（小集団）のねらいを書く。
2．面白漢字の慣用句を言い当てることができる。
3．慣用句を使った生活場面が、二百字作文として書ける。</td></tr>
<tr><td>4．○○○○と私（2）
―むかつく考―</td><td>1．「○○○○と私」の題で、日常生活の場面をとらえて、二百字で作文が書ける。
2．「腹が立つ」「頭にくる」「むかつく」の言葉の感覚について、本文を指摘して意見を発表することができる。</td></tr>
<tr><td colspan="2">（注）11時間の展開予定だったが、2年生の伝統行事史跡めぐり（2泊3日）があり、短歌を作らせ、現地で歌会をすることになった。それで、とりあえず打ち切り、まとめは短歌終了後、からだの慣用句生活場面（3）で行った。</td></tr>
<tr><td rowspan="6">短歌（8）慣用句（2）</td><td colspan="2">単元のねらい
1．短歌に関心をもち、すすんで読み味わおうとする。
2．短歌を朗読し、短歌の形式・歴史・表現技法等が説明できる。
3．短歌に詠み込まれた情景や心情を理解し、人生に対する考えを広げ自分の歌が詠める。</td></tr>
<tr><td>〔1〕短歌・その心
1．短歌を知る</td><td>1．先生の歌10首の説明を聞き、短歌を一首詠むことができる。
2．和歌から短歌への簡単な流れが説明できるようになる。</td></tr>
<tr><td>2．2年○組歌会</td><td>1．提出された詠草歌27首から気に入った歌5首を選んで、その理由が言える。
2．上位5首の詠み人の気持ちや状況を知る。
3．新聞の投稿歌壇を読んで現代短歌を知る。</td></tr>
<tr><td>3．短歌の基礎知識</td><td>1．短歌について知っていることを思い出し、発表し合える。
2．句切れ等に注意して、教科書の短歌が朗読できる。
3．短歌の歴史・形式・句切れ・表現技法など、基礎知識がノートにまとめられる。</td></tr>
<tr><td>2学期末テスト診断直し㊬</td><td>1．まちがいの理由がわかり、診断直しプリントに自主勉強内容が書ける。</td></tr>
<tr><td colspan="2">（注）2年生の2学期は、体育祭・文化祭に続いて史跡めぐり、期末テストがあって、生徒教師共にあわただしく、現地短歌会ができるように予定順序を大幅に変えている。</td></tr>
</table>

単元	主　題　名	ね　ら　い
短歌（8）慣用句（2）	4．短歌とその心	1．教科書の短歌の解説・鑑賞文を読んで、短歌鑑賞のポイントがまとめられる。 2．教科書や国語の資料等から自分の好きな短歌の鑑賞文が書ける。
	5．短歌の清書（作品づくり）	1．史跡めぐりでの体験・印象をもとに作った短歌を、心をこめてていねいに短冊に筆ペンで清書できる。 2．文字の大きさ、平仮名と漢字、空間の美を意識することができる。
	6．短歌とその心	1．友だちの鑑賞文の音読を聞いて、心ひかれる表現に印をつけることができる。 2．自分の好きな短歌を選んで指示に従って教科書をモデルにした鑑賞文が書ける。
	7．鑑賞文の鑑賞	1．第２回目の歌会ができる。 2．鑑賞文から友達の目のつけどころ（視点）を学ぶことができる。 3．百人一首を今日から10首覚えることができる。
	8．お楽しみ学習 百人一首	1．班の百人一首大会で、自分の立てた目標の札がとれる。
	9．からだの慣用句生活場面（３） 10. ㊎	1．自分の好きな慣用句を使って、生活場面の作文が二百字で書ける。 2．友だちの生活場面の作文を聞いて、慣用句を当てることができる。 3．「からだことばと文化」の振り返りが書ける。
	実力テスト診断直し（百人一首テスト）	1．百人一首のテストに取り組める。 2．わからなかった箇所を理解し、診断直しに取り組める。
古典「古典に親しむ」（20）	**単元のねらい** 1．すすんで朗読や暗唱に取り組もうとする。 2．古典作品に描かれている情景や心情をとらえ、自然・人間に対する作者のものの見方・感じ方を理解し、自分の意見・感想が述べられる。	
	〔1〕枕草子 1．春はあけぼの 2．	1．三大随筆の時代と作者が説明できるようになる。 2．古文の約束を思い出し、序段がすらすらと読める。 3．“春はあけぼの”を視写し、情景が絵に描ける。 4．『今昔物語集』（福田清人）を読み始め、読書日記が書ける。

単元	主　題　名	ね　ら　い
古典「古典に親しむ」（20）	3．夏は夜 4．	1．視写した後、情景を絵に描いて、“夏は夜”までが暗唱できる。 2．枕草子と今昔物語集の作者、内容、分類等を比較できる。 3．『今昔物語集』の読書日記が書ける。（5分間読書）
	5．秋は夕暮れ　冬はつとめて 6．	1．春と夏が暗唱できる。 2．重要な古語と意味がノートに整理できる。 3．秋・冬を視写し、情景が絵に描ける。
	7．「春はあけぼの」序段の現代語訳	1．古語辞典を使って現代語訳ができる。 2．暗唱に挑戦することができる。
	8．清少納言の季節感 9．私の「春はあけぼの」	1．班で暗唱が完成できる。 2．清少納言の季節感を参考に、“私の「春はあけぼの」”が完成できる。
	10．枕草子と今昔物語集	1．「春はあけぼの」現代版（その1・2）を読み、誰の作品が印象に残ったかを今日の感想欄に書ける。 2．それぞれの作品の特徴が説明でき、ノートに整理できる。
	〔2〕徒然草 1．徒然草の序文	1．序文がすらすらと読め、ノートに視写でき暗唱できる。 2．枕草子と徒然草を比較し、わかったことが発表できる。
	2．神無月のころ	1．視写し、ここに出てくる古文の約束を理解し、現代語訳がノートに書ける。
	3．仁和寺のある法師	1．すらすらと、小集団で音読できる。 2．資料を参考に現代語訳がノートに書け、小集団で確認できる。
	〔3〕今昔物語集 1．羅城門	1．今昔物語巻二十九、羅城門の古文が音読できる。 2．古文、『今昔物語集』「羅生門」（芥川龍之介）を読み、比較した感想が今日の感想欄に書ける。
	2．羅生門（1）	1．友だちの比較した感想を読み、自分と違った見方や感じ方に線が引ける。 2．「羅生門」のこまやかな表現と描写に線が引ける。
	3．羅生門（2）（3） **（学年末テスト診断直し）**　(評) 4．	1．羅生門がつまらずに音読できる。（小集団） 2．羅生門研究（発見したり、驚いたりしたこと）の観点を決めて、研究が始められる。 3．1年の振り返りが学習の手引きに基づいて書ける。

単元	主　題　名	ね　ら　い
	５．羅生門（４） レポート①	１．友だちの発見からものの見方を学び、心ひかれた箇所に印がつけられる。 ２．羅生門の研究・まとめの項目に沿って、B4シートにレイアウトが進められる。（表現の変化―下人・老婆の人物の心理、情景と人物の心理関係、比喩の使われ方等）
	６．羅生門（５） レポート②	１．レポートがどんどん書き進められる。 ２．３年生に向けての夢ノートが書ける。
	７．羅生門（６） レポート③	１．「学習の手引き」によって、１年間の学習記録のまとめ方が理解でき、まとめの準備が始められる。 ２．春休みの夢が書ける。
	１年間のまとめ　(評)	１．先生からの贈る言葉「明日《あした》に続く今日」の説明を受け、応えの形で文章が書ける。

53回生　3年間の実施カリキュラム
第3学年（平成13年度）

単元	主　題　名	ね　ら　い
はじめに（1）	〔1〕3年生の学習 1．学習の計画と方法	1．3年生の学習計画（授業と実力テスト他）と方法が理解できる。 2．学習を進めていく上の約束が言える。
韻文「詩の心」（12）	**単元のねらい** 1．文語定型詩、漢詩を読んで、詩の形式、表現技法、情景、心情が説明できるようになる。 2．各詩が朗読もしくは暗唱でき、詩のリズムを味わうことができる。	
	〔1〕文語定型詩 1．「初恋」 (**実力テスト診断直し**)　㊞評	1．「初恋」の文語定型詩に読み慣れ、七五調のリズムがわかるようになる。 2．視写して詩の表現の特徴やその効果が説明できるようになる。
	2．島崎藤村の恋心 3．	1．朗読・暗唱によって味わいをさらに深めることができる。 2．作者の「君」に対する思いをとらえ、現代の恋と比較し発表できる。
	4．「千曲川旅情の歌」	1．七五調のリズムにのって、すらすらと読める。 2．早春の信州の情景が理解できるようになる。
	〔2〕漢詩の風景 1．漢詩の基礎知識	1．「漢詩の風景」を読み、漢詩についての基礎知識が説明できる。(「春暁」)
	2．「絶句」・「胡隠君を尋ぬ」	1．すらすらと音読でき、ノートに視写できる。 2．対比や色彩の美しさに注目して情景がまとめられる。 3．杜甫や張継の心情が説明できる。
	3．「黄鶴楼にて」 4．	1．すらすらと音読できる。 2．李白と孟浩然の関係、黄鶴楼と広陵との位置関係が説明できる。 3．別れゆく心情や情景が発表できる。
	5．「涼州詞」	1．すらすらと音読できる。 2．詩に描かれた出征に赴く兵士の心情や情景が説明できる。
	6．五言律詩「春望」 7．	1．ノートに視写し、すらすらと読めるようになる。 2．書き下ろし文に直すことができ、安禄山の乱との関係がわかり、杜甫の心情がとらえられる。 3．『おくのほそ道』の「夏草や」との関係がわかる。
	8．漢詩のまとめ　㊞評	1．B4シートに漢詩についてまとめることができる。

単元	主　題　名	ね　ら　い
〈単元の導入〉	〔1〕宮古島の旅 1．海上の道（柳田國男）	1．修学旅行で行く宮古島でとれる宝貝と大陸の通貨の関係の文章を読んで、宮古島の特徴が理解できるようになる。
総合単元「おくのほそ道を歩く」（15）	**単元のねらい** 1．『おくのほそ道』における芭蕉の俳句や場所について、関心をもつようになる。 2．小集団で調べたり、発表したりすることを通して、協同する力を育てる。 3．注釈や古語辞典を活用し、自分の力で古文を現代語に訳せる。 4．進んで朗読したり暗唱したりしようとする。	
	〔1〕私の旅と芭蕉の旅 1．かなえたい夢の旅	1．芭蕉の行程地図が理解できる。 2．私のかなえたい夢の旅が二百字に書ける。
	2．私の出会った宮古島	1．宮古島の感動を文章や詩、俳句、短歌に表現して、B4シートの作品に作り上げる。
	3．宮古島の感動	1．私の感動が文章や絵に表現できる。 2．「私の出会った宮古島」を完成することができる。
	4．芭蕉の歩く道と俳句	1．浮世絵から江戸時代の人々の生活が説明できる。 2．地図に『おくのほそ道』の主要俳句が書き込める。
	5．『おくのほそ道』の俳句	1．地図に俳句を書き込み、情景を想像することができる。 2．冒頭部分を書写し、すらすらと音読することができる。
	6．『おくのほそ道』の行程	1．旅への思いと目的、旅じたくが説明できる。 2．書き込んだ俳句の季語と季節が言える。 3．平泉の部分が視写でき、すらすらと音読できる。
	〔2〕グループ研究 1．俳句の技巧の理解とグループ研究のための俳句の選択	1．俳句の技巧についてノートに整理できる。 2．小集団で話し合って、発表のための俳句を一句選ぶことができる。
	2．調べ学習と発表準備 〜 5．	1．小集団で協力して資料を集めることができる。 2．資料をうまく活用して、まとめる準備ができる。（発表の方法、役割、順序等）
	6．私たちの『おくのほそ 〜 道』の発表―三日間で 8．歩く	1．聞き手によくわかるような発表ができる。 2．発表会用メモ欄に、メモがたくさん書ける。
	9．まとめ（ひとり学び―振り返り）(評)	1．ひとり学び欄に、「おくのほそ道を歩く」の振り返りが書ける。

<table>
<tr><th>単元</th><th>主　題　名</th><th>ね　ら　い</th></tr>
<tr><td rowspan="2">二学期のはじめに（1）</td><td>**テスト返却と診断直し** ㊒</td><td>1．まちがった箇所を正しく直し、わからなかったところがわかるようになる。</td></tr>
<tr><td>1学期の学習のまとめとのノート整理 ㊒</td><td>1．今までのノートを整理し、ひとり学び欄に振り返りが書ける。</td></tr>
<tr><td rowspan="5">古典「故事成語に親しむ」（4）</td><td colspan="2">**単元のねらい**
1．中国の故事を読んで、漢文の文体に読み慣れるとともに、故事成語について知識を広げようとする態度を身につける。
2．漢字・漢語の特徴を知り、すすんで使おうとするようになる。</td></tr>
<tr><td>〔1〕中国の故事
1．故事成語</td><td>1．故事成語、ことわざ、慣用句の違いが説明できる。
2．故事成語のいわれを理解し、故事成語とその意味がノートに書ける。（推敲、矛盾、杞憂、蛇足、杜撰等）
3．小集団で確認できる。</td></tr>
<tr><td>2．故事成語を使った作文ことわざ</td><td>1．自分の身の回りで起こった出来事を故事成語を使った二百字作文に書くことができる。
2．故事成語の補いプリントに取り組める。</td></tr>
<tr><td>3．故事成語のよい使い方友だちから学ぶ</td><td>1．故事成語のよい使い方が友だちの作文から学べる。
2．いろいろなことわざをノートにまとめることができる。</td></tr>
<tr><td>4．ことわざ</td><td>1．知らなかったことわざがノートに整理できる。
2．二百字作文で生活の様子を表現し、ことわざを使いこなすことができる。</td></tr>
<tr><td rowspan="3">文法「付属語の働き」（9）</td><td colspan="2">**単元のねらい**
1．助動詞の正しい使い方を通して、より正しい日本語を使おうとする。
2．助動詞の意味とその用法について説明できる。</td></tr>
<tr><td>〔1〕付属語の働き
1．助動詞　れる・られる</td><td>1．助動詞のいろいろな働きとその種類が言える。
2．助動詞「れる・られる」の文中におけるそれぞれの意味の違いが指摘でき、各自例文が作れる。</td></tr>
<tr><td>2．助動詞　せる・させるそうだ</td><td>1．ことわざクイズに答えられる。
2．「れる・られる」の練習問題が解ける。
3．「せる・させる」「そうだ・そうです」の意味と使い方がわかり、例文を作って使いこなせるようにする。</td></tr>
</table>

<table>
<tr><th>単元</th><th>主　題　名</th><th>ね　ら　い</th></tr>
<tr><td rowspan="7">文法「付属語の働き」（9）</td><td>3．助動詞　ようだ・だ</td><td>1．「ようだ・ようです・だ」の助動詞の意味が理解でき、練習問題を解くことができる。</td></tr>
<tr><td>4．可能動詞と可能の助動詞</td><td>1．例によって、可能動詞と可能の助動詞の違いを理解し、小集団でわかるようになるまで練習問題に取り組める。</td></tr>
<tr><td>5．復習・練習問題</td><td>1．中秋の名月にちなんで、月の名前を発表できる。
2．今までの助動詞について、働きと意味を復習することができる。</td></tr>
<tr><td>6．助動詞　ない・まい・らしい</td><td>1．「ない・まい・らしい」のそれぞれの働きの違いが説明できる。
2．まぎらわしい品詞と区別できるようになる。</td></tr>
<tr><td>7．文法のまとめ（1）</td><td>1．助動詞の特徴、可能動詞、「ない」の形容詞と助動詞の見分け方等について思い出すことができる。
2．B4シートに助動詞を各自のやり方でまとめられる。
3．課題図書『南極のペンギン』（高倉　健）を静かに読むことができる。</td></tr>
<tr><td>8．文法のまとめ（2）</td><td>1．特別活用の助動詞が理解でき、練習問題が解ける。
2．助動詞のまとめの続きができる。</td></tr>
<tr><td>9．特別活用の助動詞と次の単元の事前調査</td><td>1．夢ノートにこれからの夢が書ける。
2．特別活用の助動詞「た」の例文が作れる。
3．総合単元「現代を読む」の事前調査に答えることができる。</td></tr>
<tr><td rowspan="2">総合単元「現代を読む」（24）</td><td colspan="2">単元のねらい
1．新聞や新聞の全面広告から情報を集め、分析・批評しながら生活に役立て自己を向上させることができる。
2．キャッチコピー等の表現を理解し、善し悪しが話し合える。
3．自分の考えが効果的に伝わるような表現や接続詞を使って二百字で意見が書ける。
4．文章、広告、ポスターを読んで、自分の意見が言える。
5．文章や広告に使われている語句の意味を理解し適切に使えるようになる。</td></tr>
<tr><td>〔1〕新聞を読む
1．新聞のコラム欄を読む
2．</td><td>1．コラムを読んで難しい言葉をチェックし、世界の情勢について感想を述べる。（5紙とオピニオン欄）
2．各自のねらい（例　読めるところまで読んでしまう）</td></tr>
</table>

単元	主　題　名	ね　ら　い
総合単元「現代を読む」(24)	〔2〕「メディアとわたしたち」(見城武秀) 1．メディアとわたしたち	1．「メディアとわたしたち」を音読し、内容の要点がまとめられる。 2．ケネディ暗殺の日のことを知る。
	実力テスト診断直し　(評)	1．診断直しの用紙に必要な事項が記入していける。
	〔3〕マスメディアを通した現実世界(池田謙一) 1．本文の内容理解	1．内容を理解し、各形式段落の第一文の冒頭に注目できる。 2．「テロ生まぬ構造こそが必要」(饗場和彦)の記事について、小集団で意見交換ができる。
	2．話題の展開	1．前時に整理した段落構成をもとに、話題の展開が説明できる。 2．各自が用意した関心のある記事に意見を書き、小集団で交流できる。
	3．メディアとわたしたち 4．	1．つまらずに音読できる。 2．テレビと新聞のそれぞれが得意とする表現方法をとらえ、メディアとの付き合い方を説明することができる。 3．用意してきた新聞記事に意見を書き、小集団で交流できる。 4．資生堂の化粧品のポスターを見て、時代の特徴を把握し、意見・感想が二百字で書ける。
	〔4〕広告を読む 1．資生堂化粧品のポスターを読む 2．	1．５年ごとのポスターを見て、時代の特徴を説明することができる。 2．ポスターに寄せる意見(プリント)から、広告に必要な条件が整理できる。
	3．公共広告機構の広告を読む	1．ACの使命を資料から読み取り、説明できるようになる。 2．広告について感じたことをもとに、一つの作品を選んで意見が書ける。
	4．広告に学ぶ	1．社会問題、環境問題等に警告を発している広告の意義を読み取って説明できる。 2．新聞の全面広告の審査基準を話し合いで決定できる。 (資料「ACの広告に寄せる」を友だちから学ぶ)
	5．新聞広告を審査する	1．持ち寄った新聞の全面広告の中から、小集団で話し合ってよい広告を選択することができる。 2．審査項目に従って、「本日の広告大賞」を決定し、その理由を説明することができる。

単元	主　題　名	ね　ら　い
総合単元「現代を読む」(24)	6．広告を学ぶ―特別編	1．「だいじょうぶさぁ～沖縄」の全面広告について、誇張されているもの・隠されているものについて小集団で話し合い、自分の考えが感想欄に書ける。 2．自分が選んだ広告について、選んだ理由、デザインのスケッチ、キャッチコピーについてノートに記録できる。
	7．11月８日（研究授業）のまとめと次の準備	1．プレゼンの振り返りができる。 2．「広告と私」で自分の考えがひとり学びノート１ページに述べられる。 3．「沖縄を自分の問題として」（前時のねらい１のまとめ）のプリントをもとに意見を出し合える。 4．学校紹介（学校要覧）の内容が考えられる。
	〔５〕学校紹介の広告 1．企画・立案	1．新１年生に学校を知ってもらうために、何が必要か話し合える。
	2．企画・立案・計画表	2．話し合いをもとに分担した作品のデザインにとりかかれる。 3．「附属住吉中学校はこんなところです！」案内広告のワークシートに学級全体の分担と学習計画が書ける。
	3．制作 4．	1．「受け手から送り手へ、見る人からつくる人へ」のプリントで、制作のポイント（キーワード）を認識する。（新人生の目、何を伝えるか、絵と言葉の組み合わせ、配置、言語感覚等） 2．話し合いをもとに小集団の作品を制作することができる。 3．（各自のねらい　例　一人ひとりの仕事がきっちりできる。デザイン、キャッチコピー、ボディコピーの役割） 4．小集団としての振り返りが書ける。
	5．完成	1．小集団のねらい（例　完成に向けてまっしぐら！） 2．各自のねらい（例　ボディコピーを完成させる。色塗り）
	6．私たちの学校案内批評会 7．	1．でき上がった作品を批評し合うことができる。 2．二百字原稿用紙に「○○へ贈る」言葉が書ける。（資料　座席表プロフィール、「私たちの学校に来て下さい」学校案内のキャッチコピー、ボディコピー小集団制作一覧）

単元	主　題　名	ね　ら　い
総合単元「現代を読む」(24)	**実力テスト診断直し** (評)	1．わからなかったところがわかるようになる。
	8．まとめ、整理 (評) 〜 10.	1．新聞広告について二つの意見（鹿島茂・福田美蘭）を読んで識者のものの見方・考え方を知る。 2．「学習の手引き」に基づき、単元の振り返りをノート１ページ以上書くことができる。（学習記録のあとがき） 3．学校案内に使われたキャッチコピーの折句とアクロスティックの意味が理解できる。
古典「三大和歌集」(5)	**単元のねらい** 1．和歌に関心をもち、すすんで読み味わおうとする。 2．和歌の詠まれた情景や心情を理解し、古人の心と共感できる。 3．和歌の歴史的背景や種類、表現技法等が説明できる。	
	〔1〕三大和歌集 1．三大和歌集	1．和歌の成立歴史や種類について説明できる。 2．教科書の和歌（万葉集、古今集、新古今集）の時代や特徴が整理できる。 3．すらすらと小集団で読める。
	2．万葉集の歌いぶり	1．小集団で工夫した詠み方ができ、発表し合える。 2．各歌の意味を理解し、現代詩訳ができる。
	3．万葉集の歌	1．リクエストに応えて発表できる。 2．協力してもち歌の現代詩訳が完成できる。
	(注) この時間は、信州大学の大学院生（17名）の授業見学があった。各小集団の中でも、ラップやハモリをとり入れたグループが好評を博した。	
	4．万葉の調べ	1．万葉の歌曲を鑑賞できる。 2．教科書の和歌を正しくノートに視写できる。（資料　国語資料集　百人一首）
	5．古今集・新古今集	1．古今集・新古今集の概要（種類、時代、撰者、歌人、特徴）がわかる。 2．現代詩訳を完成させ、提出できる。 3．古今集の代表的な歌の技法が説明できる。
手紙を考える(2)	**実力テスト診断直し** (評) 1．今、手紙を考える	1．まちがった箇所の正しい答えを理解し、学習の不備な点について二度とまちがわないように診断直しができる。 2．手紙・メール・電話の伝達手段を比較することができる。
	2．入試対策・読書	1．『自分の木の下で』（大江健三郎）を読み、意見を３行の読書日記に書ける。 2．入試対策のプリント（入試シリーズ①）に取り組める。

第３学年（平成13年度）

<table>
<tr><th>単元</th><th>主　題　名</th><th>ね　ら　い</th></tr>
<tr><td rowspan="2">手紙を考える（２）</td><td>３．手紙を考える</td><td>１．手紙の型を知る。
２．手紙・メール・電話の特徴を発表することができる。</td></tr>
<tr><td colspan="2">（注）神戸大学発達科学部附属中学校の入試、私立高校入試、公立高校推薦入試があり、３年生の教師は出入りが多くなった。なるだけ自習を少なくするため、同学年の国語教師が私の担当学級の授業もしてくれた。また、入試シリーズとしてプリントを用意し、学年生徒の学力を落とさないよう配慮した進度となっている。</td></tr>
<tr><td rowspan="3">古典「古人の旅」（伊勢物語）（４）</td><td colspan="2">単元のねらい
１．古人の生き方・考え方について理解し、自分の感想や意見がもてる。
２．注釈や古語辞典を活用し、自分の力で古文を現代語に訳することができる。</td></tr>
<tr><td>〔１〕東下り
１．「伊勢物語」と時代背景
２．</td><td>１．伊勢物語が成立した時代について、当時の人々の生活の様子、社会の動きなどをノートに整理することができる。
２．伊勢物語の概要について説明でき、およその意味がわかる。</td></tr>
<tr><td>３．東下り
４．</td><td>１．男が旅に出るまでのいきさつや旅の目的について説明できるようになる。
２．旅の途中における男の心情について、言葉やことがらをおさえて説明できる。
３．物語文に挿入された二種の歌について、歌われた心情を読みとり、表現技巧（折句）に触れながら鑑賞文を書くことができる。</td></tr>
<tr><td rowspan="4">文法「付属語―助詞」（４）</td><td colspan="2">単元のねらい
１．助詞の性質について説明できる。
２．助詞の種類・意味・用法について説明し、正しく用いることができる。</td></tr>
<tr><td>〔１〕付属語―助詞
１．助詞の種類</td><td>１．助詞の種類がまとめられる。
２．助詞の性質についてまとめられる。
３．練習問題に取り組める。</td></tr>
<tr><td>２．助詞の働き</td><td>１．例文によって、助詞の意味や用法が説明できる。</td></tr>
<tr><td>３．問題練習
４．</td><td>１．助詞を指摘できる。
２．助詞とよく似た他の品詞との区別ができる。</td></tr>
<tr><td rowspan="2">「総仕上げ」（15）</td><td colspan="2">単元のねらい
１．今までに学んだ口語文法を整理し、品詞の識別・文節相互の関係等が説明できる。
２．文の種類・敬語法についてまとめ、ふだんの言語生活を見直すことができる。
３．卒業に向けて、入試問題や総仕上げの文法、文学作品に積極的に取り組める。</td></tr>
<tr><td>〔１〕品詞の総仕上げ
１．活用のある自立語</td><td>１．動詞・形容詞・形容動詞のそれぞれのはたらきと活用のしかたが区別できる。</td></tr>
</table>

単元	主　題　名	ね　ら　い
「総仕上げ」(15)	2．活用のない自立語	1．名詞・代名詞を正しく指摘することができる。 2．連体詞・副詞を指摘し、文の成分としての働きを説明することができる。 3．接続詞・感動詞を正しく指摘し、文の成分としての働きを説明することができる。
	3．付属語	1．助動詞の意味を正しく区別することができる。 2．助詞の意味や用法を説明することができる。
	4．品詞の識別	1．紛らわしい品詞について、根拠をもって説明することができる。
	(注) 多数の生徒が私学受験をするため、上の文法内容を含んだ高校入試問題練習に当てた。	
	〔2〕敬語 1．敬語	1．敬語の性質と種類が説明できる。 2．敬語を正しく使う練習ができる。 3．「正しい日本語を身につけるために」のプリントに取り組める。
	2．今、手紙を考える	1．10年後の「私」から10年後の「友だち」に手紙が書ける。 2．状況を明確に設定できる。
	〔3〕高瀬舟を読む 1．状況を把握する	1．登場人物、時と場所、事件を把握しノートに整理することができる。 2．「自分ならどうするか」を考える。
	2．喜助の判断	1．喜助の判断について、身内のことを考えながら根拠を明らかにして自分の意見が述べられる。
	3．入試問題	1．入試問題を真剣に解くことができる。
	4．附中最終診断直し　(評)	1．中学3年間最後のテストのまちがいを正しく直し、設問を正しく読み取ることを確認する。 2．まちがえやすい漢字や苦手な内容の復習をノートに整理することができる。
	5．「高瀬舟」小討論会	1．8人の班で、ディベート風小討論会ができる。 2．リーダーを中心に作戦を立てることができる。
	6．学級ディベート	1．学級で討論できるテーマが決められる。 2．決定したテーマ「今の社会で女性の方がいいか、男性の方がいいか」に基づいて、女性派・男性派で意見が交換できる。

単元	主　題　名	ね　ら　い
「総仕上げ」〈卒〉(15)	〔4〕論語 1．学びて時にこれを 2．	1．返り点の約束を思い出し、漢文がすらすらと読める。 2．漢文を視写し、返り点をつけ書き下し文が書けるようになる。 3．現代語訳によって、論語に込められた考えが説明できる。
	〔最後の授業〕贈る言葉 1．贈る言葉	1．３年間を振り返った先生の思い「贈る言葉」を理解し、応答の「先生へ」の言葉がB5 1枚に書ける。

著者紹介

遠藤瑛子（えんどう　えいこ）

1942年生

神戸大学教育学部卒

元神戸大学発達科学部附属住吉中学校教諭

元同志社大学文学部嘱託講師

専門領域　国語科教育学

著 書 等　ことばと心を育てる―総合単元学習―　溪水社　1992年

生きる力と情報力を育てる（国語科新単元学習による授業改革②）明治図書　1997年

人を育てることばの力―国語科総合単元学習―　溪水社　2003年

国語科教師の実践的知識へのライフヒストリー・アプローチ―遠藤瑛子実践の事例研究―　藤原　顕　遠藤瑛子　松崎正治　溪水社　2006年

思考力・表現力・協同学習力を育てる

――主体的な学びをつくる国語科総合単元学習――

2016年5月25日　発　行

著　者　遠 藤 瑛 子

発行所　㈱溪 水 社

広島市中区小町1-4（〒730-0041）

電話（082）246-7909／FAX（082）246-7876

E-mail：info@keisui.co.jp

ISBN978-4-86327-319-1　C3081